山东电力市场交易

培训题库

山东电力交易中心有限公司◎组编

中国电力出版社

CHINA ELECTRIC POWER PRESS

图书在版编目（CIP）数据

山东电力市场交易培训题库 ／ 山东电力交易中心有限公司组编. -- 北京：中国电力出版社，
2024．9．-- ISBN 978-7-5198-9131-2

Ⅰ. F426.61-44

中国国家版本馆 CIP 数据核字第 2024UW1354 号

出版发行：中国电力出版社
地　　址：北京市东城区北京站西街 19 号（邮政编码 100005）
网　　址：http://www.cepp.sgcc.com.cn
责任编辑：罗　艳（010-63412315）　王梦琳
责任校对：黄　蓓　朱丽芳
装帧设计：张俊霞
责任印制：石　雷

印　　刷：北京雁林吉兆印刷有限公司
版　　次：2024 年 9 月第一版
印　　次：2024 年 9 月北京第一次印刷
开　　本：787 毫米×1092 毫米　16 开本
印　　张：17.5
字　　数：353 千字
印　　数：0001—1500 册
定　　价：90.00 元

编 写 组

主　　编	李　锋	薛　亮	朱　峰		
副 主 编	刘卫东	牟　斌	杨明辉	刘宇明	傅　磊
编写人员	杜鹏程	王　森	王新蕾	来永鑫	张　璇
	邹　悦	张玉振	卢　鹤	张　鹤	陆　媛
	赵元春	种倩倩	周　鹏	郭　亮	姜　琳
	林祥玉	李彦圣	魏　笠	张天宝	赵选宗
	杨光宇	聂晓涛	陈筱中	仰文林	寇　岩
	刘明君	赵　妍	吕　昂	马景超	聂文昭
	袭著星	高春杰	马　娴	孙　嘉	柴　璐
	董博超	赵　青	丁　振	刘函铭	陈　哲
	王　瑞	张蓉蓉	杜念江	宋　磊	刘丕源
	李光耀	包江平	高中来		

前　言

　　近年来，国家大力推进新一轮电力体制改革，在电力市场建设、市场规范运作等方面出台了一系列重大举措，推动电力市场化水平不断提升。山东作为全国唯一电力市场综合改革试点省份、首批电力现货市场建设试点省份，先行先试，初步构建了"架构合理、品种齐全、衔接有序、稳定高效、主体满意"的电力市场体系，市场建设工作取得切实进展，经营主体及有关各方关注市场、参与市场的热情持续高涨。

　　为进一步推动山东电力市场健康发展，满足各类经营主体和有关各方学习和培训需求，帮助从业人员全面掌握电力市场知识、快速提高业务水平、更好地理解和参与电力市场交易，山东电力交易中心有限公司组织编写了本书。

　　本书从电力市场基础理论知识出发，以政策文件为指引，结合山东电力市场运行实践经验，针对热点、难点及市场从业者咨询较多的问题形成题库，主要包括电力市场基础理论知识、市场建设运营实践、市场法规与政策要求、省间和省级市场运行机制等方面的内容。在编写本书过程中，得到了专家学者、电力同行等社会各界的大力支持，在此一并表示感谢！

　　由于编者水平有限，书中难免有不足和疏漏之处，恳请广大专家、读者提出宝贵意见。

编者

2024 年 7 月

目 录

第一章　市场基础知识理论部分

一、单选题

1.（　　）不属于现代电力系统运行的三大标准。

（A）安全运行　　　　（B）优质运行　　　　（C）高效运行　　　　（D）经济运行

答案：C

2.（　　）的实质是完成在线经济调度，在满足电力系统安全的前提下以最低的发电成本获得电能。

（A）静态频率特性　　　　　　　　　　（B）频率的一次调整

（C）频率的二次调整　　　　　　　　　（D）频率的三次调整

答案：D

3.（　　）的售方可以规避价格过低的风险，购买方可以规避价格过高的风险，合约价格主要取决于签订差价合约时对基准价格的估计。

（A）单向差价合约　　（B）双向差价合约　　（C）反向差价合约　　（D）正向差价合约

答案：B

4.（　　）电价是指电能买卖各方在电力批发市场上形成的价格。

（A）输配　　　　　（B）批发　　　　　（C）零售　　　　　（D）峰谷

答案：B

5.（　　）发电成本是指特定发电机组（企业）在一定时期内发电运行成本耗费的平均水平。

（A）平均　　　　　（B）边际　　　　　（C）最大　　　　　（D）最小

答案：A

6.（　　）服务是在缺乏现货市场情况下的一种特殊的辅助服务。

（A）一次调频　　（B）深度调峰　　（C）AGC　　　（D）AVC

答案：B

7.（　　）合约与期货合约的区别在于买方有权利而没有义务一定要履行合约，是买方有权在合约规定的有效期限内以事先规定的价格买进或卖出相关期货合约的标准化合约。

（A）发电权转让　　（B）期权　　　（C）差价　　　　（D）远期

答案：B

8．（　　）计算方法是根据预测期的产品产量和用电产品的单位耗电量计算出需要的用电量。

（A）电力弹性系数法
（B）回归分析法
（C）单耗法
（D）时间序列法

答案：C

9．（　　）可以反映市场中的某些参与者所具有的能使交易价格偏离完全竞争性市场下所具有的市场价格水平的能力。

（A）竞争
（B）垄断
（C）寡头
（D）市场力

答案：D

10．（　　）是电力商品价值的表现。

（A）电量
（B）电能
（C）电价
（D）电费

答案：C

11．（　　）是电力系统经济调度和电厂机组间经济调度最基本的指标。

（A）煤耗量
（B）微增煤耗率
（C）申报价格
（D）燃料成本

答案：B

12．（　　）是电力需求侧管理的主导者，采取必要的管理措施，可以保证技术、经济措施的有效实施。

（A）电网企业
（B）政府
（C）电力用户
（D）电能服务机构

答案：B

13．（　　）是规避价格风险的工具。

（A）物理输电权
（B）金融输电权
（C）容量市场
（D）辅助服务市场

答案：B

14．（　　）是一种灵敏度分析法，根据节点注入的功率单位变化引起全网网损变化量的大小来对各节点进行网损分摊。

（A）平均网损分摊法
（B）潮流增量法
（C）边际网损系数法
（D）交易估价法

答案：C

15．（　　）是以计算机为基础的现代电力调度自动化系统，主要针对发电和输电，用于大区级电网和省级电网。

（A）GIS 系统
（B）SCADA 系统
（C）电力 MIS 系统
（D）EMS 系统

答案：D

16．（　　）是在给定的极短时段内向用户提供电能的边际成本，该电价不仅随时间变化，而且区分节点位置。

（A）实时电价　　　（B）容量电价　　　（C）峰谷电价　　　（D）合约电价

答案：A

17．（　　）是指处于停机状态，但在规定时间内可以迅速开机并带负荷的发电容量。

（A）旋转备用　　　（B）非旋转备用　　　（C）替代备用　　　（D）黑启动

答案：B

18．（　　）是指发电机组超过规定的调峰范围进行调峰，以及发电机组按调度机构要求在规定时间内完成启停机进行调峰所提供的服务。

（A）无偿调峰　　　（B）有偿调峰　　　（C）临时调峰　　　（D）基本调峰

答案：B

19．（　　）是指发电企业向电网输送电能的结算价格，也是电网的购入价格，计价点在发电企业与电网的产权分界点。

（A）输电价格　　　（B）配电价格　　　（C）上网电价　　　（D）销售电价

答案：C

20．（　　）是指输电潮流达到了电网的实际输送能力极限。

（A）潮流　　　　　（B）节点　　　　　（C）阻塞　　　　　（D）网损

答案：C

21．（　　）是指输电潮流达到了电网的实际输送能力极限。

（A）潮流　　　　　（B）节点　　　　　（C）阻塞　　　　　（D）网损

答案：C

22．（　　）是指在保证电力系统安全可靠的前提下，最优安排各类电力资源的运行，以最低成本满足电力供需平衡。

（A）机组组合　　　　　　　　　　　（B）电力系统经济调度

（C）安全约束经济调度　　　　　　　（D）安全约束机组组合

答案：B

23．（　　）是指在发电企业与购电方进行上网电能结算的价格。

（A）系统边际电价　　（B）节点边际电价　　（C）上网电价　　（D）分区边际电价

答案：C

24．（　　）是指在现货电能交易中，按照报价从低到高的顺序逐一成交电力，使成交的电力满足用电负荷需求的最后一个电能供应者（边际机组）的报价。

（A）节点边际电价　　　　　　　　　（B）系统边际电价

（C）分区边际电价　　　　　　　　　（D）统一结算点电价

答案：B

25．（ ）水平是由电能值决定的基础价格和由供求关系规律决定的供求价格组成。

（A）利润 （B）成本 （C）电价 （D）管理

答案：C

26．（ ）所有者仅有自己获得相关输电服务的权利，可以转卖，（ ）收益权。

（A）物理输电权，有 （B）物理输电权，没有

（C）金融输电权，有 （D）金融输电权，没有

答案：B

27．（ ）指的是指该行业的相关市场内前 N 家最大的企业所占市场份额的总和，定义如下式 $CR_n = \sum_{i=1}^{n} S_i$。

（A）赫兰达尔-赫希曼指数 （B）市场力指数

（C）达芬兰指数 （D）产业集中度指数

答案：D

28．（ ）指发电企业与电力用户在现货市场和中长期交易市场中以电能量为交易标的物的电费。

（A）电能电费 （B）电费 （C）电量电费 （D）结算电费

答案：A

29．（ ）指基于市场中企业的总数和规模分布，将市场上所有企业的市场份额的平方后再相加的总和。

（A）剩余供给指数 （B）产业集中度指数

（C）勒纳指数 （D）赫芬达尔-赫希曼指数

答案：D

30．（ ）制定的目的在于防止企业利用垄断力量制定高价。

（A）价格帽 （B）政府定价 （C）节点电价 （D）边际电价

答案：A

31．（ ）主要反映发电厂的固定成本，与发电厂类型、投资费用、还贷利率和折旧方式等相关。

（A）容量电价 （B）电量电价 （C）销售电价 （D）输配电价

答案：A

32．100MW 机组的年发电量是 50 万 MWh，则该机组的年度利用小时数是（ ）。

（A）8760h （B）100h （C）5000h （D）50 万 h

答案：C

33．10kV 降压变压器，一次侧额定电压一般是（　　）。

（A）11kV　　　　（B）10.5kV　　　　（C）10kV　　　　（D）9kV

答案：C

34．110kV 及以上电力系统应采用的中性点运行方式为（　　）。

（A）直接接地　　　　　　　　　　（B）不接地

（C）经消弧线圈接地　　　　　　　（D）不接地或经消弧线圈接地

答案：A

35．110kV 及以上电力系统中，架空输电线路全线架设避雷线的目的是（　　）。

（A）减少线路雷击事故，提高供电可靠性

（B）减少雷击事故，提高电能质量

（C）减少雷击事故，降低输电线路对地电压

（D）减少雷击事故，提高输电线路的耐压水平

答案：A

36．CFCA 是（　　）中心，是经中国人民银行和国家信息安全管理机构批准成立的国家级权威的安全认证机构，是重要的国家金融信息安全基础设施之一。

（A）中国信息安全认证　　　　　　（B）中国金融认证

（C）中国司法认证　　　　　　　　（D）中国网络安全认证

答案：B

37．EMS 中，SCADA 的主要作用是（　　）。

（A）经济调度　　　　　　　　　　（B）机组组合

（C）负荷预测　　　　　　　　　　（D）数据收集与存储

答案：D

38．HHI 指数，是所有发电集团所占市场份额的（　　）。

（A）和　　　　　（B）平方和　　　　　（C）立方和　　　　　（D）和平方

答案：B

39．N–1 安全分析的目的是（　　）。

（A）分析系统中某台设备停运，对系统安全性的影响

（B）分析系统中所有设备停运，对系统安全性的影响

（C）分析系统中任意一台设备停运，对系统安全性的影响

（D）分析系统中 2 台设备停运，对系统安全性的影响

答案：C

40．以下关于安全约束机组组合（SCUC），正确的是（　　）。

（A）确定机组出力计划

（B）确定机组开停机组合

（C）选项都对

（D）一般在安全约束经济调度（SCED）之前组织

答案：C

41．按（　）划分可以将负荷预测划分为最大负荷预测、最小负荷预测、高峰负荷预测等。

（A）预测周期　　　　（B）行业类别　　　　（C）负荷功能　　　　（D）负荷特性

答案：D

42．按照交易方的数量划分，电力市场中的合同可以分为双边合同和（　）。

（A）多边合同　　　（B）差价合同　　　（C）远期合同　　　（D）期货合同

答案：A

43．按照每台机组的可用发电容量，支付机组一定的费用，该费用是机组的（　）。

（A）固定成本　　　（B）可变成本　　　（C）可变收益　　　（D）容量收益

答案：D

44．边际成本曲线与平均成本曲线的相交点是（　）。

（A）边际成本曲线的最低点

（B）平均成本曲线的最低点

（C）平均成本曲线下降阶段的任何一点

（D）边际成本曲线下降阶段的任何一点

答案：B

45．边际成本曲线与平均成本曲线的相交点是平均成本曲线的（　）。

（A）中点　　　　（B）转折点　　　　（C）最低点　　　　（D）最高点

答案：C

46．边际成本与平均成本的关系是（　）。

（A）边际成本大于平均成本，平均成本下降

（B）边际成本小于平均成本，平均成本下降

（C）边际成本大于平均成本，平均成本上升

（D）边际成本小于平均成本，平均成本上升

答案：C

47．边际技术替代率（　）。

（A）是正的，并且呈递减趋势　　　　　　（B）是正的，并且呈递增趋势

（C）是负的，并且呈递增趋势　　　　　　（D）是负的，并且呈递减趋势

答案：D

48．变压器 π 型等值电路相对于 Γ 型等值电路的主要优点是（　　）。

（A）少一个节点　　　　　　　　　　（B）不需要电压等级归算

（C）能够降低损耗　　　　　　　　　（D）可以忽略对地支路

答案：B

49．变压器的阻抗可以通过（　　）获得。

（A）短路实验　　　（B）空载试验　　　（C）绝缘实验　　　（D）温升试验

答案：A

50．不按照电力生产的环节分类的电价是（　　）。

（A）容量电价　　　（B）上网电价　　　（C）输配电价　　　（D）销售电价

答案：A

51．不考虑网损，随着平衡节点的变化，两节点间的阻塞成本将（　　）。

（A）改变　　　　（B）不变　　　　（C）不确定　　　　（D）变大

答案：B

52．不属于垄断竞争市场特征的是（　　）。

（A）企业生产有差别的同种产品，产品彼此之间都是非常接近的替代品

（B）生产同种产品的企业数量非常多

（C）企业的生产规模较小，进入和退出市场比较容易

（D）市场内从事交易活动的参与者可以完整地掌握市场信息

答案：D

53．不属于中长期交易的是（　　）。

（A）远期交易　　　（B）期货交易　　　（C）期权交易　　　（D）现货交易

答案：D

54．财务风险是指（　　）。

（A）经营失败的风险　　　　　　　　（B）通货膨胀的风险

（C）市场风险　　　　　　　　　　　（D）到期不能偿还债务的风险

答案：D

55．采用标幺制计算时，只需要选择两个电气量的基准值，其他电气量的基准值可以根据它们之间的关系导出，通常的选择方法是（　　）。

（A）选择功率和电压基准值　　　　　（B）选择功率和电流基准值

（C）选择功率和阻抗基准值　　　　　（D）选择电压和阻抗基准值

答案：A

56．差价合约的主要特点不包括（　　）。

（A）必须进行物理交割

（B）是双刃剑，可能对冲风险，可能承担风险

（C）本质属于金融合同

（D）不涉及实物商品交换

答案：A

57．产业集中度指数 CR4 小于（　　），则该行业为竞争型市场。

（A）20　　　　　　　（B）30　　　　　　　（C）40　　　　　　　（D）50

答案：B

58．产业集中度指数 CR8<20% 的市场类型为（　　）。

（A）极高寡占型　　（B）低集中寡占型　　（C）低集中竞争型　　（D）分散竞争型

答案：D

59．厂商追求利润最大化遵循的条件是（　　）。

（A）边际收益=平均成本　　　　　　　（B）边际收益=总收益

（C）边际收益=边际成本　　　　　　　（D）边际收益=边际效用

答案：C

60．潮流计算功率方程是非线性方程组的原因是（　　）。

（A）已知的注入量是复电流

（B）已知的注入量是有功功率和无功功率

（C）阻抗是复数

（D）电压是复数

答案：B

61．处于停运状态的发电机的上备用容量为（　　）。

（A）机组铭牌发电容量　　　　　　　（B）0

（C）根据机组爬坡速率确定　　　　　（D）三个选项都不对

答案：B

62．按照电力市场交易时间长短划分，电力市场分为（　　）。

（A）批发市场和零售市场　　　　　　（B）实物市场和金融市场

（C）中长期市场和现货市场　　　　　（D）单边市场和双边市场

答案：C

63．从微观经济学原理来看，与其他商品用户一样，电力用户会一直增加电力需求，直到他们（　　）。

（A）消费的电能所实现的边际收益恰好等于他们需要支付的市场价格为止

（B）消费的电能所实现的边际收益恰好大于他们需要支付的市场价格为止

（C）消费的电能所实现的边际收益恰好小于他们需要支付的市场价格为止

（D）消费的电能所实现的边际收益恰好不等于他们需要支付的市场价格为止

答案：A

64．当电力系统节点数为 n，PQ 节点数为 m 时，用极坐标表示的潮流方程中有功和无功功率误差方程的个数为（　）。

（A）$m-n-1$　　　　（B）$m+n-2$　　　　（C）$n+m-1$　　　　（D）$m+n$

答案：C

65．当电力需求是刚性时，需求曲线是一条与价格轴（　）的直线。

（A）垂直　　　　（B）平行　　　　（C）单调增　　　　（D）单调减

答案：B

66．当货币的持有效用高于购买商品的效用时，消费者会选择（　）。

（A）继续购买　　　　　　　　　　　（B）停止购买，持有货币

（C）扔掉已购入的商品　　　　　　　（D）大量购买

答案：B

67．当竞争企业生产的产量达到以下（　）点时，它的利润最大。

（A）边际成本等于总收益　　　　　　（B）边际收益等于平均收益

（C）边际成本等于边际收益　　　　　（D）价格等于平均可变成本

答案：C

68．当其他生产要素不变，而一种生产要素增加时，则（　）。

（A）总产量会一直增加　　　　　　　（B）总产量会一直减少

（C）总产量先增加后减少　　　　　　（D）总产量先减少后增加

答案：C

69．当企业利润达到最大时必然有（　）。

（A）边际成本小于边际收益

（B）边际成本等于边际收益

（C）边际成本大于边际收益

（D）不一定，因为不同企业、不同市场不一样

答案：B

70．当售电方报价曲线与购电方报价曲线有交叉，交叉点对应的价格为（　）。

（A）边际出清价格　　（B）实际价格　　　（C）用电价格　　　（D）结算电价

答案：A

71．电价的传递职能是指传递（　）。

（A）经济效益　　　（B）经济信息　　　（C）社会制度　　　（D）生产关系

答案：B

72．电价的核算职能是指核算（　　）。

（A）价格　　　　（B）经济信息　　　　（C）经济效益　　　　（D）经济分配

答案：C

73．电价趋势预测中不需要考虑的因素为（　　）。

（A）市场供求关系　　　　　　　　（B）电网组织结构

（C）社会经济形势　　　　　　　　（D）市场参与者的市场力

答案：B

74．电价是电力（　　）的表现。

（A）边际成本　　　　（B）平均成本　　　　（C）商品价值　　　　（D）结算价格

答案：C

75．电价是重要资源性产品价格，价格构成中包括（　　）成本和转换、输送、配送成本，因此电价与一次能源市场密切相关。

（A）化石能源　　　　（B）可再生能源　　　　（C）一次能源　　　　（D）二次能源

答案：C

76．电力（　　）市场是实现电力实物交割的终极市场，它在整个电力市场体系，特别是电能量交易子系统中起着核心的作用。

（A）现货市场　　　　　　　　（B）中长期市场

（C）辅助服务市场　　　　　　（D）输电权市场

答案：A

77．电力供需的实时平衡特性要求装机容量必须满足（　　）。

（A）最小负荷需求　　　　　　（B）最大负荷需求及必要的备用

（C）平均负荷需求　　　　　　（D）中位负荷需求

答案：B

78．电力设备生命周期成本是指设备从（　　）到退役的整个期间的费用总和。

（A）生产　　　　（B）更换　　　　（C）开发　　　　（D）运行

答案：C

79．电力生产与电网运行应当遵循（　　）原则。

（A）自主经营、自负盈亏　　　　（B）安全、优质、经济

（C）风险共担、利益共享　　　　（D）诚实守信、秉公办事

答案：B

80．电力市场的载体是（　　）。

（A）配电商　　　　（B）电网　　　　（C）电力库　　　　（D）通信设备

答案：B

81. 电力市场理论主要属于（　　）。

（A）宏观经济学　　　（B）微观经济学　　　（C）国民经济学　　　（D）选项都不对

答案：B

82. 电力市场模式通常是指电力市场的组织模式，其核心是（　　）在现货市场应用的模式。

（A）现货市场　　　（B）中长期市场　　　（C）日前市场　　　（D）日内市场

答案：B

83. 电力市场网损分摊是指按（　　）将网损相关费用分摊给接受网络服务的用户。

（A）就近原则　　　（B）市场规则　　　（C）协商原则　　　（D）强制分配原则

答案：B

84. 电力市场中统一出清电价与节点电价相比忽略了（　　）。

（A）边际价格　　　　　　　　　（B）输电线路阻塞

（C）电压稳定性　　　　　　　　（D）交易可执行性

答案：B

85. 电力网按其在电力系统中的作用不同分为（　　）。

（A）输电网和配电网

（B）输电网、变电网和配电网

（C）高压电网、中压电网和低压电网

（D）中性点直接接地电网和非直接接地电网

答案：A

86. 电力网按照供电范围的大小和电压高低可分为（　　）。

（A）低压电网、高压电网、超高压电网

（B）低压电网、中压电网、高压电网

（C）低压电网、高压电网

（D）高压电网、中压电网、配电网

答案：A

87. 电力系统潮流计算采用的数学模型是（　　）。

（A）节点电压方程　　（B）回路电流方程　　（C）割集方程　　　（D）支路电流方程

答案：A

88. 电力系统潮流计算时，平衡节点的待求量是（　　）。

（A）节点电压大小和节点电压相角

（B）节点电压大小和发电机无功功率

（C）发电机有功功率和无功功率

（D）节点电压相角和发电机无功功率

答案：C

89．电力系统的频率主要决定于（　　）。

（A）无功功率的平衡

（B）有功功率的平衡

（C）电压质量

（D）电流的大小

答案：B

90．电力系统等值电路中，所有参数应为归算到同一电压等级（基本级）的参数，关于基本级的选择，下述说法中正确的是（　　）。

（A）必须选择最高电压等级作为基本级

（B）在没有明确要求的情况下，选择最高电压等级作为基本级

（C）在没有明确要求的情况下选择最低电压等级作为基本级

（D）选择发电机电压等级作为基本级

答案：B

91．电力系统发电负荷等于（　　）。

（A）综合用电负荷+厂用电

（B）综合用电负荷+供电负荷

（C）供电负荷+厂用电

（D）综合用电负荷+网损

答案：C

92．电力系统峰谷差是人们生产与生活用电（　　）所决定的。

（A）产量　　　　（B）范围　　　　（C）规律　　　　（D）制度

答案：C

93．电力系统紧急状态是指（　　）。

（A）负荷约束与运行约束均被满足

（B）运行约束有重大破坏

（C）负荷约束有重大破坏

（D）紧急状态下只能切负荷

答案：B

94．电力系统经消弧线圈接地时，应采用的补偿方式为（　　）。

（A）全补偿

（B）欠补偿

（C）过补偿

（D）欠补偿或全补偿

答案：C

95．电力系统可靠性的衡量指标（　　）。

（A）充裕性可靠性　　（B）可靠性安全性　　（C）充裕性安全性　　（D)可用性安全性

答案：C

96．电力系统是由（　　）配电和用电组成的整体。

（A）输电、变电

（B）发电、输电、变电

（C）发电、输电　　　　　　　　　　（D）发电、变电

答案：B

97．电力系统稳态分析时，用电设备的数学模型通常采用（　　）。

（A）恒功率模型　　　　　　　　　　（B）恒电压模型

（C）恒电流模型　　　　　　　　　　（D）恒阻抗模型

答案：A

98．电力系统运行管理包含着（　　）地完成生产组织活动的含义。

（A）快速和安全　　　　　　　　　　（B）有效率和有效果

（C）有效和可靠　　　　　　　　　　（D）安全和及时

答案：B

99．电力系统暂态分析研究的是（　　）。

（A）电力系统稳态运行

（B）电磁暂态和机电暂态过程

（C）电磁暂态过程和经济调度过程

（D）机电暂态过程和风险管理过程

答案：B

100．电力现货市场通过市场方式解决机组调度的问题，与经济调度的差别在于传统经济调度是（　　）的基于机组发电成本进行调度，缺乏价格信号；而电力现货市场通过市场引导（　　）的主动参与系统运行，以价格信号引导供需互动。

（A）自下而上，自下而上　　　　　　（B）自上而下，自下而上

（C）自下而上，自上而下　　　　　　（D）自上而下，自上而下

答案：B

101．电力现货市场与电力辅助服务市场具有（　　）互补性。

（A）有功功率　　（B）无功功率　　（C）经济　　　　（D）电能量

答案：A

102．电力需求侧管理的实施手段以（　　）为中心。

（A）技术手段　　（B）经济手段　　（C）引导手段　　（D）政策手段

答案：B

103．电能的质量指标是（　　）。

（A）电压、电流、功率　　　　　　　（B）频率、电流、功率

（C）电流、功率、波形　　　　　　　（D）电压、频率、波形

答案：D

104. 电能商品的平均成本曲线的典型形状是（　　）。

（A）单调递增　　　　（B）单调递减　　　　（C）U型　　　　（D）倒U型

答案：C

105. 电能一经上网输送，功率和路径由（　　）决定。

（A）物理规律　　　　（B）人为控制　　　　（C）调度中心　　　　（D）所签合同

答案：A

106. 对电力系统的基本要求是（　　）。

（A）保证对用户的供电可靠性和电能质量，提高电力系统运行的经济性，减少对环境的不良影响

（B）保证对用户的供电可靠性和电能质量

（C）保证对用户的供电可靠性，提高系统运行的经济性

（D）保证对用户的供电可靠性

答案：A

107. 对一个月到一年的负荷预测属于（　　）。

（A）短期负荷预测　　　　　　　　（B）超短期负荷预测

（C）中期负荷预测　　　　　　　　（D）长期负荷预测

答案：C

108. 对应不同的辅助服务调用方式，辅助服务的价格机制可以分为基于统计成本和基于（　　）。

（A）市场价格　　　（B）服务成本　　　（C）辅助服务类型　　　（D）电能价格

答案：A

109. 对于次优输电容量下输电投资的回收问题，当实际输电容量大于最优输电容量时，阻塞剩余将（　　）输电投资可变成本，（　　）回收输电投资。

（A）大于，足以　　　　　　　　（B）小于，足以

（C）小于，不足以　　　　　　　　（D）大于，不足以

答案：C

110. 对于供电可靠性，下述说法中正确的是（　　）。

（A）所有负荷都应当做到在任何情况下不中断供电

（B）一级和二级负荷应当在任何情况下不中断供电

（C）除一级负荷不允许中断供电外，其他负荷随时可以中断供电

（D）一级负荷在任何情况下都不允许中断供电，二级负荷应尽可能不停电，三级负荷可以根据系统运行情况随时停电

答案：D

111. 对于输电线路，当 $P_2R+Q_2X<0$ 时，首端电压与末端电压之间的关系是（　　）。

（A）末端电压低于首端电压　　　　　　（B）末端电压高于首端电压

（C）末端电压等于首端电压　　　　　　（D）不能确定首末端电压之间的关系

答案：B

112. 对于一级负荷比例比较大的电力用户，应采用的电力系统接线方式为（　　）。

（A）单电源双回路放射式　　　　　　　（B）双电源供电方式

（C）单回路放射式接线　　　　　　　　（D）单回路放射式或单电源双回路放射式

答案：B

113. 对于状态估计，以下说法正确的是（　　）。

（A）量测冗余度越大，状态估计的解质量越差

（B）测量方程数目等于状态变量数目

（C）量测冗余度越大，坏数据的可检测和可辨识性越好

（D）状态估计和潮流计算的算法相同

答案：C

114. 对于自耦变压器，等值电路中各绕组的电阻，下述说法中正确的是（　　）。

（A）等值电路中各绕组的电阻，是各绕组实际电阻按照变压器变比归算到同一电压等级的电阻值

（B）等值电路中各绕组的电阻就是各绕组的实际电阻

（C）等值电路中各绕组的电阻是各绕组的等效电阻归算到同一电压等级的电阻值

（D）等值电路中各绕组的电阻一定为正值，因为绕组总有电阻存在

答案：C

115. 发电厂商的成本可分为容量成本和电量成本，其中容量成本包括发电厂的投资、运行和（　　）等成本。

（A）人工　　　　（B）燃料　　　　（C）发电量　　　　（D）机组维护

答案：A

116. 发电厂用电率是（　　）。

（A）线损/发电量　　　　　　　　　　（B）厂用电量/线损

（C）厂用电量/发电量　　　　　　　　（D）发电量/厂用电量

答案：C

117. 发电利用小时数等于（　　）。

（A）实际发电量/发电设备平均容量

（B）发电设备平均容量/实际发电量

（C）实际上网电量/发电设备平均容量

15

（D）发电设备平均容量/实际上网电量

答案：A

118．发电市场细分的依据是电力使用对象和（ ）。

（A）容量因素 （B）投资因素 （C）规划因素 （D）时间因素

答案：D

119．分布式电源是指不直接与高压输电系统相连的接入（ ）及以下电压等级的电源。

（A）10kV （B）35kV （C）110kV （D）220kV

答案：B

120．分析和计算复杂电路的基本依据是（ ）。

（A）欧姆定律 （B）克希荷夫定律

（C）欧姆定律和克希荷夫定律 （D）节点电压法

答案：C

121．负荷率等于（ ）。

（A）最小负荷除以最大负荷 （B）平均负荷除以最小负荷

（C）最小负荷除以平均负荷 （D）平均负荷除以最大负荷

答案：D

122．负荷预测按周期有（ ）、长期之分。

（A）短期 （B）超短期 （C）三者都对 （D）中期

答案：C

123．高斯-赛德尔迭代法的优点是（ ）。

（A）收敛速度快 （B）简单，内存需求小

（C）对病态系统可靠收敛 （D）计算速度比牛顿-拉夫逊法快

答案：B

124．根据预测发电报价曲线和系统负荷的预测值求解市场均衡点，进而导出电价的预测值。这种预测电价的方法是（ ）。

（A）神经网络法 （B）模糊建模法 （C）市场均衡分析法 （D）运行仿真法

答案：C

125．工资、租金、利息、利润被称为（ ）的价格。

（A）商品 （B）产品 （C）生产要素 （D）生产

答案：C

126．功率传输分布因子 PTDF 随着平衡节点的改变而（ ）。

（A）改变 （B）不变 （C）变大 （D）不确定

答案：B

127. 供给曲线是一条向（　　）倾斜的曲线。

（A）右下方　　　　（B）右上方　　　　（C）左下方　　　　（D）左上方

答案：B

128. 供给是指一定时期内，生产者在某种商品所有可能的价格水平下，愿意且能够提供出售的（　　）。

（A）商品价格　　　（B）商品数量　　　（C）商品类别　　　（D）以上均是

答案：B

129. 构成国民经济的简单循环的是（　　）。

（A）生产与消费　　（B）政府与居民　　（C）出口与进口　　（D）投资与储蓄

答案：A

130. 关于变压器，下述说法中错误的是（　　）。

（A）对电压进行变化，升高电压满足大容量远距离输电的需要，降低电压满足用电的需求

（B）变压器不仅可以对电压大小进行变换，也可以对功率大小进行变换

（C）当变压器原边绕组与发电机直接相连时（发电厂升压变压器的低压绕组），变压器原边绕组的额定电压应与发电机额定电压相同

（D）变压器的副边绕组额定电压一般应为用电设备额定电压的 1.1 倍

答案：B

131. 关于单电源环形供电网络，下述说法中正确的是（　　）。

（A）供电可靠性差、正常运行方式下电压质量好

（B）供电可靠性高、正常运行及线路检修（开环运行）情况下都有好的电压质量

（C）供电可靠性高、正常运行情况下具有较好的电压质量，但在线路检修时可能出现电压质量较差的情况

（D）供电可靠性高，但电压质量较差

答案：C

132. 关于电力期货交易和电力期权交易以下说法正确的是（　　）。

（A）电力期权交易其购买方在支付一定的权利金购得某项期权后，不可以放弃行权

（B）电力期货交易中购得合约的持有者到期可以选择放弃按照合约的规定履行电力商品成交手续，不必因此承受违约惩罚

（C）电力期货的合约价值视其原始资产的估算价格与电力期货价格而定，正负皆可

（D）电力期货的衍生资产都是非对称性衍生资产，买入与卖出电力期货的收益形态并不对称

答案：C

133．关于电力系统等值电路参数计算时，变压器变比的选择，下述说法中正确的是（　　）。

（A）精确计算时采用实际变比，近似计算时采用平均额定变比

（B）近似计算时采用实际变比，精确计算时采用平均额定变比

（C）不管是精确计算还是近似计算均应采用额定变比

（D）不管是精确计算还是近似计算均应采用平均额定变比

答案：A

134．关于电力现货市场说法错误的是（　　）。

（A）实时和日前现货市场都需要满足电网运行约束

（B）电力现货市场根据发电机组的报价，以社会福利最大化为目标安排机组发电

（C）影响发电机组在电能量市场中是否中标的因素只有机组报价

（D）电力现货市场运行必须充分考虑电力商品的物理属性

答案：C

135．关于短期边际成本曲线和平均成本曲线之间关系的说法，错误的是（　　）。

（A）平均总成本曲线和边际成本曲线都具有 U 形特征

（B）平均总成本曲线上升时，边际成本必定小于平均总成本

（C）在相交于最低点前，边际成本曲线低于平均可变成本曲线

（D）当边际成本与平均总成本正好相等时，平均总成本处于最低点

答案：B

136．关于各种电压等级在输配电网络中的应用，下述说法中错误的是（　　）。

（A）交流 500kV 通常用于区域电力系统的输电网络

（B）交流 220kV 通常用于地方电力系统的输电网络

（C）交流 35kV 及以下电压等级通常用于配电网络

（D）除 10kV 电压等级用于配电网络外，10kV 以上的电压等级都只能用于输电网络

答案：D

137．关于联合电力系统，下述说法中错误的是（　　）。

（A）联合电力系统可以更好地合理利用能源

（B）在满足负荷要求的情况下，联合电力系统的装机容量可以减少

（C）联合电力系统可以提高供电可靠性和电能质量

（D）联合电力系统不利于装设效率较高的大容量机组

答案：D

138．黑启动服务的费用包括（　　）。

（A）黑启动发电厂的费用和系统调度的费用

（B）黑启动燃料的费用和实际操作的劳动力成本

（C）黑启动设备的折旧费用和黑启动机组的运行费用

（D）维持黑启动能力的费用和系统实际黑启动过程的费用

答案：D

139．衡量电力系统运行经济性的主要指标是（　　）。

（A）燃料消耗率、厂用电率、网损率　　　（B）燃料消耗率、建设投资、网损率

（C）网损率、建设投资、电压畸变率　　　（D）网损率、占地面积、建设投资

答案：A

140．衡量电能质量的技术指标是（　　）。

（A）电压偏移、频率偏移、网损率　　　（B）电压偏移、频率偏移、电压畸变率

（C）厂用电率、燃料消耗率、网损率　　　（D）厂用电率、网损率、电压畸变率

答案：B

141．宏观经济学的中心理论是（　　）。

（A）失业与通货膨胀理论　　　（B）经济周期与经济增长理论

（C）国民收入核算理论　　　（D）国民收入决定理论

答案：D

142．环形网络中自然功率的分布规律是（　　）。

（A）与支路电阻成反比　　　（B）与支路电导成反比

（C）与支路阻抗成反比　　　（D）与支路电纳成反比

答案：C

143．机会成本是指，当一种生产要素被用于生产某种产品时，所放弃的使用相同生产要素在其他生产用途中得到的（　　）。

（A）最高收入　　　（B）最低收入

（C）平均收入　　　（D）最高最低收入差值

答案：A

144．机组组合是指在一定的调度周期内，以（　　）为目标安排机组启停和发电计划。

（A）发电商利润最大　　　（B）系统成本最低

（C）系统安全稳定性　　　（D）系统能耗最低

答案：B

145．机组最大可调出力和最小可调出力范围一般比最大技术出力和最小技术出力的带宽要（　　）。

（A）宽　　　（B）窄　　　（C）一样　　　（D）不确定

答案：B

146．集中竞价交易正常达成后，下列关于边际机组的表述正确的是（ ）。

（A）边际机组需要出清之前指定

（B）边际机组是中标机组中申报价格最高的机组

（C）系统中至少存在一台边际机组

（D）边际机组一定是定价机组

答案：C

147．价格机制通过（ ）途径发挥作用。

（A）交通运输　　　（B）行业　　　（C）市场　　　（D）政府行为

答案：C

148．架空输电线路采用分裂导线的目的是（ ）。

（A）减小线路电抗　　　　　　　　（B）增大线路电纳

（C）减小线路电阻　　　　　　　　（D）改善输电线路的电晕条件

答案：A

149．架空输电线路的电抗与导线之间几何平均距离的关系为（ ）。

（A）几何平均距离越大，电抗越大

（B）几何平均距离越大，电抗越小

（C）输电线路的电抗与几何平均距离无关

（D）改变导线之间的几何平均距离可以明显改变线路的电抗

答案：A

150．架空输电线路的电纳和导线之间几何平均距离的关系为（ ）。

（A）几何平均距离越大，电纳越大

（B）几何平均距离越大，电纳越小

（C）输电线路的电纳与几何平均距离无关

（D）改变导线之间的几何平均距离可以明显改变线路的电纳

答案：B

151．架空输电线路全换位的目的是（ ）。

（A）使三相线路的电阻参数相等　　　（B）使三相线路的电抗和电纳参数相等

（C）减小线路电抗　　　　　　　　（D）减小线路电阻

答案：B

152．架空线路阻抗支路中的电流增大时，下列说法正确的是（ ）。

（A）有功线损增大，无功线损增大　　　（B）有功线损减小，无功线损减小

（C）有功线损增大，无功线损减小　　　（D）有功线损减小，无功线损增大

答案：A

153.将输入转化为输出的系统增值或结果有效已付出或应付出的凡是能被人所利用的物质代价称为（　　）。

(A)成本　　　　　　(B)会计成本　　　　　(C)平均成本　　　　(D)沉没成本

答案：A

154.交流潮流计算中，平衡节点的已知量为（　　）。

(A)负荷有功和无功，以及发电有功和无功　　(B)负荷有功和无功

(C)发电有功和无功　　　　　　　　　　　　(D)节点电压幅值和相角

答案：D

155.节点边际电价是在满足当前输电网络设备约束条件和各类其他资源的工作特点的情况下，在某一节点增加（　　）需求时所需要增加的成本。

(A)单位负荷　　　　(B)用户　　　　　　　(C)电力　　　　　　(D)能源

答案：A

156.节点边际电价依据（　　）预测计算得出。

(A)系统负荷　　　　　　　　　　　　　　　(B)母线负荷

(C)超短期负荷　　　　　　　　　　　　　　(D)短期及中长期负荷

答案：B

157.节点电价反映了节点的（　　）。

(A)短期平均成本　　(B)长期边际成本　　　(C)长期平均成本　　(D)短期边际成本

答案：D

158.节点电价是（　　）。

(A)在节点上增加单位兆瓦的负荷时，系统以最经济的手段满足该负荷需求所增加的
　　购电成本

(B)满足某一负荷时系统的平均发电成本

(C)满足某一负荷时系统的总发电成本

(D)固定不变的

答案：A

159.金融输电权（FTR）交易是指通过拍卖获得（　　）。

(A)输电线路使用权　　　　　　　　　　　　(B)输电设备使用权

(C)输电容量　　　　　　　　　　　　　　　(D)特定输电路径的阻塞补偿

答案：D

160.经济调度中，节点功率平衡约束的拉格朗日乘子经济学含义是（　　）。

(A)节点增加单位负荷需求，导致最大生产成本的增加量

(B)节点增加单位负荷需求，导致线路潮流阻塞程度的增加量

（C）节点增加单位负荷需求，导致机组出力的增加量

（D）节点增加单位负荷需求，导致最小生产成本的增加量

答案：D

161. 经济物品是指（　）。

（A）有用的物品 （B）稀缺的物品

（C）要用钱购买的物品 （D）有用且稀缺的物品

答案：D

162. 经济学家提出模型的主要理由是（　）。

（A）一个模型为验证一种假说所必须

（B）一个模型可帮助弄清和组织对一个论点的思考过程

（C）一个模型为决定一个指数所必须

（D）只有模型中才可使用实际变量

答案：B

163. 经济学可定义为（　）。

（A）政府对市场制度的干预

（B）企业取得利润的活动

（C）研究如何最合理地配置稀缺资源于诸多用途

（D）人们靠收入生活

答案：C

164. 经济学研究的基本问题是（　）。

（A）怎么生产 （B）生产什么，生产多少

（C）为谁生产 （D）选项均包括

答案：D

165. 经营期电价是（　）。

（A）以个别成本为基础 （B）以还贷期为基础

（C）根据经济寿命期核定电价 （D）对电力企业成本约束不强

答案：C

166. 以下哪些不属于电力系统静态等值的目的（　）。

（A）简化计算 （B）删除不关心的网络部分

（C）删除不可量测的网络部分 （D）提高计算精度

答案：D

167. 可靠性合同本质上是系统运营者从发电企业购买的（　）。

（A）差价合约 （B）看涨期权 （C）看跌期权 （D）电价合约

答案：B

168．可靠性合同能够向发电商提供激励，促使他们新建发电容量实现用户期望的供电（　　）。

（A）电能质量　　　　（B）可靠性目标　　　（C）时间　　　　　　（D）电能价格

答案：B

169．可再生能源是广泛存在、用之不竭的初级能源。以下不属于可再生能源的是（　　）。

（A）太阳能、风能　　　　　　　　（B）地热能、海洋能

（C）煤炭、石油、天然气　　　　　　（D）生物质能、水能

答案：C

170．冷备用时间为并网机组解列至再次并网的时间减去（　　）。

（A）24h　　　　　（B）48h　　　　　（C）72h　　　　　（D）96h

答案：C

171．理性合理的投资决策需要预测的电力市场价格（　　）电厂运行的长期边际成本。

（A）大于　　　　　（B）等于　　　　　（C）小于　　　　　（D）以上均不正确

答案：A

172．零售合同，是指（　　）与零售用户针对电力零售交易事项签订的商务合同。

（A）电力交易机构　　（B）政府部门　　　（C）售电公司　　　（D）电力公司

答案：C

173．垄断市场的厂商数目有（　　）。

（A）很多　　　　　（B）两个　　　　　（C）唯一　　　　　（D）三个

答案：C

174．卖方只有一个，而买方则有许多个，由于各种条件的限制，新企业的进入十分困难，没有相近替代品属于（　　）。

（A）完全竞争　　　（B）垄断　　　　　（C）寡头垄断　　　（D）不完全竞争

答案：B

175．描述一个用户"富有需求弹性"是指（　　）。

（A）该用户的需求量较大

（B）该用户的需求量较小

（C）该用户的需求量随价格改变的程度较大

（D）该用户的需求量随价格改变的程度较小

答案：C

176．能够降低网损的措施是（　　）。

（A）降低线路截面积　　　　　　　　（B）增加电能传输距离

（C）降低重负荷支路的电容性无功补偿　　（D）提高输电电压

答案：D

177．能源与人类关系非常密切，下列能源中对环境没有污染的是（　　）。

（A）煤　　　　　　（B）氢能　　　　　（C）石油　　　　　（D）核能

答案：B

178．逆调压是（　　）。

（A）大负荷时的电压低于小负荷时的电压

（B）任何时候都维持电压在一个范围内

（C）大负荷时的电压高于小负荷时的电压

（D）线路末端电压高于始端电压

答案：C

179．年最大负荷利用小时数是指：假设系统始终以最大负荷运行，经过一段时间后所消耗的电能恰好等于（　　）。

（A）全年功率累加和　　　　　　　　（B）全年的电能消耗量

（C）年最大负荷乘以全年小时数　　　（D）年最大负荷除以全年小时数

答案：B

180．牛顿-拉夫逊法计算速度不能提高的原因是（　　）。

（A）迭代次数多

（B）收敛性差

（C）不能平启动

（D）每次迭代都需要重新形成和求解雅可比矩阵

答案：D

181．频率固定的情况下，正弦量可用（　　）确定。

（A）幅值和初相位　　（B）角速度和幅值　　（C）幅值和时间　　（D）初相位和时间

答案：A

182．平均总成本曲线达到最低点时，以下说法正确的是（　　）。

（A）边际成本=平均可变成本　　　　（B）边际成本=平均总成本

（C）边际成本=平均固定成本　　　　（D）平均可变成本=平均固定成本

答案：B

183．期权合同交易的最后一天，是（　　）到期日的前一天。

（A）远期合同　　　（B）现货合同　　　（C）期货合同　　　（D）互换合同

答案：C

184. 其他条件不变，某一生产要素的边际产量达到最大时（　　）。

（A）总产量达到最大　　　　　　（B）平均产量达到最大

（C）总产量递增最快　　　　　　（D）平均产量大于边际产量

答案：C

185. 企业实行薄利多销策略的理论基础是（　　）。

（A）商品的需求价格弹性系数大于 1 时，抬高价格使得销售收入不变

（B）商品的需求价格弹性系数等于 1 时，抬高价格使得销售收入增加

（C）商品的需求价格弹性系数大于 1 时，降低价格使得销售收入增加

（D）商品的需求价格弹性小于 1 时，降低价格使得销售收入增加

答案：C

186. 企业在经营中遇到的由外界因素造成的风险，叫作（　　）。

（A）系统风险　　　　　　　　　（B）非系统风险

（C）非规则风险　　　　　　　　（D）选项都不对

答案：A

187. 全部成本等于（　　）。

（A）固定成本与平均成本之和　　（B）可变成本与平均成本之和

（C）固定成本与可变成本之和　　（D）平均成本与边际成本之和

答案：C

188. 全球能源观中提出的"两个替代"指的是（　　）。

（A）热能替代和电能替代　　　　（B）清洁替代和电能替代

（C）风能替代和电能替代　　　　（D）风能替代和清洁替代

答案：B

189. 仍然保持发输配售一体化的电力体制，且尚未建立统一的电网调度机构或电力交易机构运行的电力批发市场是（　　）电力市场模式。

（A）一体化模式　　　（B）过网模式　　　（C）分散模式　　　（D）集中模式

答案：B

190. 容量成本回收机制不包括下列哪一项（　　）。

（A）稀缺定价机制　　　　　　　（B）容量市场机制

（C）容量成本补偿机制　　　　　（D）市场交易机制

答案：D

191. 如果商品 x 与商品 y 是替代品，商品 x 价格下降，将使商品 y（　　）。

（A）需求量增加　　　（B）需求增加　　　（C）需求量减少　　　（D）需求减少

答案：C

192. 如果高压输电线路首、末端电压之间的关系为 $U_1 < U_2$、$\delta_1 > \delta_2$，在忽略线路电阻影响的情况下，下述说法中正确的是（ ）。

（A）有功功率从首端流向末端、无功功率从末端流向首端

（B）有功功率和无功功率都是从首端流向末端

（C）无功功率从首端流向末端、有功功率从首端流向末端

（D）有功功率和无功功率都从末端流向首端

答案：A

193. 如果函数在某点的导数为 0，则该点是（ ）。

（A）极大值点　　　　（B）极小值点　　　　（C）不确定　　　　（D）最小值点

答案：C

194. 如果用于销售的物品的价格长期低于（ ），一些企业就将退出市场。

（A）边际收益　　　　（B）边际成本　　　　（C）平均收益　　　　（D）平均总成本

答案：D

195. 三相功率 S 和线电压 U、线电流 I 之间的关系为（ ）。

（A）$S=\sqrt{3}\,UI$　　　　（B）$S=\sqrt{2}\,UI$　　　　（C）$S=\sqrt{5}\,UI$　　　　（D）$S=\sqrt{1/2}\,UI$

答案：A

196. 商品的（ ）是该商品价格水平和需求量之间函数关系的集合图形表示。

（A）供给曲线　　　　（B）需求曲线　　　　（C）供需曲线　　　　（D）价格曲线

答案：B

197. 商品的价格越高需求量越低，价格越低需求量越高，这种相互依存的负相关关系，被称为（ ）。

（A）价值规律　　　　（B）价格规律　　　　（C）需求规律　　　　（D）供给规律

答案：C

198. 申报充足率是（ ）的比值。

（A）市场成员申报的最大供给量与需求量

（B）市场成员申报的最大供给量之和与需求量之和

（C）市场成员申报的平均供给量与平均需求量

（D）市场成员申报的最大供给量之和与平均需求量

答案：B

199. 生产者每增加或减少一个单位产品而使总成本变动的数值，称为（ ）。

（A）机会成本　　　　（B）短期成本　　　　（C）边际成本　　　　（D）变动成本

答案：C

200．时间的利用隐含着（　　）。

（A）机会成本　　　　（B）价格　　　　　（C）生产要素　　　　（D）生产可能性

答案：A

201．实行厂网分开，输电和配电垄断经营，发电公司只能将电能卖给电网公司，这种电力市场模式属于（　　）。

（A）垄断模式　　　　　　　　　　　　（B）单一买方模式

（C）批发竞争模式　　　　　　　　　　（D）零售竞争模式

答案：B

202．市场运营机构包括电力交易机构和（　　）。

（A）电网公司　　　（B）电力调度机构　　　（C）能监办　　　（D）能源局

答案：B

203．收益减去成本等于（　　）。

（A）固定收益　　　（B）利润　　　　　（C）不变成本　　　　（D）经营收益

答案：B

204．输、配电业务（　　）自然垄断。

（A）是　　　　　　　　　　　　　　（B）不是

（C）有些是，有些不是　　　　　　　　（D）选项都不对

答案：A

205．输电电价制定的方法不包括（　　）。

（A）合理回报率　　　（B）市场形成　　　（C）成本加成　　　（D）RPI-X

答案：B

206．属于完备的电力现货市场必需条件的是（　　）。

（A）有限的买卖方

（B）各厂产品的差异性

（C）所有经济资源可在各市场主体间自由流动

（D）参与者可有选择地制造信息不平等

答案：C

207．当数量为4时，总收益为100；当数量为5时，总收益为120，此时边际收益为（　　）。

（A）20　　　　　　（B）100　　　　　　（C）120　　　　　　（D）25

答案：A

208．说"资源是稀缺的"是指（　　）。

（A）世界上大多数人生活在贫困中

（B）相对于资源的需求而言，资源总是不足的

（C）资源必须保留给下一代

（D）世界上资源最终将由于生产更多的物品和劳务而消耗光

答案：B

209．所谓寡头垄断市场是指在市场中企业的数量（　　）。

（A）只有一个企业 　　　　　　　　　（B）有许多小企业，但只有一个大企业

（C）只有小企业，没有大企业 　　　　　（D）三种情况都不是

答案：D

210．所谓竞价的统一出清方式下，在满足一定的约束条件下，售电方按申报交易价格由低到高依次排序形成的曲线叫（　　）。

（A）成交曲线 　　　（B）需求曲线 　　　（C）供给曲线 　　　（D）核定曲线

答案：C

211．特高压的电压等级是（　　）。

（A）220kV 　　　（B）330kV 　　　（C）500kV 　　　（D）1000kV

答案：D

212．调频辅助服务调节效果通过（　　）衡量。

（A）调频里程 　　　（B）调频容量 　　　（C）调频速率 　　　（D）调频精度

答案：A

213．停电有可能导致人员伤亡或主要生产设备损坏的用户的用电设备属于（　　）。

（A）一级负荷 　　　（B）二级负荷 　　　（C）三级负荷 　　　（D）特级负荷

答案：A

214．通过手动或自动地操作调频器使发电机组的频率特性平行地上下移动，从而使负荷变动引起的频率偏移保持在允许的范围内，这属于（　　）。

（A）静态频率特性 　　　　　　　　　（B）频率的一次调整

（C）频率的二次调整 　　　　　　　　（D）频率的三次调整

答案：C

215．完全竞争市场中，需求弹性减小会使得消费者剩余（　　）。

（A）增加 　　　　　　　　　　　　　（B）减少

（C）不变 　　　　　　　　　　　　　（D）根据商品属性可增可减

答案：B

216．网络拓扑根据电网中断路器、隔离开关等设备的（　　）及各电气元件的（　　）关系生成电网分析用的母线和网络模型。

（A）状态，空间 　　　（B）状态，连接 　　　（C）数量，大小 　　　（D）位置，隶属

答案：B

217. 为保证电能质量和系统安全而采取的措施称为（　　）。

（A）辅助服务　　　（B）附加服务　　　（C）增值服务　　　（D）安全服务

答案：A

218. 为贯彻落实碳达峰、碳中和任务，实现（　　）年非化石能源占一次能源消费比重提高至 20% 左右的目标。

（A）2025　　　　　（B）2030　　　　　（C）2050　　　　　（D）2060

答案：A

219. 为了改善电力系统季节性负荷不均衡性所采取的一种鼓励性电价，称为（　　）。

（A）电量电价　　　（B）峰谷电价　　　（C）分时电价　　　（D）季节性电价

答案：D

220. 为了减小线路电抗，可以（　　）。

（A）减小截面积　　（B）增大相间距离　　（C）增大线路半径　　（D）增加串联电抗

答案：C

221. 无功功率流过线路电阻时（　　）。

（A）产生有功功率损耗

（B）产生无功功率损耗

（C）既产生有功功率损耗，又产生无功损耗

（D）既不产生有功功率损耗，又不产生无功损耗

答案：A

222. 无功功率最优分布的原则是（　　）。

（A）等有功网损微增率　　　　　　　　（B）等耗量微增率

（C）等无功网损微增率　　　　　　　　（D）电压最高

答案：A

223. 下列（　　）属于基本辅助服务。

（A）一次调频　　　　　　　　　　　　（B）二次调频

（C）三次调频　　　　　　　　　　　　（D）自动发电控制

答案：A

224. 下列（　　）因素会导致政府失灵。

（A）有限信息　　　（B）有限控制　　　（C）有限决策　　　（D）全部正确

答案：D

225. 下列（　　）不属于电力批发市场交易品种。

（A）电能量　　　　（B）发电容量　　　（C）辅助服务　　　（D）发电期权

答案：D

226. 下面不属于辅助服务的是（　　）。

（A）旋转备用　　　（B）频率控制　　　（C）发电调度　　　（D）黑启动

答案：C

227. 下面哪个交易类型不属于电力市场交易（　　）。

（A）中长期交易　　（B）现货交易　　　（C）电力期货交易　　（D）碳交易

答案：D

228. 现货市场出清优化模型中不可松弛约束包括（　　）等。

（A）系统平衡约束　　　　　　　　　　（B）断面安全约束

（C）机组运行约束　　　　　　　　　　（D）三个选项都对

答案：C

229. 现货市场主要利用（　　）负荷预测，用于支撑出清计算。

（A）短期及超短期　（B）中期　　　　（C）长期　　　　（D）三个选项都对

答案：A

230. 现货系统的灵敏度分析功能以（　　）提供的实时断面为基础。

（A）状态估计　　　（B）调节备用　　（C）旋转备用　　（D）安全约束

答案：A

231. 线路传输的有功功率，主要与（　　）相关。

（A）线路两端电压相角差　　　　　　　（B）线路两端电压幅值差

（C）线路传输的无功功率　　　　　　　（D）线路对地电纳

答案：A

232. 线路电压降落是指（　　）。

（A）线路始端或末端电压与线路额定电压 U_N 的数值差

（B）线路始末两端电压的数值差

（C）线路始末两端电压的相量差

（D）线路始端或末端电压与线路额定电压 U_N 的比值

答案：C

233. 线损是指输配电过程中发生的（　　）损失。

（A）电压　　　　　（B）电流　　　　（C）能量　　　　（D）频率

答案：C

234. 消费者预期某物品未来价格要上升，则对该物品当前需求会（　　）。

（A）减少　　　　　（B）增加　　　　（C）不变　　　　（D）选项都可能

答案：B

235．虚拟电厂是将（ ）、可控负荷和分布式储能设施有机结合。

（A）负荷聚合商 （B）风电

（C）光伏 （D）分布式发电机组

答案：D

236．需求不变时供给的变动引起（ ）。

（A）均衡价格和均衡数量同方向变动

（B）均衡价格反方向变动，均衡数量同方向变动

（C）均衡价格与均衡数量反方向变动

（D）均衡价格有可能保持不变

答案：B

237．需求函数是指（ ）之间的关系。

（A）购买力和需求量 （B）供应量和价格

（C）价格和需求量 （D）购买力和供应量

答案：C

238．需求曲线是一条向（ ）倾斜的曲线。

（A）右下方 （B）右上方 （C）左下方 （D）左上方

答案：A

239．需求响应分为基于（ ）的和基于激励的。

（A）消费 （B）价格 （C）需求 （D）电费

答案：B

240．一般来说，长期平均成本曲线是（ ）。

（A）先减后增 （B）先增后减

（C）按一固定比率增加 （D）按一固定比率减少

答案：A

241．一个市场中有很多的厂家，生产的产品没有区别，且进入或退出市场很容易，每个厂家都无法对市场价格形成影响力，这样的市场成为（ ）。

（A）垄断 （B）寡头寡断 （C）垄断竞争 （D）完全竞争

答案：D

242．一种商品的价格上升，导致另一种商品的需求量增大，那么这两种商品是（ ）。

（A）替代品 （B）互补品 （C）独立品 （D）都不是

答案：A

243．以下（ ）不是完全竞争市场的特征。

（A）市场上有许多买者与卖者

（B）用于销售的物品大多是相同的

（C）企业可以自由进入或退出市场

（D）企业在长期中产生少量正经济利润

答案：D

244．以下（　）不属于电力需求侧管理的实施对象。

（A）生活用能设备　　（B）工业用能设备　　（C）发输配电设备　　（D）安保用电设备

答案：D

245．以下不是可再生能源的是（　）。

（A）太阳能　　　　　（B）水能　　　　　　（C）地热能　　　　　（D）核能

答案：D

246．以下不属于输配电价主要定价方法的是（　）。

（A）最高限价法　　　（B）邮票法　　　　　（C）兆瓦千米法　　　（D）边际成本法

答案：A

247．以下对交易电量、上网电量、发电量间的大小关系表述正确的是（　）。

（A）交易电量最大　　（B）上网电量最大　　（C）发电量最小　　　（D）交易电量最小

答案：D

248．以下关于电力商品说法错误的是（　）。

（A）电能不能大规模存储

（B）供需平衡需要时刻满足

（C）电力商品与一般商品无差异

（D）电能交割必须时刻满足电网安全约束

答案：C

249．以下关于期货和期权的说法不正确的是（　）。

（A）期货是一种标准化的合约

（B）期货合约中约定未来某一特定时间以约定价格买入或卖出一定数量的商品

（C）期权是一种非标准化的合约

（D）期权合约约定了一种权利，即期权的拥有者可以在未来某一特定时间以约定价格买入或卖出一定数量的商品

答案：C

250．以下能量储存形式中，自身即为储能形式的是（　）。

（A）机械能　　　　　（B）热能　　　　　　（C）电能　　　　　　（D）化学能、核能

答案：D

251. 以下说法错误的是（　　）。

（A）供给曲线是向右上方倾斜的曲线

（B）供给弹性指因价格变动与引起的供给变动的比率

（C）供给曲线反映了厂商的生产意愿

（D）供给曲线是供给量与生产能力的关系

答案：D

252. 以下问题中，（　　）不是微观经济学所考察的问题。

（A）一个厂商的产出水平

（B）失业率的上升或下降

（C）联邦货物税的高税率对货物销售的影响

（D）某一行业中雇佣工人的数量

答案：B

253. 以用户变压器容量或月最大需量收取电价是（　　）。

（A）度电电价　　　　（B）容量电价　　　　（C）分时电价　　　　（D）丰枯电价

答案：B

254. 隐式拍卖即不单独开设输电容量拍卖市场，而是将（　　）作为约束条件，纳入电量优化出清中统一考虑，不需要由统一的拍卖机构进行容量拍卖。

（A）机组最大发电能力

（B）输电通道容量

（C）电网安全约束

（D）机组最大发电能力、 输电通道容量

答案：B

255. 影响电力系统频率高低的主要因素是（　　）。

（A）电力系统的有功平衡关系　　　　（B）电力系统的无功平衡关系

（C）电力系统的潮流分布　　　　（D）电力系统的网络结构

答案：A

256. 用电负荷按用电时间分为（　　）。

（A）一类负荷、二类负荷、三类负荷

（B）单班制、两班制、三班制及间断性负荷

（C）工业用电负荷、农业用电负荷、交通运输用电负荷、照明及市政用电负荷

（D）三个选项都对

答案：B

257. 用来分析厂商通过决策产量来竞争的情形，属于分析非合作博弈经典模型中的（　　）。

(A) 古诺模型　　(B) 伯特兰德模型　　(C) 卡特模型　　(D) 纽伯利模型

答案：A

258. 用于电能远距离输送的线路称为（　　）。

(A) 配电线路　　(B) 直配线路　　(C) 输电线路　　(D) 输配电线路

答案：C

259. 以下哪一项不属于虚拟电厂可以聚合的资源（　　）。

(A) 分布式发电　　　　　　　　(B) 分散式储能

(C) 具有调节能力的负荷　　　　(D) 直调公用机组

答案：D

260. 用于连接 220kV 和 110kV 两个电压等级的降压变压器，其两侧绕组的额定电压应为（　　）。

(A) 220kV 和 110kV　　　　　　(B) 220kV 和 115kV

(C) 242kV 和 121kV　　　　　　(D) 220kV 和 121kV

答案：D

261. 由于输电阻塞引起机组出力的上下调整，导致系统电能量供给成本的增加额，即为（　　）。

(A) 阻塞盈余　　(B) 阻塞成本　　(C) 物理输电权　　(D) 金融输电权

答案：B

262. 有功功率最优分配的目的是（　　）。

(A) 在满足技术约束的前提下，最经济地满足负荷有功需求

(B) 实现一次调频

(C) 实现二次调频

(D) 实现电压调整

答案：A

263. 原网络节点 i、j 增加一条支路，节点导纳矩阵如何变化（　　）。

(A) 节点导纳矩阵阶数不变，只有自导纳发生变化

(B) 节点导纳矩阵阶数不变，互导纳、自导纳发生变化

(C) 节点导纳矩阵也增加一阶

(D) 节点导纳矩阵也阶数不变

答案：B

264. 远期合同是一种（　　）的合同。

(A) 标准化　　(B) 固定形式　　(C) 非标准化　　(D) 固定内容

答案：C

265．再调度法的原理：系统运营商作为唯一的买方，根据机组报价，出力约束、线路潮流分布因子等约束条件，以（　　）为目标，安排发电机组调整计划。

（A）边际成本最小化　　　　　　　　（B）发电成本最小化

（C）调整成本最低　　　　　　　　　（D）调整难度最低

答案：C

266．在安全约束经济调度模型中使用SF后，市场出清的结果将随着平衡节点的改变而（　　）。

（A）改变　　　　（B）不变　　　　（C）变大　　　　（D）不确定

答案：B

267．在电力行业体制改革实施阶段，搁浅成本处理方法通常有资产搭配重组和（　）模式。

（A）搁浅成本证券化　　　　　　　　（B）差价合约

（C）电价合约　　　　　　　　　　　（D）电价过渡费回收

答案：B

268．在电力批发市场中，主要的电力交易产品是（　　）。

（A）电能量　　　（B）电力商品　　　（C）输电权　　　（D）辅助服务市场

答案：A

269．在电力市场批发竞争模式中，电能批发价格是由（　　）相互作用的结果。

（A）发电与输电　　　　　　　　　　（B）电力供应与需求

（C）电能投标和报价　　　　　　　　（D）发电成本与销售价格

答案：B

270．在电力现货市场中，集中式电力市场以（　　）进行结算。

（A）电能合约　　　（B）差价合约　　　（C）物理合约　　　（D）金融合约

答案：D

271．在电力现货市场中交易的是（　　）。

（A）发电权　　　　　　　　　　　　（B）发电机组出力

（C）电能量　　　　　　　　　　　　（D）电力用户负荷

答案：C

272．在短期内，随着产量的增加，总固定成本将（　　）。

（A）增加　　　（B）不变　　　（C）减少　　　（D）先增后减

答案：B

273．在多次重复的双头博弈中，每一个博弈者努力，使（　　）。

（A）行业的总利润最大　　　　　　　（B）另一个博弈者的利润最小

（C）其市场份额最大　　　　　　　　（D）其利润最大

答案：D

274．在多电压等级电磁环网中，改变变压器的变比（　　）。

（A）主要改变无功功率分布　　　　　（B）主要改变有功功率分布

（C）改变有功功率分布和无功功率分布　（D）功率分布不变

答案：A

275．在发电出力较低时，边际成本一般（　　）平均成本。

（A）大于　　　　（B）等于　　　　（C）小于　　　　（D）无法确定

答案：C

276．在进行电力市场现货与辅助服务出清时，实时联合出清环节出清得到实时市场备用和电能量的结果，出清的节点价格在调频市场中用于计算（　　）。

（A）机会成本　　（B）实时效益　　（C）预期收益　　（D）预期成本

答案：A

277．在经济学中，任一个经济事务均处于各种经济力量的相互作用之中，如果各种力量相互制约或者抵消，那么该经济事务就处于（　　）状态，称为均衡状态。

（A）相对静止　　（B）持续稳定　　（C）相对稳定　　（D）基本稳定

答案：A

278．在竞争性市场中，（　　）在很大程度上由供需关系来驱动。

（A）交易　　　　（B）结算　　　　（C）价格　　　　（D）交割

答案：C

279．在满足当前输电网络设备约束条件和各类其他资源的工作特点的情况下，在某一节点增加单位负荷需求时所需要增加的边际成本，指的是下面那一项（　　）。

（A）统一结算点电价　（B）节点电价　　（C）上网电价　　（D）批复电价

答案：B

280．在能供给整个市场的产量时，其平均总成本一直下降到最低的企业称为（　　）。

（A）完全竞争者　（B）自然垄断　　（C）政府垄断　　（D）受管制的垄断

答案：B

281．在企业中代表所有者权益的是（　　）。

（A）资产　　　　（B）债权　　　　（C）股权资本　　（D）注册资本

答案：C

282．在实际竞价上网中，发电商所要考虑的成本支出是（　　）。

（A）固定成本　　（B）变动成本　　（C）总成本　　　（D）边际成本

答案：B

283. 在市场竞争合理的情况下，现货价格反映平衡电能的（　　）。

（A）结算价格　　　（B）实时成本　　　（C）微增成本　　　（D）供求关系

答案：C

284. 在受约束的电网中，一台发电机组故意报出足够高的价格使其无法中标，造成电力短缺，从而使该发电商其他机组获利。这种操纵市场的行为属于（　　）。

（A）实物持留　　　（B）开市砸盘　　　（C）收盘作价　　　（D）经济持留

答案：D

285. 在输电线路参数中属于耗能参数的是（　　）。

（A）电抗、电阻　　（B）电纳、电阻　　（C）电导、电抗　　（D）电阻、电导

答案：D

286. 在输配电过程中，电能损耗通常以（　　）形式散发。

（A）电能　　　　　（B）热能　　　　　（C）电磁能　　　　（D）动能

答案：B

287. 在碳达峰、碳中和工作中经常运用的 CCUS 技术指的是（　　）。

（A）碳捕捉、利用与封存　　　　　　　（B）碳封存

（C）碳转化　　　　　　　　　　　　　（D）碳转让

答案：A

288. 在完全竞争市场或接近完全竞争市场上，商品的边际生产成本将（　　）消费者所获得的边际价值。

（A）大于　　　　　（B）小于　　　　　（C）等于　　　　　（D）不确定

答案：C

289. 在完全垄断市场上，厂商数量是（　　）。

（A）一家　　　　　（B）二家　　　　　（C）三家　　　　　（D）无数家

答案：A

290. 在无功功率不足的条件下，以下说法不正确的是（　　）。

（A）采取调整变压器分接头的办法来提高电压

（B）调整发电机机端电压来提高电压

（C）投入并联电容来提高电压

（D）调整调相机机端电压来提高电压

答案：A

291. 在下列情况下，平均产量达到最大值的是（　　）。

（A）平均产量＞边际产量时　　　　　　（B）平均产量＝边际产量时

（C）总产量达到最大值时　　　　　　　　（D）边际产量达到最大值时

答案：B

292．在下面给出的各组电压中，完全属于电力系统额定电压的一组是（　　）。

（A）500kV、230kV、121kV、37kV、10.5kV

（B）525k、230kV、115kV、37kV、10.5kV

（C）525kV、242kV、121kV、38.5kV、11kV

（D）500kV、220kV、110kV、35kV、10kV

答案：D

293．在相同条件下，A、B区域单独经济调度和A、B区域联合经济调度，两者相比，负荷支付的总费用是（　　）。

（A）A、B区域单独经济调度时负荷支付的费用低

（B）A、B区域联合经济调度时负荷支付的费用低

（C）两者一样

（D）无法判断

答案：D

294．在一定时间段内的功率为恒定时，该时段的相应能量是（　　）。

（A）功率与时间的乘积　　　　　　　　　（B）功率除以时间

（C）功率加时间　　　　　　　　　　　　（D）功率减时间

答案：A

295．在一个系统中，关于容量基准值说法正确的是（　　）。

（A）容量基准值一般随意取

（B）全网容量基准值只有一个

（C）全网可以取多个容量基准值

（D）容量基准值只能选择100MVA

答案：B

296．政府为了扶持农业，对农产品实行支持价格。但政府为了维持这个高于均衡价格的支持价格，就必须（　　）。

（A）实行农产品配给制　　　　　　　　　（B）收购过剩的农产品

（C）增加对农产品的税收　　　　　　　　（D）给农民补贴

答案：B

297．直流潮流中，平衡节点的作用是（　　）。

（A）平衡网损　　　（B）提供参考角　　　（C）提供参考电压　　　（D）没有具体作用

答案：B

298. 中断供电将在政治、经济上造成较大损失的电力负荷是（ ）。

（A）一级负荷 （B）二级负荷 （C）三级负荷 （D）四级负荷

答案：B

299. 转移因子 SF 随着平衡节点的改变而（ ）。

（A）改变 （B）不变 （C）变大 （D）不确定

答案：A

300. 装有无功补偿装置，运行中可以维持电压恒定的变电所母线属于（ ）。

（A）PQ 节点 （B）PV 节点 （C）平衡结点 （D）不能确定

答案：B

301. 资产组合的目的是（ ）。

（A）消除风险 （B）多投资 （C）降低风险 （D）实现长期投资

答案：C

302. 总产量曲线上对应点切线的斜率是（ ）。

（A）总产量 （B）平均成本 （C）边际成本 （D）边际产量

答案：D

303. 阻塞电价是（ ）的重要组成部分，其数值等于输电线路限额放宽一个单位带来的社会效益。

（A）节点价格 （B）分区电价 （C）上网电价 （D）目录电价

答案：A

304. 阻塞管理的目的是建立一套合理的（ ），使系统各条线路安全运行。

（A）调度计划 （B）市场机制 （C）协商办法 （D）以上选项都是

答案：A

305. 阻塞管理能够有效地控制（ ），使系统的短期运行满足一定的安全和可靠性裕度。

（A）电网和用户 （B）发电机和负荷

（C）输、配电线路 （D）市场主体

答案：B

306. 阻塞条件下电能市场计价的方式中，发电商和用户的结算价格都是基于各自节点的边际成本的定价方法称作（ ）。

（A）节点边际电价 （B）分时电价 （C）峰谷电价 （D）潮流电价

答案：A

307. 组成电力系统的几种主要元件是（ ）。

（A）电源、电阻、电感、电容 （B）发电机、变压器、线路、用电设备

（C）发电厂、变电所、变压器、线路　　　（D）发电机、变压器、线路、开关

答案：B

308．最佳的备用容量必定是系统（　　）相互协调的结果。

（A）稳定性和安全性　　　　　　　（B）随机性和经济性

（C）灵活性和经济性　　　　　　　（D）可靠性和经济性

答案：D

309．作为发现系统电力边际成本的主要手段，日前市场主要的定位在于发现（　　），依据日前市场出清结果确定发电计划。

（A）短期电力边际成本　　　　　　（B）长期电力边际成本

（C）短期边际阻塞成本　　　　　　（D）长期边际堵塞成本

答案：A

310．作为经济学的两个组成部分，微观经济学与宏观经济学是（　　）。

（A）相互补充的　　　　　　　　　（B）互相对立的

（C）宏观经济学包含微观经济学　　（D）微观经济学包含宏观经济学

答案：A

二、多选题

1．（　　）属于有功功率预防控制。

（A）留足旋转备用　　　　　　　　（B）发电机由调相方式改为发电方式

（C）快速启动水电机组　　　　　　（D）停用抽水状态的蓄能机组

答案：ABCD

2．500kV 电网中并联高压电抗器中性点加小电抗作用是（　　）。

（A）补偿导线对地电容　　　　　　（B）使对地阻抗无穷大

（C）消除潜洪电流纵分量　　　　　（D）提高重合闸的成功率

答案：ABCD

3．按交易对象划分，电力市场体系可分为（　　）。

（A）容量市场　　　　　　　　　　（B）现货市场

（C）辅助服务市场　　　　　　　　（D）电能量市场

答案：ACD

4．按照电力生产经营的环节把电价分成（　　）部分。

（A）容量电价　　　（B）上网电价　　　（C）输配电价　　　（D）销售电价

答案：BCD

5．备用价格是备用的边际成本，定义为备用增加单位需求时所增加的费用，在数值上

等于边际备用设备的（　　）之和。

（A）备用申报价格　　　　　　　　（B）电能市场的机会成本

（C）固定成本　　　　　　　　　　（D）合理收益

答案：AB

6. 边际成本递减时，（　　）曲线以递减的速率上升。

（A）TC　　　　　（B）TVC　　　　　（C）TFC　　　　　（D）MC

答案：AB

7. 边际成本曲线就是供给曲线，边际成本曲线表示（　　）。

（A）厂商的最优产量水平在边际收益曲线与边际成本曲线的交点处

（B）边际成本曲线上的每一点都成了边际收益=边际成本的点

（C）企业只有按照边际成本曲线的轨迹，安排产量和价格才能实现利润最大化

（D）供给曲线向右上方倾斜

答案：ABCD

8. 变电站按电压升降可分为（　　）。

（A）高压变电站　　　（B）低压变电站　　　（C）升压变电站　　　（D）降压变电站

答案：CD

9. 变压器损耗是由下列哪几部分构成（　　）。

（A）短路损耗　　　（B）空载损耗　　　（C）开路损耗　　　（D）铁芯损耗

答案：AB

10. 不对称分量可以分解为（　　）。

（A）正序　　　　　（B）倒序　　　　　（C）负序　　　　　（D）零序

答案：ACD

11. 不考虑网损时，节点边际电价包括（　　）。

（A）发电边际成本　　　（B）输电阻塞成本　　　（C）人工成本　　　（D）边际网损成本

答案：AB

12. 采用标幺值计算的优点（　　）。

（A）易于比较各元件的特性与参数　　　　（B）方便评估电压质量

（C）能够简化计算公式　　　　　　　　　（D）更加准确

答案：ABC

13. 采用等值功率计算线路有功能量损耗时，需要知道的物理量是（　　）。

（A）最大负荷损耗时间　　　　　　（B）有功平均功率

（C）无功平均功率　　　　　　　　（D）最小负荷率

答案：BC

14．参加电力市场交易的经济实体，应该是具有（　　）的经济实体。

（A）独立法人资格　　　　　　　　（B）独立财务核算

（C）信用评价合格　　　　　　　　（D）能够独立承担民事责任

答案：ABCD

15．差价合约有多种形式，如（　　）。

（A）政府授权合约　　（B）市场化合约　　（C）单向合约　　（D）确定价格合约

答案：ABCD

16．厂商在获得经济利润，一定是（　　）。

（A）总收益＞总成本　　　　　　　（B）产品价格＞平均总成本

（C）总收益＞总可变成本　　　　　（D）产品价格＞平均可变成本

答案：AB

17．除了时间与信息两种资源外，经济学讨论的资源基本上有三种，分别是（　　）。

（A）人力资源　　（B）社会资源　　（C）自然资源　　（D）资本资源

答案：ACD

18．大容量储能的主要作用有（　　）。

（A）平滑间歇性电源功率波动

（B）减小负荷峰谷差，提高设备利用率

（C）增加备用容量，提高电网安全稳定性

（D）提高供电质量和可靠性

答案：ABC

19．当电网输电断面超过稳定限额时，可采取以下原则迅速采取措施降至限额以内（　　）。

（A）增加受端发电厂出力，并提高电压水平

（B）降低送端发电厂出力，并降低电压水平

（C）调整系统运行方式

（D）在受端进行限电或拉电

答案：ACD

20．导致需求增加的因素包括（　　）。

（A）商品本身价格下降　　　　　　（B）互补品价格降低

（C）消费者收入增加　　　　　　　（D）消费者偏好增强

答案：ABCD

21．电力搁浅成本按照形成原因大致可以分为（　　）。

（A）与电厂建设相关而无法回收的发电成本

（B）部分长期购买合同

（C）受管制资产

（D）固定电价补贴

答案：ABC

22．电力市场较之其他商品的特殊性，使其具有明显的特征。要深入了解电力市场的特征，首先需要了解电力工业的技术特征。电力工业具有如下（　　）特征。

（A）快速性　　　　（B）网络性　　　　（C）协调性　　　　（D）稳定性

答案：ABCD

23．电力市场与普通商品市场比较有显著的特殊性，归根到底就在于电力商品与其他一般商品的差异性。电能与其他商品最本质差异在于其（　　）。

（A）成本属性　　　（B）自然属性　　　（C）社会属性　　　（D）传输属性

答案：BC

24．电力网络的简化方法有（　　）。

（A）时变参量法　　（B）等效电源法　　（C）负荷移置法　　（D）星-网变换法

答案：BCD

25．电力网是指由（　　）组成的统一整体。

（A）输电线路　　　（B）发电机　　　　（C）电动机　　　　（D）变压器

答案：AD

26．电力网中网损的产生原因，来自（　　）和管理三个方面。

（A）电阻　　　　　（B）磁场　　　　　（C）电频　　　　　（D）电流

答案：AB

27．电力系统安全控制包括（　　）。

（A）预防控制　　　（B）校正控制　　　（C）紧急控制　　　（D）恢复控制

答案：ABCD

28．电力系统备用服务一般划分为（　　）。

（A）旋转备用　　　（B）正常备用　　　（C）非旋转备用　　　（D）非正常备用

答案：AC

29．电力系统参数中运行参数包括（　　）。

（A）电压　　　　　（B）电流　　　　　（C）功率　　　　　（D）电阻

答案：ABC

30．电力系统的动力系统部分是指（　　）。

（A）电力系统　　　（B）动力部分　　　（C）机械部分　　　（D）非动力系统

答案：AB

31．电力系统的接线方式（　　）。

（A）网络接线　　（B）用户接线　　（C）无备用接线　　（D）有备用接线

答案：CD

32．电力系统电压偏移的影响有（　　）。

（A）电压降低会使网络中功率损耗加大

（B）电压过低有可能危及电力系统运行稳定性

（C）电压过高各种电气设备的绝缘可能受到损害

（D）超高压网络中增加电晕损耗

答案：ABCD

33．电力系统发生短路的类型有（　　）。

（A）三相短路　　（B）两相短路　　（C）单相短路接地　　（D）两相短路接地

答案：ABCD

34．电力系统过电压分为（　　）。

（A）大气过电压　　（B）工频过电压　　（C）操作过电压　　（D）谐振过电压

答案：ABCD

35．电力系统使用环形网的原因是（　　）。

（A）为了提高供电的可靠性，经济性和运行的灵活性

（B）降低电压损耗和电能损耗往往需要从几个方向对用户输送电能

（C）为了便于安装

（D）选项都不对

答案：AB

36．电力系统是由（　　）用电构成。

（A）发电　　（B）输电　　（C）变电　　（D）配电

答案：ABCD

37．电力系统是由（　　）等环节组成的电能生活和消费系统。

（A）发电厂　　（B）送变电线路　　（C）供配电所　　（D）用电

答案：ABCD

38．电力系统性能指标有（　　）。

（A）安全可靠性　　（B）电能质量　　（C）有效性　　（D）经济性能

答案：ABD

39．电力系统运行的基本要求是（　　）。

（A）可靠性　　（B）优质性　　（C）经济性　　（D）多样性

答案：ABC

40．电力系统运行特点包括（　　）。

（A）电能不能大量储存
（B）与国民经济及人民生活关系密切
（C）过渡过程非常短暂
（D）频率一直保持在 50Hz

答案：ABC

41．电力系统中的无功电源有（　　）。

（A）静止电容器
（B）同步发电机
（C）静止无功补偿器
（D）同步调相机

答案：ABCD

42．电力系统中谐波对电网产生的影响有（　　）。

（A）设备发热，产生噪声
（B）引起附加损耗
（C）电感电容发生谐振，放大谐波
（D）产生干扰

答案：ABCD

43．电力现货价格随时波动的特征，是源于电力系统运行的哪些特性（　　）。

（A）电能不能大规模储存
（B）需保持实时发用电平衡
（C）用电负荷随时不断变化
（D）装机容量不断增加

答案：ABC

44．电力线路按结构可以分为（　　）。

（A）备用线路　　　（B）电缆线路　　　（C）架空线路　　　（D）输电线路

答案：BC

45．电力需求侧的特点是（　　）。

（A）短期需求缺乏弹性
（B）短期需求具有弹性
（C）需求弹性更多的表现为互弹性
（D）需求弹性更多的表现为自弹性

答案：AC

46．电力有别于其他商品之处，就在于电力的（　　）、（　　）、（　　）必须同时完成，必须保持供需实时平衡。

（A）生产　　　　　（B）输送　　　　　（C）储存　　　　　（D）消费

答案：ABD

47．电能商品的特殊性主要表现在（　　）。

（A）总是与物理电力系统紧密相连

（B）供应和需求需要时刻保持平衡

（C）不能直接送到指定的用户

（D）电能需求会表现出可预测的循环波动

答案：ABCD

48．电能有（ ）优点。

（A）能量间转换容易 （B）输送方便

（C）控制灵活 （D）清洁、经济

答案：ABCD

49．电压等级与电力系统成本的关系，以下说法正确的是（ ）。

（A）各电压等级对应不同的输送容量和输送距离

（B）电压等级越低，输电损耗越小

（C）输送距离越长，输送损失越大

（D）从电厂到用户要经过多次升压和降压，因此，电压等级越低，占用的电力设施、耗费的投资和运行成本越多

答案：ACD

50．电压中枢点的三种调压方法包括（ ）。

（A）正调压 （B）顺调压 （C）逆调压 （D）常调压

答案：BCD

51．电压中枢点选择原则有（ ）。

（A）大型发电厂的高压母线 （B）发电厂输电线

（C）枢纽变电所的二次母线 （D）有大量地方性负荷的发电厂母线

答案：ACD

52．短路的危害包括（ ）。

（A）电流增大，电压下降 （B）设备烧毁

（C）发电厂失去同步 （D）产生干扰

答案：ABCD

53．发电厂的固定成本主要包括（ ）。

（A）不随生产量变化的维护费用 （B）人工成本

（C）税收 （D）与电厂可回收价值相关的机会成本

答案：ABCD

54．发电容量需求分析的方法有（ ）。

（A）市场导向的扩容方法 （B）容量电费

（C）容量市场 （D）可靠性合同

答案：ABCD

55．非政府定价电量主要是指通过市场化方式形成的（ ）。

（A）基准价电量 （B）直接交易电量

（C）外送电交易电量　　　　　　　　（D）现货市场电量

答案：BCD

56．分布式发电机组接入配电网有（　）积极作用。

（A）弥补大电网在安全稳定性方面的不足

（B）操作控制相对简单

（C）减少、延缓大型集中发电厂与输配电系统投资

（D）就近供电

答案：ABCD

57．风能有（　）缺点。

（A）分布广泛　　　（B）密度低、不稳定　　　（C）地区差异大　　　（D）能量小

答案：BC

58．风能有（　）优点。

（A）能量大　　　（B）分布广泛　　　（C）地区差异小　　　（D）几乎没有污染

答案：ABD

59．负荷与发电不平衡在时间特性上表现的形式有（　）。

（A）快速的随机波动性　　　　　　　（B）缓慢的周期波动性

（C）快速的周期性波动　　　　　　　（D）偶发性的大偏差

答案：ABD

60．负荷预报准确率一般情况下要受到下列因素的影响（　）。

（A）电网总用电负荷的大小　　　　　（B）气象数据

（C）历史数据的完整性　　　　　　　（D）负荷预报算法

答案：ABCD

61．负荷预测时间分为（　）。

（A）中期　　　（B）长期　　　（C）短期　　　（D）超短期

答案：ABCD

62．负荷预测指根据（　）等因素，对电力调度机构所辖电网未来特定时刻的负荷需求进行预测的行为。

（A）电网运行特性　　　（B）综合自然条件　　　（C）经济状况　　　（D）社会事件

答案：ABCD

63．高精度的风功率预测技术具有的功能包括（　）。

（A）降低风电波动对电网运行的影响

（B）提前安排机组发电计划

（C）减少备用容量

（D）保证电网安全可靠经济运行

答案：ABCD

64．功率的自然分布和经济功率分布的区别在于（   ）。

（A）自然功率分布取决于网络各线段的阻抗，即按阻抗分布

（B）经济功率分布取决于网络各线段的电阻，即按电阻分布

（C）二者的差异，仅是无功功率在网络上的消耗

（D）二者的差异，仅是有功功率在网络上的消耗

答案：ABC

65．关于负荷预测，下列说法正确的是（   ）。

（A）超短期负荷预测为当前时刻的下一个15min的负荷预测，可延伸至未来6h

（B）短期负荷预测为次日的负荷预测，可延伸至未来多日

（C）中期负荷预测为未来一至数月的负荷预测

（D）长期负荷预测为未来一至数年的负荷预测

答案：ABCD

66．关于功率分布下面描述正确的是（   ）。

（A）经济网络分布是指网络中功率损耗最大的一种潮流分布

（B）自然功率分布和经济功率分布是一回事

（C）为了使网络中功率损耗最小，需要采取措施克服自然功率分布与经济功率分布的不一致

（D）为了使网络中功率损耗最小，需要尽可能地实现经济功率分布

答案：CD

67．关于收入弹性的论述中，正确的是（   ）。

（A）收入弹性就是消费者收入变化对某种商品需求量的影响

（B）企业提供的产品如果收入弹性较大，则经济繁荣时期企业可以获得较多的收益

（C）如果收入弹性小于0，表示这种商品是低档商品

（D）如果某类商品收入弹性小于1，说明人们对这类商品需求的增长速度小于他们收入的增长速度

答案：ABCD

68．关于微网的描述正确的有（   ）。

（A）可通过配电网与大型电力网并联

（B）可独立为当地负荷提供电力需求

（C）通过单点接入电网

（D）减少大量小功率分布式电源对传统电网的影响

答案：ABCD

69．关于现货中电力系统容量的充裕性描述正确的有（   ）。

（A）短期容量的充裕性

（B）深度调峰的充裕性

（C）长期容量的充裕性

（D）备用容量的充裕性

答案：AC

70．关于影子价格正确的是（   ）。

（A）影子价格是指某种资源在生产活动中的边际利用价值

（B）影子价格是 0 就表示这种资源处于过剩状态

（C）影子价格是为了进行约束而牺牲掉的收益

（D）影子价格越大表示这种资源相对过剩

答案：ABC

71．关于直流潮流，正确的说法是（   ）。

（A）直流潮流是对直流系统潮流的计算方法

（B）求解直流潮流不需要迭代，计算速度快

（C）直流潮流可计算有功潮流分布

（D）直流潮流可计算节点电压幅值

答案：BC

72．光伏发电系统主要由（   ）三大部分组成。

（A）太阳能电池板   （B）控制器   （C）发电机   （D）逆变器

答案：ABD

73．国内电力系统的额定电压主要包括（   ）。

（A）110kV   （B）500 kV   （C）220kV   （D）330kV

答案：ABC

74．合同市场有（   ）作用。

（A）平稳现货市场的价格

（B）防止电力市场发电商利用市场力操纵电价

（C）提供中长期经济信号反映电能的中长期供需关系

（D）合同市场实现了电力"虚拟"存储

答案：ABCD

75．黑启动机组的选择标准是（   ）。

（A）自启动能力

（B）在电网中的位置离大容量机组近

（C）带负荷能力

（D）离重要负荷中心近

答案：ABCD

76．环形网的潮流分布与（　　）有关。

（A）网络的结构　　　（B）网络的负荷　　　（C）网络的电源　　　（D）选项都不对

答案：ABC

77．环形网进行潮流分布计算时（　　）。

（A）首先计算初步潮流网

（B）然后根据初步潮流网将闭环网分解成两个开式网

（C）对这个两个开式网分别按照辐射形网络潮流分布计算

（D）选项都不对

答案：ABC

78．火电厂消耗指标包括（　　）。

（A）发电标准煤耗率　　　　　　　　（B）供电标准煤耗率

（C）汽轮机组热耗量　　　　　　　　（D）线路损失率

答案：ACD

79．机组的短期边际成本包括（　　）。

（A）电厂建设成本　　　（B）固定维护费用　　　（C）燃料成本　　　（D）维护成本

答案：CD

80．机组发电成本包括（　　）。

（A）启动成本　　　（B）空载燃料成本　　　（C）固定成本　　　（D）边际燃料成本

答案：ABCD

81．基于价格的需求侧响应策略有（　　）。

（A）分时电价　　　（B）实时电价　　　（C）尖峰电价　　　（D）低谷电价

答案：ABC

82．价格歧视分为（　　）。

（A）一级价格歧视　　　（B）二级价格歧视　　　（C）三级价格歧视　　　（D）四级价格歧视

答案：ABC

83．架空线路主要构成有（　　）。

（A）金具　　　（B）避雷线　　　（C）杆塔　　　（D）绝缘子

答案：ABCD

84．降低网损的措施包括（　　）。

（A）提高用户的功率因数　　　　　　（B）改善网络中的功率分布

（C）合理确定电网运行电压水平　　　　　　（D）组织变压器经济运行

答案：ABCD

85．经济利润等于（　　）和（　　）之差。

（A）会计利润　　　　（B）总收益　　　　（C）隐性成本　　　　（D）生产成本

答案：AC

86．静态安全分析应满足如下（　　）功能。

（A）能够按设备类型、电压等级和分区确定 N–1 计算范围

（B）能够根据 N–1 原则逐个开断全网设备（包括线路、主变压器、机组和母线），并
　　　判断其他元件是否出现越限

（C）能够对指定故障集进行静态安全分析计算，并判断其他元件是否出现越限

（D）能够给出导致过载和越限的故障及相应的过载和越限设备，并给出故障严重程度
　　　指标

答案：ABCD

87．静态安全分析指 N–1 故障和指定故障集下的设备越限分析，根据 N–1 原则逐个开
断全网设备，包括（　　），并判断其他元件是否出现潮流、电压越限，或指定故障集进行静
态安全分析计算。

（A）线路　　　　　　（B）主变压器　　　　（C）机组　　　　　　（D）母线

答案：ABCD

88．亏损状态下，厂商继续生产的条件是（　　）。

（A）价格=短期平均固定成本　　　　　　（B）价格>短期平均可变成本

（C）价格<短期平均可变成本　　　　　　（D）价格=短期平均可变成本

答案：BD

89．劳动的供给主要取决于劳动成本。劳动成本包括（　　）。

（A）替代成本　　　　（B）要素成本　　　　（C）实际成本　　　　（D）心理成本

答案：CD

90．理想变压器指的（　　）。

（A）没有损耗　　　　　　　　　　　　　　（B）没有漏磁

（C）不需要励磁电流　　　　　　　　　　　（D）没有电流

答案：ABC

91．满足帕累托最优状态的两种情况是（　　）。

（A）如果至少有一人认为 A 优于 B，而没有人认为 A 劣于 B，则认为从社会的观点看
　　　亦有 A 优于 B

（B）如果既定的资源配置状态的改变使得至少有一个人的状况变好，而没有使任何人的状况变坏

（C）产品在消费者之间的任何重新分配都会至少降低一个消费者的满足水平

（D）要素在厂商之间的任何重新配置都会至少降低一个厂商的产量

答案：CD

92．批发电力市场可以按电力交易标的分类，一般包括（ ）、输电权市场、辅助服务市场等。

（A）实物电能量市场 （B）电力金融（衍生品）市场

（C）发电容量市场 （D）机组组合

答案：ABC

93．频率调整包括（ ）。

（A）一次调整 （B）二次调整 （C）三次调整 （D）四次调整

答案：ABC

94．其他并网主体二次调频固定补偿参考因素包括（ ）。

（A）维持电网频率稳定过程中实际贡献量 （B）改造成本

（C）电网转动惯量需求 （D）单体惯量大小

答案：AB

95．任一时刻电力系统的负荷都可以假设为（ ）独立成分的线性组合。

（A）正常负荷分量 （B）气象敏感负荷分量

（C）特殊事件负荷分量 （D）随机负荷分量

答案：ABCD

96．设置容量备用主要是为了保证系统的（ ）。

（A）清洁性 （B）经济性 （C）安全性 （D）可靠性

答案：CD

97．生产成本等于（ ）成本之和。

（A）隐成本 （B）显成本 （C）经济成本 （D）机会成本

答案：AB

98．生产要素是指（ ）。

（A）劳动 （B）资本 （C）土地 （D）企业家才能

答案：ABCD

99．生产要素有两种价格，分别为（ ）。

（A）源泉价格 （B）产品价格 （C）服务价格 （D）竞争价格

答案：AC

100. 实现经济功率分布的措施有（ ）。

（A）对两端供电电压不等的网络，可以通过调节两端变压器的变压比

（B）对两端供电电压不等的网络，需要加串联加压器

（C）对于环形网，可以依靠串联加压器

（D）对于环形网，可以调节变压器的变压比

答案：AC

101. 实现帕累托最优所要求的条件包括（ ）。

（A）交换的最优条件 　　　　　　　（B）生产的最优条件

（C）生产和交换的最优条件 　　　　（D）供给的最优条件

答案：ABC

102. 实证经济学是用理论对社会各种经济活动或经济现象进行（ ），它要说明的是"是什么"的问题，它并不涉及价值判断的问题。

（A）解释 　　　（B）分析 　　　（C）证实 　　　（D）预测

答案：ABCD

103. 市场结构包括（ ）。

（A）完全竞争 　　（B）垄断竞争 　　（C）寡头垄断 　　（D）完全垄断

答案：ABCD

104. 输电线路的参数是指（ ）。

（A）电阻 　　　（B）电抗 　　　（C）电导 　　　（D）电纳

答案：ABCD

105. 水电厂、火电厂最优运行的目标为（ ）。

（A）满足用户需要 　　　　　　　（B）效率最高

（C）合理分配负荷 　　　　　　　（D）总燃料耗量最小

答案：ACD

106. 顺价模式指用户侧度电电价是在交易价格的基础上累加（ ）。

（A）线损 　　　（B）容量电费 　　　（C）输配电价 　　　（D）基金及附加

答案：CD

107. 提高静态稳定性的措施包括（ ）。

（A）采用自动调节励磁装置 　　　　（B）采用分裂导线

（C）高线路额定电压等级 　　　　　（D）采用串联电容补偿

答案：ABCD

108. 调控机构值班调度员（ ）。

（A）值班期间是电网运行、操作和故障处置的指挥人

（B）必须按照规定发布调度指令

（C）对其发布的调度指令的正确性负责

（D）对其执行指令的正确性负责

答案：ABC

109．调频厂的选择依据是（　）。

（A）调整容量足够大 　　　　　　　　（B）调整速度足够快

（C）调整范围内的经济性能较好 　　　　（D）调整时不引起系统内部工作困难

答案：ABCD

110．完全竞争厂商在长期均衡状态时的条件包括（　）。

（A）短期边际收益=短期边际成本

（B）平均收益=长期平均成本<短期平均成本

（C）边际收益=长期边际成本

（D）平均收益=长期平均成本=短期平均成本

答案：ACD

111．完整电力市场的构成应包括（　）。

（A）电能市场 　　（B）辅助服务市场 　　（C）容量市场 　　（D）输电权市场

答案：ABCD

112．微观经济的市场失灵的原因包括（　）。

（A）市场势力 　　（B）外部性 　　（C）公共物品 　　（D）不完全信息

答案：ABCD

113．微观经济学与宏观经济学的关系是（　）。

（A）两者互相补充

（B）资源充分利用和合理配置是经济学的两个方面

（C）微观经济学是宏观经济学的基础

（D）两者都是实证分析

答案：ABCD

114．我国当前电力现货市场中，电力现货市场中的市场成员包括（　）。

（A）市场主体 　　（B）电网企业 　　（C）市场运营机构 　　（D）居民

答案：ABC

115．我国电力市场建设目前尚未开展（　）等交易。

（A）现货市场 　　　　　　　　　　　　（B）辅助服务市场

（C）输电权 　　　　　　　　　　　　　（D）电力金融衍生品

答案：CD

116. 我国煤炭资源与水能资源的分布情况符合（ ）特点。

（A）煤炭资源北多南少 （B）水能资源西多东少

（C）煤炭资源北少南多 （D）水能资源西少东多

答案：AB

117. 无功补偿的原则是（ ）。

（A）分层分区 （B）就地平衡

（C）避免长距离多层输送无功 （D）装设尽量多的无功补偿装置

答案：ABC

118. 系统负荷由以下哪几种变动负荷构成（ ）。

（A）变化幅值很小，周期较短 （B）变化幅值大，周期较长

（C）变化缓慢的持续变动负荷 （D）变化幅值很大，周期很短

答案：ABC

119. 狭义的电力生产是指将煤炭、石油、（ ）等一次能源转换成二次能源电能的过程。

（A）水能 （B）风能 （C）天然气 （D）核能

答案：ABCD

120. 下列（ ）是进入一个垄断行业的壁垒。

（A）垄断利润 （B）立法 （C）专利权 （D）资源控制

答案：BCD

121. 下列对沉没成本理解正确的有（ ）。

（A）沉没成本等同于机会成本

（B）过去已支付的，已发生的成本

（C）对今后的决策不起作用

（D）不管企业今后采取什么措施，这项成本都不可避免

答案：BCD

122. 下列对电力系统参数描述正确的是（ ）。

（A）电力系统参数分为网络参数和运行参数

（B）电力系统网络参数不随运行状态的改变而变化

（C）电力系统的运行参数之间通过电路定律相互关联，随着负荷和发电量的变化而
变化

（D）选项都不对

答案：ABC

123．下列关于电力市场的描述正确的是（　　）。

（A）现货市场的主要目的是发现电力商品的时间特性和空间特性，以最经济的方式保持电力系统实时供需平衡

（B）如果只有现货市场，市场主体会缺乏规避价格波动风险的手段

（C）如果只有中长期市场，市场主体缺乏足够的信息来判断中长期合同的价值

（D）中长期市场和现货市场相辅相成，缺一不可

答案：ABCD

124．下列关于价格与需求之间的关系，说法正确的是（　　）。

（A）互补商品之间价格与需求呈反向变动

（B）互补商品之间价格与需求呈正向变动

（C）替代商品之间价格与需求呈正向变动

（D）替代商品之间价格与需求呈反向变动

答案：AC

125．下列关于平均总成本、平均固定成本、平均可变成本、边际成本曲线的表述正确的有（　　）。

（A）平均总成本、平均可变成本、平均固定成本、边际成本曲线都是先下降后上升的曲线

（B）边际成本曲线与平均可变成本曲线交于平均可变成本曲线的最低点，此时边际成本 MC＝平均可变成本 AVC

（C）当边际成本 MC＝平均总成本 ATC 时，边际成本曲线与平均总成本曲线交于边际成本曲线的最低点

（D）无论是上升还是下降，边际成本曲线的变动都快于平均可变成本曲线

答案：BD

126．下列关于微网的应用定位描述正确的是（　　）。

（A）满足高渗透率分布式可再生能源的接入和消纳

（B）满足与大电网联系薄弱的偏远地区的电力供应，包括海岛等地区

（C）满足对电能质量和供电可靠性有特殊要求的用电需要

（D）大量扶贫光伏项目并网以后，不会给当地的电网造成很大的冲击

答案：ABC

127．下列关于总产量（TP）、边际产量（MP）、平均产量（AP）曲线的说法，正确的有（　　）。

（A）AP 上升时，TP 增加

（B）AP 下降时，TP 下降

（C）MP=O 时，TP 最大

（D）MP 曲线与 AP 曲线交于 AP 曲线的最高点

答案：ACD

128．下列（　　）的供给曲线不能被定义，因为价格和厂商的产出不存在唯一关系。

（A）垄断厂商　　　　　　　　　（B）垄断竞争厂商

（C）完全竞争厂商　　　　　　　（D）寡头垄断厂商

答案：ABD

129．下列属于电力工业特点的是（　　）。

（A）电能很容易大规模储存　　　（B）技术密集型

（C）发电输电配电必须一体化经营　（D）资产专用性强

答案：BD

130．下列选项中，（　　）是电力商品的属性和特点。

（A）准公共物品属性　　　　　　（B）规模经济和垄断属性

（C）时间属性　　　　　　　　　（D）空间（网络）属性

答案：ABCD

131．下列有关宏观经济学的说法，正确的是（　　）。

（A）研究对象是整个经济　　　　（B）解决的问题是资源利用

（C）中心理论是国民收入决定理论　（D）研究方法是个量分析

答案：ABC

132．下列有关微观经济学的说法，正确的是（　　）。

（A）研究对象是个别经济单位的经济行为

（B）解决的问题是资源配置

（C）中心理论是国民收入决定理论

（D）研究方法是个量分析

答案：ABD

133．限制谐波的主要措施有（　　）。

（A）增加换流装置脉动数　　　　（B）加装交流滤波器

（C）有源电力滤波器　　　　　　（D）加强谐波管理

答案：ABCD

134．新型电力系统的主要特点有（　　）。

（A）在电源构成、复合成分等方面也有很大的变化

（B）在运行管理上实现了高度自动化

（C）高压直流输电和柔性交流输电技术得到了广泛应用

（D）电力生产逐步市场化

答案：ABCD

135．形成完全垄断的原因是（　　）。

（A）政府的特许经营 　　　　　　　　（B）专利权独家垄断

（C）固定资产投资规模过大 　　　　　（D）对行业重要资源的垄断占有

答案：ABCD

136．虚拟电厂的发展一般包括（　）、（　）、（　）三个阶段。

（A）邀约型虚拟电厂 　　　　　　　　（B）响应型虚拟电厂

（C）市场型虚拟电厂 　　　　　　　　（D）跨空间自主调度型虚拟电厂

答案：ACD

137．虚拟电厂是将（　　）有机结合，通过配套的调控技术、通信技术实现各类分布式能源整合调控的载体。

（A）发电机组 　　　（B）可控负荷 　　　（C）分布式储能设施 　　　（D）售电公司

答案：ABC

138．需求曲线是由（　　）决定。

（A）边际效用最大化

（B）消费者均衡的考虑

（C）价格的高低

（D）在既定收入情况下，实现效用最大化的考虑

答案：ABC

139．一次能源包括（　　）能源形式。

（A）太阳能 　　　（B）风能 　　　（C）海洋能 　　　（D）蒸汽

答案：ABC

140．依据凯恩斯货币理论，货币供给增加（　　）。

（A）利率降低 　　　　　　　　　　　（B）利率提高

（C）投资和总需求增加 　　　　　　　（D）投资和总需求减少

答案：AC

141．以下（　　）是电力市场的构成要素。

（A）市场主体 　　　（B）市场电价 　　　（C）市场监管 　　　（D）市场规则

答案：ABCD

142．以下（　　）是检查磁盘与文件是否被病毒感染的有效方法。

（A）检查磁盘目录中是否有病毒文件

（B）用抗病毒软件检查磁盘的各个文件

（C）用放大镜检查磁盘表面是否有霉变现象

（D）检查文件的长度是否无故变化

答案：BD

143．以下关于各类型机组发电成本描述错误的有（　　）。

（A）不同类型机组的固定成本与变动成本的比例相同

（B）一般相对燃煤机组，燃气机组发电的燃料成本更低

（C）一般相对燃煤机组，燃气机组启停所需要的时间更短，消耗的能量也更少

（D）集中式光伏、海上风电等可再生能源机组投资成本将逐渐降低，市场竞争能力将
会逐渐增强

答案：AB

144．以下关于需求价格弹性大小的论述，正确的是（　　）。

（A）如果需求曲线是一条直线，则直线上各点的需求弹性相等

（B）如果需求曲线是一条直线，则直线上各点的需求弹性不相等

（C）如果需求曲线是一条直线，则直线上越往左上方的点需求弹性越大

（D）如果需求曲线是一条曲线，则曲线上各点需求弹性相等

答案：BC

145．以下关于需求价格弹性大小与销售收入的论述，正确的是（　　）。

（A）需求弹性越大，销售收入越大

（B）如果商品富有弹性，则降价可以扩大销售收入

（C）如果商品缺乏弹性，则降价可以扩大销售收入

（D）如果商品为单位弹性，则价格对销售收入没有影响

答案：BD

146．以下（　　）属于实时市场包括的内容。

（A）实时竞价　　　　（B）发电管理　　　　（C）阻塞管理　　　　（D）输电权交易

答案：ABC

147．以下属于电力系统故障的是（　　）。

（A）过电压　　　　（B）短路故障　　　　（C）断路故障　　　　（D）失步

答案：ABCD

148．以下选项中，（　　）属于新能源的主要特点。

（A）能量密度低，开发利用需要较大空间

（B）不含碳或含碳量很少，对环境影响小

（C）间断式供应，波动性大，对持续供能不利

（D）分布广，有利于小规模分散利用

答案：ABCD

149．影响电力系统电压的因素有（ ）。

（A）负荷变化

（B）电压中枢点、监测点的选择

（C）无功补偿容量的变化

（D）功率分布和网络阻抗变化

答案：ACD

150．影响供给的因素包括（ ）。

（A）商品本身的价格

（B）生产要素的价格

（C）预期的未来价格

（D）供给者的数量

答案：ABCD

151．影响网损的因素包括（ ）。

（A）发用电量 （B）运行方式 （C）供电距离远近 （D）管理水平

答案：ABCD

152．原始生产要素的所有者是消费者，目的是实现效用最大化，包括（ ）。

（A）劳动 （B）企业家才能 （C）资本 （D）土地

答案：ABCD

153．远期交易的特点和交易方式分别是（ ）。

（A）锁定风险 （B）集中交易 （C）锁定收益 （D）双边交易

答案：ABCD

154．运行备用指在电力系统运行方式安排及实时调度运行中，为了应对（ ）所预留的可随时调用的额外有功发电容量。

（A）负荷预测误差

（B）设备的意外停运

（C）机组发电故障

（D）可再生能源功率波动

答案：ABCD

155．在不同市场条件下，需求曲线形状不同消费者剩余（ ）。

（A）大小不一样

（B）大小一样

（C）完全竞争的消费剩余大于完全垄断的消费剩余

（D）完全竞争的消费剩余小于完全垄断的消费剩余

答案：AC

156．在处理低频率事故时的主要方法有（ ）。

（A）调出旋转备用

（B）迅速开启备用机组

（C）联网系统的事故支援　　　　　　　　（D）必要时切除负荷

答案：ABCD

157．在短期内，完全垄断厂商（　　）。

（A）有可能获得正常利润　　　　　　　　（B）有可能发生亏损

（C）永远获得超额利润　　　　　　　　　（D）有可能获得超额利润

答案：ABD

158．在短期内，可变成本包括（　　）。

（A）原材料　　　　　　　　　　　　　　（B）燃料支出

（C）厂房和设备折旧　　　　　　　　　　（D）管理人员工资

答案：AB

159．在计算火电机组边际贡献时需要考虑（　　）。

（A）燃煤成本　　　　　　　　　　　　　（B）脱硫、脱硝材料成本

（C）环境保护税　　　　　　　　　　　　（D）检修费用

答案：ABC

160．在两端供电网络的潮流计算中，影响循环功率的因素有（　　）。

（A）网络参数　　　　（B）电压参数　　　　（C）负荷功率　　　　（D）电压差

答案：ABD

161．在其他条件不变的情况下，导致总需求曲线向右移动的因素有（　　）。

（A）政府支出增加　　　　　　　　　　　（B）自发投资增加

（C）政府税收减少　　　　　　　　　　　（D）储蓄减少

答案：ABCD

162．在生产要素的最佳组合点上（　　）。

（A）$MP_1/P_1=MP_2/P_2$　　　　　　　（B）等产量曲线与等成本曲线相离

（C）等产量曲线与等成本曲线相交　　　　（D）等产量曲线与等成本曲线相切

答案：AD

163．在完全竞争条件下，与平均收益曲线重叠的是（　　）。

（A）价格曲线　　　　（B）需求曲线　　　　（C）边际收益曲线　　　　（D）总收益曲线

答案：ABC

164．在需求不变的情况下，供给增加会有什么影响（　　）。

（A）供给曲线右移　　　　　　　　　　　（B）供给曲线左移

（C）均衡价格下降　　　　　　　　　　　（D）均衡数量增加

答案：ACD

165．长期辅助服务合同适用于需求量变化很小，以及提供服务的多少主要由设备特性

决定的辅助服务，以下符合的是（　　）。

(A) 黑启动能力　　　(B) 深度调峰　　　(C) 旋转备用　　　(D) 电压调整

答案：AD

166. 正序分量的三相量（　　）。

(A) 幅值不相等　　　(B) 幅值相等　　　(C) 相位差 120°　　　(D) 相位差 90°

答案：BC

167. 智能电网的特征有（　　）。

(A) 自愈能力　　　(B) 高可靠性　　　(C) 产业带动　　　(D) 资产优化管理

答案：ABD

168. 中性点接地方式（　　）。

(A) 中性点不接地　　　　　　　　　(B) 中性点经消弧线圈接地

(C) 中性点直接接地　　　　　　　　(D) 中性点经电阻接地

答案：ABCD

169. 中央银行再贴现率的变动是货币当局给银行界和公众的重要信号，其中（　　）。

(A) 再贴现率下降表示货币当局扩大货币和信贷供给

(B) 再贴现率下降表示货币当局减少货币和信贷供给

(C) 再贴现率上升表示货币当局扩大货币和信贷供给

(D) 再贴现率上升表示货币当局减少货币和信贷供给

答案：AD

170. 中长期分时段交易目标是（　　）。

(A) 中长期交易连续开市　　　　　　(B) 开展中长期分时段电能量交易

(C) 开展中长期分时段合同交易　　　(D) 开展基于电网安全约束的交易出清

答案：ABCD

171. 主调频厂选择是硬考虑（　　）。

(A) 较大的出力调整范围

(B) 拥有足够调整容量和范围

(C) 调频机组有与负荷变化速度相适应的调整速度

(D) 安全经济原则

答案：BCD

172. 自动发电控制的作用在于解决以下问题（　　）。

(A) 快速负荷波动　　　　　　　　　(B) 负荷大幅度波动

(C) 计划性的负荷波动　　　　　　　(D) 难以预测的较小程度发电变化

答案：AD

173．自然垄断的原因包括（　　）。

（A）规模经济效益

（B）范围经济效益

（C）成本弱增性

（D）利润强增性

答案：ABC

174．总需求曲线向右下方倾斜，是由于（　　）。

（A）财富效应　　　（B）挤出效应　　　（C）利率效应　　　（D）汇率效应

答案：ACD

175．网损分摊方法有（　　）。

（A）平均网损分摊法

（B）边际网损分摊法

（C）交易估计法

（D）合计分摊法

答案：ACD

第二章 市场建设运营实践部分

一、单选题

1. （ ）省间调峰纳入了虚拟储能品种，通过自备电厂的电量有偿置换，调动自备电厂积极性，参与低谷调峰。

（A）西北 　　　　（B）华北 　　　　（C）华中 　　　　（D）东北

答案：A

2. （ ）反映的是在扣除某个发电厂商的容量后，其他发电厂商提供的发电容量与市场总需求的百分比，当其数值低于（ ）时，意味着市场需要该发电厂商。

（A）HHI，1800 　（B）RSI，100% 　（C）TPS，1 　　（D）LI，0

答案：B

3. （ ）成本差异较大，不易建立统一的标杆电价，但目前存在分省标杆电价。

（A）火电 　　　　（B）核电 　　　　（C）水电 　　　　（D）生物质发电

答案：C

4. （ ）电价计算方法不会造成收支不平衡。

（A）综合成本法 　　　　　　　　（B）长期边际成本法

（C）短期边际成本法 　　　　　　（D）实时电价

答案：A

5. （ ）负责代收政府性基金。

（A）发电公司 　　　　　　　　　（B）电网企业

（C）售电公司 　　　　　　　　　（D）电力交易机构

答案：B

6. （ ）更能反映市场供需关系。

（A）节点边际电价 　　　　　　　（B）系统边际电价

（C）分区边际电价 　　　　　　　（D）统一边际电价

答案：B

7. （ ）将电能量与调频、备用等同时段交易获取的辅助服务放在统一的数学模型中集中优化，求解得到满足系统安全运行约束的最经济的出清结果。

（A）独立出清模式 　　　　　　　（B）边际出清模式

（C）高低匹配出清模式　　　　　　　　　（D）联合出清模式

答案：D

8.（　　）决定电力传输是一种典型的自然垄断。

（A）最小经济规模　　　　　　　　　　　（B）利润增长性

（C）边际收益递减规律　　　　　　　　　（D）边际报酬递减规律

答案：A

9.（　　）模式适用于电网阻塞程度较为严重、输电能力经常受限的地区。

（A）节点边际电价　　　　　　　　　　　（B）分区边际电价

（C）系统边际电价　　　　　　　　　　　（D）统一结算点电价

答案：A

10.（　　）能够很好地协调大电网与分布式电源的技术矛盾。

（A）微电网　　　　　　　　　　　　　　（B）拥有独立电网的售电公司

（C）负荷聚合商　　　　　　　　　　　　（D）虚拟电厂

答案：A

11. 以下哪一项不属于山东电力零售市场零售套餐的种类（　　）。

（A）固定价格类　　　（B）分时价格类　　　（C）市场费率类　　　（D）混合类

答案：A

12.（　　）实质上是对能量市场的有效补充，可在一定程度上帮助投资主体收回在能量和辅助服务市场不能完全回收的成本。

（A）电能量市场　　　　　　　　　　　　（B）发电容量市场

（C）电力辅助服务　　　　　　　　　　　（D）输电权市场

答案：B

13.（　　）市场主要解决快速启停机组的开机决策问题。

（A）日前　　　　　（B）日内　　　　　（C）实时　　　　　（D）实时平衡

答案：B

14.（　　）是主要以中长期实物合同为基础，发用双方在日前阶段自行确定日发用电曲线，偏差电量通过日前、实时平衡交易进行调节的电力市场模式。

（A）分散式　　　　　（B）集中式　　　　　（C）实物合约式　　　　　（D）差价合约式

答案：A

15.（　　）是最常用的一种固定成本分摊算法，但缺点是不考虑输电距离的远近，也不能给出符合资源优化配置的激励信号。

（A）兆瓦千米法　　　　　　　　　　　　（B）边界潮流法

（C）合同路径法　　　　　　　　　　　　（D）邮票法

答案：D

16．（　）通过考虑全网平衡调度与阻塞管理，对市场成员所提交的发用电计划曲线进行调整，即接收竞价和出价。

（A）实时市场　　　　　　　　　　　（B）实时平衡市场

（C）辅助服务市场　　　　　　　　　（D）日前市场

答案：B

17．（　）往往会直接通过市场购电，积极参与批发电力市场竞争，有一些还能够对负荷进行控制。

（A）中小用户　　　　　　　　　　　（B）大规模用电企业

（C）输电企业　　　　　　　　　　　（D）独立系统运营商

答案：B

18．（　）市场主要应对的是机组实时出力变化或负荷预测偏差等系统平衡问题，随着新能源的不断接入，该市场的重要性也逐步凸显。

（A）现货日前　　　（B）现货日内　　　（C）现货实时　　　（D）中长期

答案：B

19．（　）抑制主要是识别发生市场力行使行为且该行为能够产生影响的市场成员，采取利用其注册成本、默认报价等参考价格替换其报价等抑制措施。

（A）事前　　　　　　　　　　　　　（B）事中

（C）事后　　　　　　　　　　　　　（D）以上选项均不正确

答案：B

20．20 世纪 30 年代初，业界开始认识到，机组负荷分配按照机组的（　）原则进行调度，其结果最为经济，这就是等耗量微增率的基本原理。

（A）发电煤耗相等　　　　　　　　　（B）增量成本相等

（C）污染物排放量相等　　　　　　　（D）CO_2 排放量相等

答案：B

21．Top-4 指标小于（　）%，表明市场竞争较为充分。

（A）60　　　　　（B）55　　　　　（C）65　　　　　（D）50

答案：C

22．安全约束经济调度中，考虑的约束越多越严格，则系统的安全性（　）。

（A）越高　　　　　（B）越低　　　　　（C）不变　　　　　（D）无法判断高低

答案：A

23．按照（　）原则核定电网企业收入和各电压等级输配电价。

（A）准许成本加合理收益　　　　　　（B）准许成本加微小收益

（C）准许成本加百分比收益　　　　　　　（D）准许成本加度电收益

答案：A

24．按照"（　）"的原则，建立电力用户参与的辅助服务分担共享机制，积极开展跨省跨区辅助服务交易。

（A）补偿成本、全网安全　　　　　　　　（B）谁提供、谁获利，谁受益、谁承担

（C）补偿成本、合理收益　　　　　　　　（D）谁受益、谁承担

答案：B

25．不考虑固定成本的电能量市场中，边际发电成本等于市场价格的机组是（　）。

（A）盈利　　　　　　　　　　　　　　　（B）亏损

（C）既不盈利也不亏损　　　　　　　　　（D）视情况而定

答案：C

26．不考虑固定成本的电能量市场中，边际发电成本低于市场价格的机组是（　）。

（A）盈利　　　　　　　　　　　　　　　（B）亏损

（C）既不盈利也不亏损　　　　　　　　　（D）视情况而定

答案：A

27．不考虑固定成本的电能量市场中，边际发电成本高于市场价格的机组是（　）。

（A）盈利　　　　　　　　　　　　　　　（B）亏损

（C）既不盈利也不亏损　　　　　　　　　（D）视情况而定

答案：B

28．不考虑网损，随着平衡节点的变化，节点边际电价中的电能量分量将（　）。

（A）改变　　　　（B）不变　　　　（C）不确定　　　　（D）变大

答案：A

29．不可以根据供电区域内总的（　）预测用电量和用电负荷。

（A）报装容量　　（B）历史供电负荷　　（C）历史用电量　　（D）历史用电负荷

答案：A

30．操纵市场的行为主要有（　）。

（A）经济持留　　（B）容量持留　　（C）联合串谋　　（D）以上都有

答案：D

31．成熟的调频辅助服务市场通常采用（　）与实时市场相结合、（　）与双边合约共存的混合市场模式。

（A）日前市场，强制调用　　　　　　　　（B）平衡市场，集中交易

（C）日前市场，集中交易　　　　　　　　（D）平衡市场，强制调用

答案：C

32．储能技术一般分为（　　）。

（A）清洁储能和热储能　　　　　　（B）风力储能和电储能

（C）热储能和电储能　　　　　　　（D）清洁储能和风力储能

答案：C

33．从电力现货市场建设的经验来看，大多数国家和地区都选择了可再生能源发电（　　）进入电力市场，并且按照"价补分离"的原则，将可再生能源的电价补贴与其在电力市场的电源行为区别开来。

（A）有差别　　　　（B）无差别　　　　（C）不进入　　　　（D）部分进入

答案：B

34．从市场资源配置效率角度，在完全竞争市场中，MCP（市场出清电价）机制在不同市场需求下，都比 PAB（购方报价）机制下的市场成交量（　　）。

（A）无法比较　　　　（B）低　　　　（C）相等　　　　（D）高

答案：D

35．从长期来看，实现（　　）是所有企业在竞争中求得生存的关键。

（A）销售增长率最大化　　　　　　（B）市场份额最大化

（C）销售收入最大化　　　　　　　（D）利润最大化

答案：D

36．大规模储能技术有（　　）重要作用。

（A）平滑间歇性电源功率波动　　　（B）减小负荷峰谷差，提高设备利用率

（C）增加备用容量，提高电网安全稳定性　　（D）三个选项都对

答案：D

37．大容量储能的主要作用有（　　）。

（A）平滑间歇性电源功率波动　　　（B）减小负荷峰谷差，提高设备利用率

（C）增加备用容量，提高电网安全稳定性　　（D）三个选项都对

答案：D

38．当发电商参与电能的实时市场交易时，如果市场价格（　　）电能的影子价格，该发电商就应该以市场价格确定各机组的出力，而在市场中购买自身发电量不足的部分。

（A）高于　　　　（B）低于　　　　（C）相等　　　　（D）不确定

答案：B

39．当某厂商以最小成本生产出既定产量时，那它（　　）。

（A）总收益为零　　　　　　　　　　（B）一定获得最大利润

（C）一定未获得最大利润　　　　　　　　（D）无法确定是否获得最大利润

答案：D

40．当预计周集中交易价格低于标的周的现货价格时，售电公司应（　　）。

（A）买入中长期　　　（B）卖出中长期　　　（C）不操作　　　（D）三个选项都行

答案：A

41．低负荷需求时期，发电商之间的竞争（　　）。

（A）竞争变弱　　　（B）竞争不变　　　（C）竞争变强　　　（D）视情况而定

答案：C

42．电厂的厂房租金为 100 元/h，出力为 30MWh 消耗的燃料成本为 5000 元/h，出力为 50MWh 消耗的燃料成本为 6000 元/h，则出力为 50MWh，每小时的边际成本为（　　）。

（A）60 元/MWh　　　（B）50 元/MWh　　　（C）40 元/MWh　　　（D）30 元/MWh

答案：B

43．电动机所拖动的机械负载的阻力转矩不变，电压降低，电动机的转差（　　）。

（A）增大　　　　　（B）减小　　　　　（C）不变　　　　　（D）无规律

答案：A

44．电价预测方法中，可以根据运行条件和系统约束模拟实际调度情况，从而预测各节点的详细电价曲线。但是，该方法不仅需要大量数据，而且还有很多细致的要求。这种电价预测方法为（　　）。

（A）神经网络法　　　　　　　　　　　（B）模糊建模法

（C）市场均衡分析法　　　　　　　　　（D）运行仿真法

答案：D

45．电力平衡预测值和实际值偏差主要包括直调用电超短期预测偏差、（　　）。

（A）新能源超短期预测偏差　　　　　　（B）火电发电偏差

（C）ACE 机组控制偏差　　　　　　　　（D）母线负荷偏差

答案：A

46．电力企业通过采用有效的激励措施引导消费者改变用电的方式和时间使电力资源得到优化配置的手段属于（　　）。

（A）形象销售策略　　　　　　　　　　（B）优质服务策略

（C）市场开拓策略　　　　　　　　　　（D）需求侧管理策略

答案：D

47．电力日前市场通常采用（　　）方式。

（A）英式拍卖 　　　　　　　　　（B）荷兰式拍卖

（C）一级价格密封拍卖　　　　　　（D）二级价格密封拍卖

答案：A

48．电力市场的风险主要表现在（　　）。

（A）市场政策变动 　　　　　　　　（B）市场信息不对称

（C）市场价格波动 　　　　　　　　（D）三个选项都对

答案：D

49．电力市场建设和运行过程中，要充分发挥和加强（　　）的市场监管作用。

（A）电网公司 　　（B）政府机构 　　（C）发电公司 　　（D）售电公司

答案：B

50．电力市场统一出清模式下，中标机组报价一般（　　）边际机组的报价。

（A）大于 　　　　（B）等于 　　　　（C）小于 　　　　（D）无法确定

答案：C

51．电力调度机构根据机组最新的预计并网/解列时间，在调度现货及辅助服务市场技术支持平台中对机组并网/解列时间参数进行修改，以修正后的参数进行（　　）出清计算。

（A）日前电能量市场 　　　　　　　（B）实时电能量市场

（C）机组组合 　　　　　　　　　　（D）日内调频市场

答案：B

52．电力系统非线性潮流计算中，平衡节点应该选取在（　　）。

（A）主调频厂 　　　　　　　　　　（B）负荷中心

（C）枢纽变电站 　　　　　　　　　（D）出线最多的节点

答案：A

53．电力需求侧管理实施的短期效益不包括（　　）。

（A）电量成本降低 　　　　　　　　（B）备用容量提高

（C）用电费用减少 　　　　　　　　（D）节约发输配电设备投资

答案：D

54．电能量和辅助服务联合优化时，如果机组不对备用进行报价（或者机组备用报价为0），则（　　）。

（A）备用边际价格为 0

（B）备用边际价格不为 0

（C）备用边际价格等于电能量边际价格

（D）不能直接判断备用边际价格是否为 0

答案：D

55. 电能量与辅助服务联合出清是以电能量与辅助服务（ ）最小为优化目标。

（A）机会成本 　　（B）平均成本 　　（C）总成本 　　（D）边际成本

答案：C

56. 短期辅助服务主要通过电力辅助服务市场（ ）获取。

（A）强制提供 　　（B）双边合约交易 　　（C）招标采购 　　（D）集中交易

答案：D

57. 短期辅助服务主要通过电力辅助服务市场集中交易获取，但不包括（ ）。

（A）30min 备用 　　（B）黑启动 　　（C）调频 　　（D）10min 备用

答案：B

58. 对于短期区域性垄断的服务，如无功调节和黑启动服务等，适用于（ ）定价方式。

（A）市场化竞价 　　　　　　　　（B）基于成本的补偿制

（C）双边合约 　　　　　　　　　（D）实时竞价

答案：A

59. 对于交易出清模式的"高低匹配法"，下列描述中正确的是（ ）。

（A）由市场主体双边协商匹配

（B）存在价差的购售报价自主进行匹配成交

（C）最高的买价与最低的卖价进行匹配，优先成交

（D）最高卖价低于最低买价时，匹配终止

答案：C

60. 对于未来电力供应存在短缺风险的地区，可探索建立（ ）。

（A）辅助服务市场 　　（B）容量市场 　　（C）输电权市场 　　（D）容量补偿市场

答案：B

61. 发电单元调频性能评价指标不包括（ ）。

（A）调节速率 　　（B）响应时间 　　（C）调节精度 　　（D）调频容量

答案：D

62. 发电竞争，输电网开放，大用户获得选择权。这种电力经营模式属于（ ）。

（A）垄断模式 　　　　　　　　　（B）发电竞争模式

（C）趸售竞争模式 　　　　　　　（D）零售竞争模式

答案：C

63. 发电企业以（　　）为调频资源单位进行申报。

（A）发电单元　　　　（B）整体　　　　　（C）电厂　　　　　（D）机组

答案：D

64. 发电容量不改变的情况下，电价会随着电力需求的增加而（　　）。

（A）下降　　　　　　（B）上升　　　　　（C）先升后降　　　（D）先降后升

答案：B

65. 发电商由于自身原因机组停运，但签订了售电合同，需要向其他发电商购买电量，这是（　　）。

（A）发电合同转让交易　　　　　　（B）用电合同转让交易

（C）差价合约交易　　　　　　　　（D）辅助服务交易

答案：A

66. 发电市场一般而言是一个（　　）。

（A）垄断市场　　　　　　　　　　（B）寡头市场

（C）完全竞争市场　　　　　　　　（D）以上都不对

答案：B

67. 峰谷差越大，电气设备利用率的差别（　　）。

（A）越小　　　　　　（B）越大　　　　　（C）相等　　　　　（D）视情况而定

答案：B

68. 辅助服务费用应疏导的方向为（　　）。

（A）新能源机组　　　（B）市场机组　　　（C）电力用户　　　（D）核电机组

答案：C

69. 辅助服务过补偿，可能导致（　　）。

（A）电力灵活性资源短缺　　　　　（B）电力现货市场供不应求，价格高涨

（C）可再生能源消纳受限加剧　　　（D）资源错配，提高供电成本

答案：D

70. 辅助服务及实时平衡市场与各国电力系统运行方式紧密结合，长期以来欧洲各国的辅助服务市场与实时平衡市场均由（　　）自行组织。

（A）电力交易机构　　　　　　　　（B）国家调度中心

（C）输电系统运营商　　　　　　　（D）独立系统运营商

答案：C

71. 根据《电力中长期交易基本规则》（发改能源规〔2020〕889号）规定，优先发电电量又被视为（　　）。

（A）厂网双边协商电量　　　　　　（B）发用双边交易电量

（C）厂网双边交易电量　　　　　　　　（D）中长期交易电量

答案：C

72．根据各试点省份的现货市场设计方案，现货市场运行一般划分为（　　）三个阶段。

（A）模拟试运行、结算试运行、正式运行

（B）模拟试运行、调电试运行、结算试运行

（C）调电试运行、结算试运行、正式运行

（D）模拟试运行、调电试运行、正式运行

答案：A

73．根据供需双方事先的合同约定，在电网峰荷时段调度机构向用户发出信号，经用户响应后中断部分负荷的做法是（　　）。

（A）直接负荷控制　　　　　　　　　　（B）协调型负荷控制

（C）可中断负荷控制　　　　　　　　　（D）谈判型负荷控制

答案：C

74．固定电价制度被很多国家所采用，尤其是在发展可再生能源的早期。这其中有一个很重要的原因，就是在固定电价制度下，可再生能源发电项目可以在未来的（　　）年期间，获得稳定的售电收入现金流。

（A）5～15　　　　　（B）15～25　　　　　（C）25～35　　　　　（D）35～45

答案：B

75．关于实时市场和实时平衡市场，以下说法不正确的是（　　）。

（A）实时市场可以采用"一体化交易模式"，根据市场成员的报价对电能、调频和备用联合出清

（B）从调度组织方式上看，实时市场适用于集中式市场模式

（C）实时平衡市场可以调整所有在线机组的基准功率运行点，使机组偏离日前计划出力

（D）实时平衡市场通过考虑全网平衡调度与阻塞管理，对市场成员所提交的发用电计划曲线进行调整

答案：C

76．关于现货电能量市场与调频市场衔接方式，以下说法错误的是（　　）。

（A）现阶段，调频辅助服务市场与现货电能量市场分开独立运行

（B）日前电能量市场出清计算时，调频辅助服务市场预出清中标机组的出力上、下限需要进行调整

（C）实时电能量市场出清计算时，调频辅助服务市场正式出清中标机组上、下限需要进行调整

（D）电能量市场出清时不考虑调频中标的情况

答案：D

77. 国家鼓励通过招标等竞争方式确定新建跨省跨区送电项目业主和电价；鼓励送受电双方建立长期、稳定的电量交易和价格调整机制，并以（　）形式予以明确。

（A）现货合同　　　（B）口头合约　　　（C）中长期合同　　　（D）优先计划

答案：C

78. 国内试点地区当中，容量电价以区域或省级电力市场范围内参与竞争的各类发电机组（　）为基础制定。

（A）平均投资成本　　（B）平均维护成本　　（C）平均发电成本　　（D）平均备用成本

答案：A

79. 国内首批8个现货试点中，（　）主要负责实时市场的供需平衡。

（A）调度机构　　　（B）零售商　　　（C）发电企业　　　（D）配电企业

答案：A

80. 国内现货试点地区中，实时电能量市场采用（　）封存的发电侧申报信息进行出清，各市场主体在实时电能量市场中不再进行价格申报。

（A）实时市场　　　　　　　　　　　（B）日前电能量市场

（C）日前调频市场　　　　　　　　　（D）日内调频市场

答案：B

81. 国调及分中心主要负责公司（　）kV以上主网调度运行，指挥直调范围内电网的运行、操作和故障处置。

（A）500　　　　　（B）330　　　　　（C）220　　　　　（D）750

答案：A

82. 国外现货市场价格限制的特点不包括（　）。

（A）没有设置价格下限限制　　　　　（B）普遍采用机会成本定价法

（C）价格上限水平很高　　　　　　　（D）与燃料价格进行联动

答案：D

83. 机组铭牌容量为600MW，最大可调出力640MW，系统分配至其旋转备用容量100MW，则其参与市场竞争，市场有约束出清后可能中标（　）MW。

（A）500　　　　　（B）540　　　　　（C）600　　　　　（D）640

答案：A

84. 机组启动费用分为热态启动费用、温态启动费用及冷态启动费用，三者之间的大小关系为（　）。

（A）冷态启动费用＞温态启动费用＞热态启动费用

（B）冷态启动费用＞热态启动费用＞温态启动费用

（C）温态启动费用＞热态启动费用＞冷态启动费用

（D）热态启动费用＞温态启动费用＞冷态启动费用

答案：A

85．基于回报率得到成本补偿的做法会驱使电网公司（　　）输电容量的需求。

（A）增大　　　　　　　　　　　　（B）减小

（C）不增大也不减少　　　　　　　（D）三个选项都不对

答案：A

86．集中竞价中发电商报价需要考虑的成本不包括（　　）。

（A）燃料成本　　　（B）启动成本　　　（C）空载成本　　　（D）时间成本

答案：D

87．集中式市场全电量现货报价曲线（发电机组量-价关系）为（　　）。

（A）S 型　　　（B）V 型　　　（C）上升型　　　（D）下降型

答案：C

88．集中式现货市场环境下，中长期交易的作用不包括（　　）。

（A）规避现货市场价格风险　　　　（B）锁定价格

（C）确保机组在现货市场中能开机运行　　　（D）满足较为确定的负荷需求

答案：C

89．集中式现货市场中，现货交易的开展方式是（　　）。

（A）集中竞价　　　（B）滚动撮合　　　（C）双边协商　　　（D）挂牌

答案：A

90．假定货币的边际效用不变，已知一元钱的边际效用为 9 个单位，一支钢笔的边际效用为 36 个单位，则消费者最多愿意用（　　）来购买这支钢笔。

（A）12 元　　　　　　（B）4 元　　　　　　（C）36 元　　　　　　（D）3 元

答案：B

91．假定某地某时刻的电力需求函数为 Q_d=2000–3P 时的均衡价格为 200 元/MWh；当供给保持不变，电力需求函数变为 Q_d=2200–3P 时，新的均衡价格将（　　）。

（A）低于 200 元/MWh　　　　　　（B）高于 200 元/MWh

（C）等于 200 元/MWh　　　　　　（D）无法确定

答案：B

92．假定某耐用消费品的需求函数为 Q_d=400–5P 时，均衡价格是 50 元/MWh。当需求函数变为 Q_d=600–5P 时，若供给不变，均衡价格将（　　）。

（A）低于 50 元/MWh　　　　　　（B）高于 50 元/MWh

（C）等于 50 元/MWh （D）无法确定

答案：B

93. 假定某商品的价格从 3 美元降到 2 美元，需求量将从 9 单位增加到 11 单位，则该商品卖者的总收益将（ ）。

（A）增加 （B）减少 （C）保持不变 （D）无法确定

答案：B

94. 假如总产量从 100 单位增加到 110 单位，总成本从 2000 美元上升到 2500 美元，那么边际成本等于（ ）。

（A）20 美元 （B）25 美元 （C）40 美元 （D）50 美元

答案：D

95. 假设某电力市场是完全竞争的市场结构，在 2023 年 5 月 16 日 14:00—15:00 时间段内，某发电机组出力水平实现了其利润最大化，平均发电成本是 280 元/MWh，边际发电成本是 300 元/MWh，平均可变发电成本是 210 元/MWh，总售电收入为 84000 元。那么该机组的出力水平为（ ）。

（A）280MW （B）300MW （C）350MW （D）400MW

答案：A

96. 假设某机组的最小出力为 50MW，最大出力为 200MW，平均发电边际成本为 210 元/MWh。某日市场统一出清边际电价为 90 元/MWh，现需该机组提供 150MW 旋转备用服务，则该机组提供此备用服务的成本属于（ ），数值为（ ）。

（A）直接成本，80 元/MWh （B）间接成本，80 元/MWh

（C）直接成本，210 元/MWh （D）间接成本，290 元/MWh

答案：B

97. 假设系统中存在 A、B 两个节点，节点电价分别为 0.3 元/kWh 和 0.5 元/kWh。节点负荷分别为 100MW 和 300MW，则说法不正确的是（ ）。

（A）加权平均综合电价为 0.45 元/kWh

（B）节点 A 上的电厂结算价格为 0.3 元/kWh

（C）节点 B 上的电厂结算价格为 0.5 元/kWh

（D）节点 A 上的用户结算价格为 0.3 元/kWh

答案：D

98. 假设系统中存在两个节点，节点电价分别为 0.4 元/kWh、0.5 元/kWh，节点负荷分别为 100MWh 和 300MWh，则加权平均综合电价为（ ）。

（A）0.420 元/kWh （B）0.425 元/kWh （C）0.450 元/kWh （D）0.475 元/kWh

答案：D

99. 假设系统中有 2 台机组，A 机组报价为 0.4 元/kWh，发电容量为 300MW。B 机组报价为 0.6 元/kWh，发电容量为 300MW，最小技术出力为 200MW。2 台机组位于同一节点，负荷为 400MWh，A 机组中标容量为（　　）。

（A）200MW　　　　（B）300MW　　　　（C）250MW　　　　（D）230MW

答案：A

100. 假设系统中有 2 台机组，A 机组报价为 0.4 元/kWh，发电容量为 300MW。B 机组报价为 0.6 元/kWh，发电容量为 300MW，最小技术出力为 200MW。2 台机组位于同一节点，负荷为 400MWh，系统边际节点电价为（　　）。

（A）0.3 元/kWh　　（B）0.4 元/kWh　　（C）0.5 元/kWh　　（D）0.6 元/kWh

答案：B

101. 假设一个经济体中，政府采购总额为 1500 亿元，预算赤字是 120 亿元，国内居民储蓄为 1220 亿元，消费 4800 亿元，贸易赤字是 90 亿元，那么，下列（　　）不正确。

（A）可支配收入为 6020 亿元　　　　（B）国民收入为 7400 亿元

（C）投资为 1090 亿元　　　　　　　（D）政府税收收入为 1380 亿元

答案：C

102. 假设在同一节点下有两台机组，其中 A 机组报价 0.4 元/kWh，B 机组报价 0.6 元/kWh，A、B 机组最大发电出力均为 300MW，B 机组最小技术出力 100MW，该节点负荷为 350MW，则（　　）。

（A）B 机组为边际机组　　　　　　（B）B 机组以最小技术出力运行

（C）B 机组中标出力为 150MW　　　（D）A 机组中标出力为 300MW

答案：B

103. 进行甩负荷试验时，应该在（　　）下进行。

（A）机组空载运行

（B）机组带满负荷

（C）机组 25%、50%、75%、100%负荷下各一次

（D）机组最低负荷

答案：C

104. 经济持留的目的是使市场成员的（　　）。

（A）法律受到保障　　　　　　　　（B）总体收益最大化

（C）成本最小化　　　　　　　　　（D）操作规范化

答案：B

105. 经济调度中，机组 1 的平均固定成本是 150 元/MWh，边际成本是 200 元/MWh，

机组 2 的平均固定成本是 200 元/MWh，边际成本是 150 元/MWh，则以下判断正确的是（ ）。

（A）机组 1 优先发电 （B）机组 2 优先发电

（C）机组 1 和机组 2 的发电优先级相同 （D）无法判断 2 台机组的发电优先级

答案：B

106．经济调度中，机组 1 的平均固定成本是 200 元/MWh，边际成本是 300 元/MWh，机组 2 的平均固定成本是 300 元/MWh，边际成本是 200 元/MWh，则以下判断正确的是（ ）。

（A）机组 1 优先发电 （B）机组 2 优先发电

（C）机组 1 和机组 2 的发电优先级相同 （D）无法判断 2 台机组的发电优先级

答案：B

107．经济调度中，以下判断正确的是（ ）。

（A）机组的启停成本会影响最优的功率分配

（B）机组的启停成本不会影响最优的功率分配

（C）机组的空载成本会影响最优的功率分配

（D）不确定启停成本和空载成本是否会影响最优的功率分配

答案：B

108．具有市场力的机组一般可以通过（ ）操作市场价格。

（A）提高报价、物理持留 （B）提前并网、延迟并网

（C）提高报价、降低报价 （D）自行改变出力

答案：A

109．两节点电力现货集中式交易中，A、B 两节点价差为 400 元/MWh，A、B 间联络线潮流数量为 400 元/MWh，如不计算损耗，市场阻塞剩余是（ ）。

（A）4 万元 （B）400 元 （C）16 万元 （D）无法计算

答案：C

110．临时检修指未列入年度检修计划，提前（ ）h 以上申请经电力调度机构批准的停机检修。

（A）6 （B）12 （C）18 （D）24

答案：A

111．垄断竞争企业为实现利润最大化，遵循的决策原则是（ ）。

（A）边际收益等于平均收益 （B）按照价格弹性进行的价格歧视

（C）边际收益等于边际成本　　　　　　　（D）主观需求大于实际需求

答案：C

112. 美国 PJM 市场节点边际电价（LMP）中不反映（　　）。

（A）电能质量　　　　　　　　　　　　　（B）发电边际成本

（C）网损　　　　　　　　　　　　　　　（D）输电阻塞成本

答案：A

113. 某 600MW 机组，厂用电率 8%，线损 5%，某一小时中长期合约成交量 300MWh，请问该小时的中长期持仓率为（　　）。

（A）57%　　　　（B）50%　　　　（C）54%　　　　（D）53%

答案：A

114. 某 600MW 机组申报调频服务 10 元/MW，日前调频未中标，实时申请做调频实验，调频里程 500MW，调频里程收益为（　　）。

（A）0 元　　　　（B）2500 元　　　　（C）5000 元　　　　（D）7500 元

答案：A

115. 某厂商生产 5 件衣服的总成本为 1500 元，其中厂房和机器折旧为 500 元，工人工资及原材料费用为 1000 元，那么平均可变成本为（　　）元。

（A）300　　　　（B）100　　　　（C）200　　　　（D）500

答案：C

116. 某大用户在某个小时日前申报的用电需求为 100MW，日前的价格为 0.4 元/kWh，实际在该小时的用电量为 70MW，实时节点电价为 0.3 元/kWh 若用户侧允许最大申报偏差率为 20%，则（　　）。

（A）日前用电需求在该小时的偏差率为 30%

（B）日前申报的用电需求在该小时的偏差率未超过允许的最大偏差率

（C）不需要对该用户进行申报偏差外收益回收

（D）申报偏差外收益回收金额为 1.6 元

答案：C

117. 某个时段预测市场化负荷为 3 万 MW，各发电厂申报的出力-报价曲线最大发电功率之和为 3.9 万 MW，则申报充足率为（　　）。

（A）1.3　　　　（B）1　　　　（C）0.3　　　　（D）0.23

答案：A

118. 某机器原来生产产品 A，利润收入为 200 元，现在改为生产产品 B，所花费的人工、材料费为 1000 元，则生产产品 B 的机会成本是（　　）。

（A）200 元　　　　　（B）1200 元　　　　　（C）1000 元　　　　　（D）800 元

答案：A

119. 某企业工人人数为 20 时，总产量为 4200 个；工人人数为 22 时，总产量为 4400 个，该企业边际产量是（　　）个，平均产量是（　　）个

（A）200，100　　　　（B）100，200　　　　（C）100，210　　　　（D）210，100

答案：B

120. 某商品的价格从 40 元降低到 32 元，已知该商品降价后销售量为 62500 件，比降价前增加了 25%，则以弧弹性公式计算的该商品的需求价格弹性系数是（　　）。

（A）0.05　　　　　　（B）0.18　　　　　　（C）1　　　　　　　（D）2.08

答案：C

121. 某商品价格为 32 元时销量为 50 件，价格为 40 元时需求量减少 20%，则以点弹性公式计算的该商品的需求价格弹性系数是（　　）。

（A）0.6　　　　　　（B）0.8　　　　　　（C）1.1　　　　　　（D）2.1

答案：B

122. 某台机组最大技术出力为 300MW，相应的单位发电成本为 200 元/MWh；机组的最小技术出力为 60MW，相应的发电成本为 500 元/MWh。某时段电能量市场的价格为 300 元/MWh，该机组的旋转备用容量为 120MW，则备用总成本为（　　）。

（A）100 元/MWh　　　（B）200 元/MWh　　　（C）300 元/MWh　　　（D）400 元/MWh

答案：B

123. 某现货运行日，全天系统负荷预测较实际情况明显偏低，售电公司在申报运行日用电曲线时，最佳方案为（　　）。

（A）偏高申报　　　　（B）偏低申报　　　　（C）不偏不倚　　　　（D）三个选项都行

答案：A

124. 目前，下列电力市场中具有金融输电权（FTR）的是（　　）。

（A）英国电力库模式　　　　　　　　　　（B）美国 PJM 电力市场

（C）澳大利亚电力市场　　　　　　　　　（D）中国电力市场

答案：B

125. 目前我国用户侧两部制电价主要是在销售环节对（　　）用户实行。

（A）居民　　　　　　（B）农业　　　　　　（C）商业　　　　　　（D）大工业

答案：D

126. 目前在国内现货市场省份中，发电侧结算周期基本为（　　）。

（A）日清分、日结算　　　　　　　　　　（B）月清分、月结算

（C）月清分、日结算　　　　　　　　（D）日清分、月结算

答案：D

127. 目前在国内现货中，母线负荷是指（　）kV 变电站的母线下网负荷，即节点负荷。

（A）110　　　　　（B）220　　　　　（C）500　　　　　（D）1000

答案：B

128. 欧洲各国国内发生输电阻塞时，通常由各国 TSO 进行调整或组织相应的交易，主要采取的方式包括：（　）、通过平衡机制利用市场成员的调整报价进行发电出力的调整。

（A）显式拍卖、隐式拍卖　　　　　　（B）显式拍卖、再调度

（C）再调度　　　　　　　　　　　　（D）隐式拍卖、再调度

答案：C

129. 平衡调节市场是系统（　）运行前的最后一道关口，其主要作用在于保障系统的实时平衡与稳定运行，而不在于进行电量交易。

（A）日前　　　　　（B）日内　　　　　（C）实时　　　　　（D）正式

答案：C

130. 平衡调节市场是系统实时运行前的最后一道关口，用于保障系统的（　）平衡与稳定运行。

（A）日前　　　　　（B）日内　　　　　（C）实时　　　　　（D）动态

答案：C

131. 强化提升电力现货市场运营能力不包括（　）。

（A）建立健全现货市场运营工作制度

（B）科学设定现货市场限价

（C）通过市场运营机构的组织保障水平

（D）加强电力系统运行管理

答案：B

132. 全厂容量（　）MW 及以上的水电机组应具有 AGC 功能。

（A）100　　　　　（B）200　　　　　（C）250　　　　　（D）300

答案：A

133. 任何电力部门对用户的能源使用状况加以改变，使电力负荷曲线的形状发生改变的措施称为电力（　）管理。

（A）需求侧　　　　（B）交易　　　　　（C）可靠性　　　　（D）负荷

答案：A

134. 日内市场出清应能与安全校核进行迭代计算，计算结果送安全校核进行交流潮流

计算，出现设备或断面越限时，重新进行计算，直至生成满足安全约束条件的（　　）。

（A）市场出清结果　　（B）边际电价　　　　（C）节点电价　　　　（D）交易曲线

答案：A

135．日前机组组合中确定为必开的发电机组，在实时电能量市场中的相应时段视为（　　）。

（A）必开机组　　　　　　　　　　　（B）固定出力机组

（C）可优化机组　　　　　　　　　　（D）ACE 机组

答案：A

136．容量成本补偿机制的主要缺点是（　　）。

（A）对终端电价影响可控　　　　　　（B）实施成本和风险较高

（C）无法保障容量电价长期稳定　　　（D）"市场化"程度不足

答案：D

137．容量电价机制将容量短缺引起的电价飙升的风险分摊给了（　　）。

（A）发电厂　　　　（B）电网　　　　（C）配电商　　　　（D）消费者

答案：D

138．容量市场用于购买未来（　　）的容量资源，是实现电能长期可靠供应和电力市场持续发展的基础。

（A）1 年　　　　　（B）2 年　　　　（C）3 年　　　　　（D）10 年

答案：C

139．如果 x 与 y 商品是互补品，商品 x 价格下降，将使商品 y（　　）。

（A）需求量增加　　（B）需求增加　　（C）需求量减少　　（D）需求减少

答案：A

140．如果不考虑旋转备用的速度，则全系统机组能够提供的旋转备用总和与（　　）相关。

（A）经济调度　　　　　　　　　　　（B）安全约束经济调度

（C）机组组合　　　　　　　　　　　（D）机组爬坡速率

答案：C

141．如果发电厂商与电力用户签订了以它的发电成本作为成本价的合同，那么发电厂商属于（　　）。

（A）空头　　　　　（B）多头　　　　（C）平头　　　　　（D）单头

答案：C

142．如果节点 1 对线路 2 的转移因子是 0.2，则节点 1 增加 10MW 注入时，线路 2 潮流增量为（　　）MW。

（A）20　　　　　　（B）50　　　　　　（C）2　　　　　　（D）10.2

答案：C

143．如果名义 GDP 由 20000 亿上升到 23000 亿，且 GDP 平减指数由 1.25 上升到 1.50，则（　　）。

（A）实际 GDP 上升　　　　　　　　　（B）实际 GDP 下降

（C）实际 GDP 不变　　　　　　　　　（D）无法确定实际 GDP 是否变化

答案：B

144．如果某发电企业的边际收益大于边际成本，那么为了取得最大利润，（　　）。

（A）在完全竞争市场条件下应该增加产量，在垄断市场条件下则不一定

（B）在寡头垄断市场条件下应该增加产量，在垄断竞争市场条件下则不一定

（C）在完全竞争市场条件下应该增加产量，在垄断竞争市场条件下则不一定

（D）无论什么市场条件下都应该增加产量

答案：D

145．如果某商品的价格从 3 元降到 2 元，需求量从 8 个单位增加到 10 个单位，这时卖者的总收益（　　）。

（A）增加　　　　（B）保持不变　　　　（C）减少　　　　（D）不一定

答案：C

146．如果能量市场的价格帽很（　　），那么发电企业可以通过短时间的高电价来获取高额利润，此种情况下建立容量市场的必要性相对较（　　）。

（A）高，小　　　　（B）高，大　　　　（C）低，小　　　　（D）低，大

答案：A

147．如果生产者的边际效益大于边际成本，生产者应该（　　）。

（A）停止生产　　　（B）扩大生产　　　（C）维持生产　　　（D）退出生产

答案：B

148．如果一个企业有两个生产相同产品的工厂，一个规模大，一个规模小，企业安排生产的原则是（　　）。

（A）先安排规模大的工厂生产，后安排规模小的工厂生产

（B）先安排规模小的工厂生产，后安排规模大的工厂生产

（C）主要安排在规模大的工厂生产，少部分安排在规模小的工厂生产

（D）根据每增加一个单位的产出，哪个工厂的边际成本低，就安排哪个工厂生产

答案：D

149．上升的电价会激励发电公司投资建设新电厂，发电容量将增加，直至（　　）的

最佳点为止。

（A）电价等于发电短期边际成本 （B）电价略高于发电短期边际成本

（C）电价等于发电长期边际成本 （D）电价略高于发电长期边际成本

答案：C

150．省调主要负责公司（ ）kV 电网调度运行，指挥直调范围内电网的运行、操作和故障处置。

（A）220（330） （B）500 （C）750 （D）110

答案：A

151．实行"厂网分开、竞价上网"，输电和配电仍然是垄断经营。这种电力经营模式属于（ ）。

（A）垄断模式 （B）发电竞争模式 （C）趸售竞争模式 （D）零售竞争模式

答案：B

152．实行电力市场化最早的国家是（ ），起步于 20 世纪 70 年代末。

（A）智利 （B）英国 （C）美国 （D）日本

答案：A

153．实际运行中，电网不同区域之间可能发生输电阻塞，而在区域内部输电阻塞发生的概率较小或情况比较轻微，此时可采用分区边际电价，按（ ）将市场分成几个不同的区域。

（A）阻塞断面 （B）地理边界 （C）电压等级 （D）边际价格

答案：A

154．市场化电量规模小，新能源电量占比低，通过火电（ ）兜底，基本保障了居民农业电力供应和新能源消纳。

（A）基数电量 （B）优先电量 （C）超发电量 （D）替代电量

答案：B

155．市场交易电量最合理的分解曲线类型为（ ）。

（A）市场用户用电曲线 （B）代理购电用户用电曲线

（C）统调负荷曲线 （D）市场机组发电曲线

答案：A

156．市场模式主要分为分散式和集中式两种。其中，集中式主要以（ ）合同为基础。

（A）中长期实物合同 （B）中长期差价合同

（C）用户协商合同 （D）市场统一固定模板合同

答案：B

157．适当的市场主体范围是保障电力现货市场的竞争性的重要基础。市场主体情况影响电力现货市场竞争性的典型情况不包括（　　）。

（A）发电侧参与交易的市场主体过少

（B）用电侧市场产业集中度过高

（C）发售电市场主体结成联盟

（D）发用电供需平衡

答案：D

158. 输电企业拥有诸如线路、电缆、变压器和无功补偿设备等输电资产，它们需要按照（　　）发出的调度指令运行输电设备。

（A）发电企业　　　（B）配电企业　　　（C）调度机构　　　（D）监管组织

答案：C

159. 双轨制不平衡资金是在市场和计划双轨制下，由于（　　）用电量与政府定价上网电量出现偏差，导致电网企业购售价差出现的偏差费用。

（A）电网企业代理购电用户　　　　　　（B）非市场化用户

（C）电力用户　　　　　　　　　　　　（D）售电公司代理用户

答案：B

160. 随着可再生能源成为未来全球能源发展的主要方向，（　　）正受到越来越多的关注。

（A）光伏　　　　　（B）虚拟电厂　　　　（C）风电　　　　　（D）微电网

答案：B

161. 随着线路容量的增大，阻塞剩余（　　）。

（A）降低　　　　　　　　　　　　　　（B）升高

（C）不变　　　　　　　　　　　　　　（D）不能直接判断阻塞剩余是否升高

答案：D

162. 调度机构根据实际情况对超短期负荷预测结果进行调整，不需考虑以下（　　）因素。

（A）实时负荷走势　　（B）日前负荷走势　　（C）气象因素　　（D）政府环保要求

答案：B

163. 统筹考虑企业和社会的电力成本承受能力，做好基本公共服务供给和电力市场建设的衔接，保障电力公共服务供给和居民、农业等用电价格（　　）。

（A）稳步下降　　　（B）相对稳定　　　（C）稳步上升　　　（D）市场化

答案：B

164. 完全竞争市场中，一个企业在以下（　　）情况下应该关闭。

（A）产品价格低于平均可变成本　　　　（B）产品价格低于短期平均成本

（C）发生亏损时　　　　　　　　　（D）短期边际成本高于边际收益

答案：A

165．为了提高资源配置效率，政府对自然垄断部门的垄断行为是（　　）。

（A）不管的　　　（B）加以管制的　　　（C）尽量支持的　　　（D）坚决反对的

答案：B

166．为调整负荷预测的偏差，由于机组异常而引起的机组出力偏差等而设置的交易类型，其交易电量决定于偏差值的大小的是（　　）。

（A）实时交易　　　（B）现货交易合同　　　（C）月度交易　　　（D）年度交易

答案：A

167．我国电力市场改革现阶段主要建立的电力市场的模式是（　　）。

（A）垄断模式　　　　　　　　　　（B）发电竞争模式

（C）趸售竞争模式　　　　　　　　（D）零售竞争模式

答案：B

168．我国电力资源配置方式由计划向市场转换过程中存在的过渡性风险有（　　）。

（A）价格波动风险　　　　　　　　（B）双轨制不平衡资金风险

（C）市场主体信用风险　　　　　　（D）市场力风险

答案：B

169．我国能源资源与负荷分布不均衡的国情及发展可再生能源的要求，客观上决定了全国统一电力市场体系应以省间、省内市场（　　）起步。

（A）统一市场、同步运作　　　　　（B）同步市场、同步运作

（C）同步市场、两级运作　　　　　（D）统一市场、两级运作

答案：D

170．西方学者认为现代美国经济是一种（　　）。

（A）完全自由放任的经济制度　　　（B）严格的计划经济制度

（C）混合资本主义经济制度　　　　（D）自给自足制度

答案：C

171．下列（　　）不属于分布式电源主要采用的运营模式。

（A）自发自用　　　（B）安全运行　　　（C）电网调节　　　（D）余量上网

答案：B

172．下列不属于差价合约模式特点的是（　　）。

（A）引入差价合约既可以控制市场价格风险，也能激励企业参与现货市场竞价

（B）物理过程与交易过程分开，系统完全根据竞价结果来优化运行，调度更规范

（C）全部电量竞价、集中调度，输电阻塞问题易于处理

（D）操作简单，系统功能要求不高

答案：D

173．下列电力市场个体报价博弈的说法正确的是（　　）。

（A）个体报价与结算价格关系，关系越强个体博弈动机越弱

（B）按照平均价格结算，个体报价与结算价格有关，主体报价博弈动机强

（C）个体报价价差与结算价差倍数最高达到十倍，个体博弈动机很弱

（D）统一出清方式中，个体报价与结算关系强，个体博弈动机强

答案：B

174．下列发电机组中最适合担负系统调频任务的是（　　）。

（A）具有调节库容的水电机组　　　　　（B）核电机组

（C）风电机组　　　　　　　　　　　　（D）径流式水电机组

答案：A

175．下列关于合约市场的说法，不正确的是（　　）。

（A）合约市场是电力市场交易的主要部分

（B）合约市场的交易标的是电能量

（C）各国电力合约交易都是一年期合约

（D）提前较长时间组织合约市场交易，以反映中长期电力供需情况

答案：C

176．下列关于中长期交易规则中的履约保函方面，（　　）是正确的。

（A）企业集团财务公司只能对本集团成员单位开具

（B）向电网企业开立的电子信用担保凭证

（C）任何商业银行均能开具

（D）企业集团财务公司不可开具保函

答案：A

177．下列行业中，（　　）最接近于完全竞争模式。

（A）飞机　　　　　（B）卷烟　　　　　（C）汽车　　　　　（D）种植业

答案：D

178．下列哪项不是集中式市场模式的优点（　　）。

（A）针对全电量进行集中竞争与优化安排，市场效益和资源配置效率较好

（B）不同时间尺度的现货市场全量优化，统一的价格信号较明确

（C）市场操纵行为容易事先发现和追责

（D）调度机构安全责任明确，监管机构较容易调控市场

答案：D

179. 下列选项中（　）不属于市场合约电量。

(A) 双边协商交易电量　　　　　(B) 集中竞争交易电量

(C) 基数合约交易电量　　　　　(D) 挂牌交易电量

答案：C

180. 下面那个选项不是负荷特性优化的目的（　）。

(A) 减小峰谷差　(B) 提高供电可靠性　(C) 降低最高负荷　(D) 降低负荷率

答案：D

181. 现货环境下，发电厂商收益主要由（　）组成。

(A) 中长期合约收益　　　　　(B) 现货电能量收益

(C) 辅助服务收益　　　　　(D) 三个选项都对

答案：D

182. 现货市场对发电业务的意义不包括（　）。

(A) 发电成本优势在竞争环境中可以充分体现

(B) 参与现货市场的季节性和时段性优势

(C) 边际成本优势更能体现

(D) 市场交易的长期确定性和可预期性

答案：D

183. 现货市场价格波动风险管控措施不包括（　）。

(A) 合理设置市场限价　　　　　(B) 设置物理输电权机制

(C) 加强市场价格监控分析　　　　　(D) 引入金融衍生品等交易品种

答案：B

184. 现货市场模式主要分为分散式和集中式两种。其中，分散式主要以（　）合同为基础。

(A) 中长期实物合同　　　　　(B) 中长期差价合同

(C) 用户协商合同　　　　　(D) 市场统一固定模板合同

答案：A

185. 现货市场与调频市场独立出清的模式下，关于调频辅助服务市场与现货电能量市场的衔接方式说法正确的是（　）。

(A) 日前电能量市场根据调频辅助服务市场预出清中标机组结果调整机组的出力

(B) 实时电能量市场根据调频辅助服务市场预出清中标机组结果调整机组的出力

(C) 日前电能量市场根据调频辅助服务市场正式出清中标机组结果调整机组的出力

(D) 三个选项都不对

答案：A

186．现有一项为期三年的投资，第一、二、三年预期的收益分别是 200 元、400 元、600 元，市场利率为 10%保持不变，则这份投资预期收益的贴现值为（　　）。

（A）1200　　　　（B）963.2　　　　（C）900　　　　（D）1020

答案：B

187．新能源的随机性、波动性，决定了新能源并网规模越大，协调平衡调节需求越大。研究表明，当系统新能源电量占比达到 10%时，系统调节需求将随新能源占比提高而（　　），为保障电力系统安全稳定运行，需要大量的调节和储能电源。

（A）陡增　　　　（B）陡降　　　　（C）缓慢增长　　　　（D）缓慢下降

答案：A

188．新型电力系统呈现双高特点，一高是指高比例可再生能源，另一高是指（　　）。

（A）高比例电力电子设备应用　　　　（B）高比例煤机装机比例

（C）高比例燃气发电装机　　　　（D）高比例核电装机

答案：A

189．虚拟电厂参与电力市场的方式不包括有（　　）。

（A）电能量市场　　　　（B）备用、调频辅助服务市场

（C）无功辅助服务市场　　　　（D）零售市场

答案：D

190．需求响应资源可被视为"负瓦"机组，等同于发电厂商，与其他发用侧市场成员一起参与电力现货（电能量）市场，申报数据一般包括（　　）。

（A）削减电力-价格对、关停费用、被调用的最大最小出力范围和执行的最小连续时间长度等

（B）削减电力-价格对、关停费用和执行的最小连续时间长度等

（C）削减电力-价格对、被调用的最大最小出力范围和执行的最小连续时间长度等

（D）削减电力-价格对和执行的最小连续时间长度等

答案：A

191．旋转备用必须在（　　）min 内能够调用。

（A）5　　　　（B）10　　　　（C）20　　　　（D）30

答案：B

192．学界普遍认为，理论上，在信息足够透明的前提下，（　　）将获得更佳的整体经济效益，能够更有效地体现辅助服务提供主体的机会成本。

（A）先出清电能量市场，再出清辅助服务市场

（B）先出清辅助服务市场，再出清电能量市场

（C）电能量市场与辅助服务市场联合出清

（D）电能量市场与辅助服务市场分开出清

答案：C

193．一般而言，支付金融输电权所有者的钱，来自（　）。

（A）生产者剩余　　　（B）消费者剩余　　　（C）阻塞盈余　　　（D）输配电费

答案：C

194．一般来说，日前电能量市场中一定是价格接受者的是（　）。

（A）处于开停机过程中的机组　　　　（B）必开机组

（C）热电联产机组　　　　（D）最小连续开机时间内机组

答案：A

195．一般情况下，下列选项不属于发电侧现货电能量市场结算必备数据的是（　）。

（A）实际发电量　　　　（B）合约电量

（C）日前出清电量　　　　（D）实时出清电量

答案：D

196．一般情况下，集中式电力现货市场模式中，市场主体应（　）参与市场竞价和出清。

（A）全电量　　　　（B）部分电量

（C）中长期合约电量　　　　（D）与中长期合约偏差部分电量

答案：A

197．一般情况下，在实时市场中，我们可以认为电力需求弹性极小（需求侧管理类负荷除外），所以实时市场经济调度过程中一般以（　）作为需求。

（A）超短期负荷预测　　　　（B）历史负荷

（C）中长期负荷预测　　　　（D）平均历史负荷

答案：A

198．一般情况下在同一电力系统中，要保证任一瞬间的（　）都在全网统一范围内。

（A）电压　　　（B）频率　　　（C）波形　　　（D）电流

答案：B

199．一般认为，如果产业集中度指数 CR4 小于（　）或 CR8 小于（　），则该行业为竞争型，反之为寡占型。

（A）20，40　　　（B）20，50　　　（C）30，40　　　（D）30，50

答案：C

200．一火电厂月度的原煤采购价格 480 元/t，入厂热值 4200cal/g，折算标煤采购价格 800 元/t，入厂热值 4200cal/g，入炉热值 4100cal/g，月度的综合供电煤耗 320g/kWh，那么电厂的燃煤变动成本约（ ）元/MWh。

（A）262　　　　（B）256　　　　（C）156　　　　（D）280

答案：A

201．已知，某百万机组最小技术出力 40 万 kW，变动成本为 0.4 元/kWh，启动成本 100 万元。某假期 2 天，假设机组所处节点各时段现货价格均为 0.34 元/kWh，机组启动补偿未达补偿标准。对于该百万机组，以下（ ）策略为最优。

（A）超中长期发电　　　　　　　　（B）不停机，机组压最小出力

（C）报价停机　　　　　　　　　　（D）仅发中长期电量部分

答案：C

202．已知 A 省份上网电价 0.2 元/kWh，A 省到 B 省特高压通道输电价格 0.1 元/kWh，A 省与 B 省份同在一个区域电网（区域电网内输电价格 0.15 元/kWh），A 省与 B 省外送输电价格分别为 0.1 元/kWh、0.15 元/kWh，不考虑线损和辅助服务等其他费用的情况下，则 A 省通过特高压线路送至 B 省的落地电价为（ ）元/kWh。

（A）0.35　　　　（B）0.4　　　　（C）0.7　　　　（D）0.55

答案：D

203．已知产量为 500 单位时，平均成本为 2 元，当产量增加到 550 单位时，平均成本等于 2.5 元。在这一产量变化范围内，边际成本（ ）。

（A）随着产量的增加而增加，并小于平均成本

（B）随着产量的增加而减少，并大于平均成本

（C）随着产量的增加而减少，并小于平均成本

（D）随着产量的增加而增加，并大于平均成本

答案：D

204．已知产量为 99 单位时，总成本等于 995 元，产量增加到 100 单位时，平均成本等于 10 元，由此可知边际成本为（ ）。

（A）10 元　　　　（B）5 元　　　　（C）15 元　　　　（D）7.5 元

答案：B

205．已知某电力市场某时刻的电力供给函数为 $Q_s=50000+150P$，如果该市场出清价格为 500 元/MWh，请问该时刻的电力供给点弹性系数为（ ）。

（A）0.4　　　　（B）0.6　　　　（C）0.8　　　　（D）1

答案：B

206．已知某电力市场某时刻的电力需求函数为 $Q_d=100000-80P$，电力供给函数为 $Q_s=62000+120P$，其中 P 为电力价格（元/MWh），Q_d 和 Q_s 分别为需求数量（MWh）和供

给数量（MWh）。该时刻电力市场的出清价格为（   ）。

（A）160元/MWh　　　（B）190元/MWh　　　（C）220元/MWh　　　（D）250元/MWh

答案：B

207．已知商品的需求函数 $Q_d=20-4P$，供给函数 $Q_s=2+6P$，该商品的均衡价格是（   ）。

（A）4　　　　　　　（B）1.5　　　　　　　（C）1.8　　　　　　　（D）2

答案：C

208．以下（   ）不是垄断市场的进入壁垒。

（A）政府给一家企业排他性地生产某种物品的权利

（B）生产成本使一个生产者比其他生产者更有效率

（C）一种关键资源由一家企业拥有

（D）一个企业非常大

答案：D

209．以下（   ）不是我国目前实施电力需求侧管理的经济手段。

（A）增加电网投资　　　　　　　　（B）峰谷电价

（C）尖峰电价　　　　　　　　　　（D）可中断负荷激励补偿

答案：A

210．以下（   ）不属于电力需求侧管理的目标。

（A）节约电量、减缓能源消耗的速度　　（B）减少污染

（C）促进电力投资　　　　　　　　　　（D）缓解高峰时段电力需求

答案：C

211．以下（   ）不属于提高终端能效水平的途径。

（A）更换部分白炽灯、粗管荧光灯和高压汞灯

（B）在电机拖动系统中使用变频设备

（C）避免使用小容量的空调设备

（D）消除设备选型的富余功率

答案：C

212．以下不符合发电权交易和合约转让交易特点的是（   ）。

（A）套利

（B）发电商和用户均可以买卖，有了正向交易头寸后，反向交易就是回调头寸

（C）资源、负荷需求、设备状况的突然变化对该类型交易影响不大

（D）合同交易的主要目的是避免合同偏差结算或不平衡结算引起的费用

答案：C

213. 以下不属于我国第一批电力现货市场试点地区的是（　　）。

（A）浙江　　　　　（B）湖北　　　　　（C）四川　　　　　（D）蒙西

答案：B

214. 以下不属于影响负荷变化的主要因素的是（　　）。

（A）负荷随时间变化规律　　　　　（B）气象变化的影响

（C）输电线路的影响　　　　　（D）负荷随机波动

答案：C

215. 以下对最高限价和保护价格分析的说法中，正确的是（　　）。

（A）保护价格的目的是保护消费者利益或降低某些生产者的生产成本

（B）政府对部分食品实施最低限价政策会造成变相涨价

（C）当实施最高限价、出现短缺现象时，就会出现严重的排队现象

（D）最高限价和保护价格均属于政府对市场价格的干预措施，最高限价高于均衡价格，保护价格低于均衡价格

答案：C

216. 以下关于发电侧两部制电价的描述中不正确的是（　　）。

（A）收入完全取决于市场竞价，不利于宏观调控

（B）对运行成本进行竞争，有利于鼓励技术先进、环保标准高的电厂

（C）容量电价可为投资者提供部分收入保障，能够发挥价格信号作用，引导电力长期投资

（D）可基本解决电厂投资成本差异和搁浅成本问题，有利于公平竞争

答案：A

217. 以下关于集中式市场出清说法错误的是（　　）。

（A）市场出清充分考虑了电力系统安全运行约束

（B）市场出清价格受系统负荷影响

（C）出现阻塞时，不同地点的市场价格可能不同

（D）节点电价只反映系统供需平衡情况

答案：D

218. 以下关于现货电能量市场中调频辅助服务中标机组说法错误的是（　　）。

（A）不参与深度调峰

（B）实时电能量市场出清时考虑其在调频辅助服务市场中标情况

（C）在调频辅助服务中标时段，若实时发电计划执行偏差率超过允许最大偏差率，则需要对该机组进行发电计划执行偏差考核

（D）若调频正式中标容量为 20MW，机组的发电容量为 100MW，则实时出清时机组的出力上限修改为 80MW

答案：C

219．以下属于集中式电力现货市场特点的是（　　）。

（A）中长期合同物理执行

（B）中长期合同可以确定机组发电曲线，作为现货市场开展的边界条件

（C）中长期交易决定了市场的利益格局，锁定价格，规避风险，通过结算与调度运行耦合

（D）中长期合同决定机组开机

答案：C

220．以下有关电力中长期交易的描述，不正确的是（　　）。

（A）有利于规避市场风险

（B）与现货市场相互替代和竞争，有效抑制市场力

（C）同集中交易相比，交易成本低且交易自由

（D）不利于规模小的或者新出现的市场主体

答案：C

221．影响批发市场主体中长期交易收益的因素不包含（　　）。

（A）中长期不平衡费用分摊办法　　　　（B）交易曲线

（C）交易量、价　　　　（D）交易品种

答案：D

222．用电侧的两部制电价由（　　）和（　　）构成。

（A）电力成本，基本成本　　　　（B）上网电价，销售电价

（C）容量电价，电量电价　　　　（D）电力电价，容量电价

答案：C

223．用电负荷曲线有着明显的高峰低谷现象，通过划分峰谷时段来确定，（　　）促使用户自觉地调整用电方式，通过用户对电价的响应来达到削峰填谷的目的。

（A）季节电价　　　（B）分时电价　　　（C）实时电价　　　（D）阶梯电价

答案：B

224．优化用电的主要方式包括（　　）。

（A）避峰　　　（B）填谷　　　（C）削峰填谷　　　（D）三个选项都对

答案：D

225．由于燃机启动速度，调节幅度大，因此在电网中可以承担（　　）和紧急事故备用

的角色。

(A) 带基荷   (B) 调峰

(C) 优先发电   (D) 三个选项都不对

答案：B

226. 与完全竞争市场相比，垄断市场通常将引起（ ）。

(A) 高价格和高产量   (B) 高价格和低产量

(C) 低价格和低产量   (D) 低价格和高产量

答案：B

227. 原则上，发电机组调试及试验计划应按照（ ）执行。

(A) 工作安排计划   (B) 固定出力计划   (C) 实时发电计划   (D)日前发电计划

答案：D

228. 在电力市场零售竞争模式中，输、配电网络的成本由（ ）承担。

(A) 电力用户   (B) 市场运营商   (C) 发电企业   (D) 电力零售商

答案：A

229. 在电力市场零售竞争模式中仅有的垄断业务为（ ）。

(A) 电能销售   (B) 电能购买

(C) 输、配电网络服务的提供与运营   (D) 电能交易

答案：C

230. 在电力市场中，（ ）是自然垄断的

(A) 发电   (B) 辅助服务   (C) 售电   (D) 输电

答案：D

231. 在电力系统中，调度通过（ ）系统来下发指令，控制不同发电厂的多个发电机有功输出，以响应负荷变化，达到实时平衡。

(A) 自动电压控制   (B) 电力系统稳定器

(C) 自动发电控制   (D) 一次调频

答案：C

232. 在电力现货市场中，现货价格可以反映电力供需情况，影响现货市场价格的因素有很多，下列（ ）不会影响现货市场价格。

(A) 输配电价发生变化   (B) 电力供需变化

(C) 市场主体报价变化   (D) 线路、断面等限额变化引起阻塞

答案：A

233. 在电力现货市场中设置价格帽的作用不包括（ ）。

(A) 可以减轻市场力的滥用

（B）缓解市场动荡形势下的信息不对称

（C）会增强对长期投资的激励作用

（D）会削弱对长期投资的激励作用

答案：C

234. 在电力长期安全供应风险管控方面，主要手段是建立（　）机制。

（A）跨区跨省电力交易 　　　　　　（B）容量成本回收

（C）应急处置预案 　　　　　　　　（D）履约担保

答案：B

235. 在电能市场中，一般采用（　）表示发电机组在不同出力范围时的边际成本。

（A）平均成本 　　　　　　　　　　（B）分段线性成本曲线

（C）空载成本 　　　　　　　　　　（D）机会成本

答案：B

236. 在对电力市场研究中，选择一种能同时体现系统安全、市场经济效益最优和电能质量的工具是非常重要的，（　）满足了这一要求。

（A）连续潮流　　　（B）最优潮流　　　（C）概率潮流　　　（D）直流潮流

答案：B

237. 在发电侧报量报价，用户侧报量不报价的集中式电力市场下，当发电侧在现货市场均处于完全竞争，且系统无阻塞的状况下，发电机组所处节点现货价格将趋于（　）。

（A）系统边际机组的全成本 　　　　（B）自身机组的全成本

（C）系统边际机组的边际成本 　　　（D）自身机组的边际成本

答案：C

238. 在供给和需求同时减少的情况下，则（　）。

（A）均衡价格和均衡交易量都将下降

（B）均衡价格将下降，均衡交易量的变化无法确定

（C）均衡价格的变化无法确定，均衡交易量下降

（D）均衡价格将上升，均衡交易量的变化无法确定

答案：C

239. 在国内，一般来说下列（　）不属于电力交易机构的市场功能。

（A）市场交易平台的建设、运营和管理

（B）负责市场交易组织

（C）提供结算依据和服务

（D）负责电网调度

答案：D

240. 在竞争性电力市场的环境下，发电企业参与市场统一出清、定价和结算，若发电企业的市场收益无法覆盖其（　　），则无法通过市场回收的成本即为搁浅成本。

（A）机会成本　　　　（B）生产成本　　　　（C）运行成本　　　　（D）固定成本

答案：B

241. 在考虑发电容量投资时，以下（　　）需要被重点考虑。

（A）负荷曲线在每一日的峰值

（B）负荷曲线在每一日的低谷荷曲线

（C）不同负荷水平的持续小时数

（D）每年的负荷曲线

答案：C

242. 在考虑网络约束的双边交易中，确定系统可用输电权的大小时，必须计及交易可能产生的（　　）潮流的影响。

（A）正向　　　　（B）阻塞　　　　（C）逆向　　　　（D）均衡

答案：C

243. 在美国 PJM 市场中，某发电商在日前市场中标电量为 20MWh，所在节点日前出清价格为 30 美元/MWh，实时市场中发电量为 30MWh，实时出清价格为 40 美元/MWh，则该发电商的市场收入为（　　）美元。

（A）600　　　　（B）1200　　　　（C）1000　　　　（D）900

答案：C

244. 在美国 PJM 市场中，某市场成员不拥有发电机组，在日前市场中标 20MWh 的虚拟发电量，所在节点日前出清价格为 30 美元/MWh，实时出清价格为 40 美元/MWh，则该发电商的市场收益为（　　）美元。

（A）600　　　　（B）800　　　　（C）200　　　　（D）-200

答案：D

245. 在普通商品市场上，远期与现货市场的价差随着时间的推移会慢慢消失，远期价格必须能够反映现货价格的（　　）。

（A）最优值　　　　（B）出清值　　　　（C）期望值　　　　（D）平均值

答案：C

246. 在实时市场的发电机组开机过程中，以机组当前（　　）为起点，调度机构根据机组报送的开机计划出力曲线，滚动修改机组发电计划，直至机组出力上升至最小稳定技术出力。

（A）实时出力　　　　　　　　　　　（B）实时发电计划

（C）日前发电计划　　　　　　　　　（D）实时开停状态

答案：A

247．在受电装置一次侧装有联锁装置互为备用的变压器（含高压电动机），按可能同时使用的变压器（含高压电动机）（　　）计算其基本电费。

（A）容量之和的中间值　　　　　　　　（B）容量之和的平均值

（C）容量之和的最小值　　　　　　　　（D）容量之和的最大值

答案：D

248．在输电线路中，电压等级越低，电能损耗越（　　）。

（A）越大　　　　　（B）越小　　　　　（C）无变化　　　　　（D）不确定

答案：A

249．在输电线路中，电压等级越高，电能损耗越（　　）。

（A）越大　　　　　（B）越小　　　　　（C）无变化　　　　　（D）不确定

答案：B

250．在输电线路中，电压等级越高，网损率（　　）。

（A）越大　　　　　（B）越小　　　　　（C）无变化　　　　　（D）不确定

答案：B

251．在完全垄断市场上，厂商（　　）。

（A）可以任意定价　　　　　　　　　　（B）价格一旦确定就不能变动

（C）根据利润最大化原则定价　　　　　（D）价格等于成本

答案：C

252．在现货市场与调频市场独立出清的模式下，实时电能量市场出清计算时，调频中标机组的出力上、下限调整原则为（　　）。

（A）实时机组出力上限为机组出力上限减去调频市场预出清中标容量

（B）实时机组出力下限为机组出力下限减去调频市场正式出清中标容量

（C）实时机组出力上限为机组出力上限减去调频市场正式出清中标容量

（D）实时机组出力下限为机组出力下限加上去调频市场预出清中标容量

答案：C

253．在相同条件下，A、B区域单独经济调度和A、B区域联合经济调度，两者相比，总生产成本是（　　）。

（A）A、B区域单独经济调度的总生产成本低

（B）A、B区域联合经济调度的总生产成本低

（C）两者一样

（D）无法判断

答案：B

254. 针对电力市场的分类依据，以下说法错误的是（　　）。

（A）可以根据产品属性分为实物市场和金融市场

（B）可以根据交易周期分为远期市场和现货市场

（C）可以根据价格高低分为高价市场和低价市场

（D）可以根据交易品种分为电能市场和辅助服务市场等

答案：C

255. 针对节点边际电价，以下说法正确的是（　　）。

（A）如果所有发电机组报价均大于 0 元/MWh，则所有节点电价一定大于 0 元/MWh

（B）如果所有发电机组报价都不相同，则所有节点电价一定都不同

（C）如果所有发电机组报价均小于 100 元/MWh，则所有节点电价一定小于 100 元/MWh

（D）因为发电资源和输电资源分布的不平均性，不同节点电价可能不同

答案：D

256. 政府把价格限制在均衡水平以下可能导致（　　）。

（A）黑市交易　　　　　　　　　　　（B）大量积压

（C）配给制　　　　　　　　　　　　（D）黑市交易和配给制

答案：D

257. 只有当预测销售价格超过（　　）时，电厂的新建决策才有可能是合理的。

（A）投资　　　　（B）长期边际成本　　　　（C）发电成本　　　　（D）营业成本

答案：B

258. 中长期交易电量的（　　）机制，可以有效解决中长期市场与现货市场的衔接问题，可以实现中长期市场与现货市场的协调运行，为现货交易提供了基础保障。

（A）出清　　　　（B）结算　　　　（C）组合　　　　（D）日分解

答案：D

259. 阻塞较多的系统一般采用（　　）机制定价。

（A）节点边际电价　　　（B）分区边际电价　　　（C）系统边际电价　　　（D）补贴电价

答案：A

二、多选题

1. AGC 系统主站控制软件在对 AGC 机组进行远方控制时，可以采取多种模式，包括（　　）。

（A）无基点子模式　　　　　　　　　（B）带基点正常调节子模式

（C）人工设点模式　　　　　　　　　（D）帮助调节子模式

答案：ABC

2. 按发电类型划分，在册省调发电企业包括（　　）。

（A）火电企业　　　（B）水电企业　　　（C）风电企业　　　（D）光伏发电企业

答案：ABCD

3. 按照输电容量定义的不同，美国 PJM 市场金融输电权分为（　　）。

（A）点对点金融输电权　　　　　　　　（B）关口金融输电权

（C）高峰金融输电权　　　　　　　　　（D）低谷金融输电权

答案：AB

4. 保障电力系统短期可靠性的机制主要包括（　　）。

（A）保证日前实时发电安排能够满足电网安全要求的现货市场出清安全校核机制

（B）激励市场成员提供充足的备用、调频、无功等辅助服务机制

（C）消除输电阻塞问题的金融输电权、节点边际电价信号传递等阻塞管理手段

（D）电力现货市场的安全风险防控机制

答案：ABCD

5. 保障电力现货市场的竞争性的机制有（　　）。

（A）制度规则保障　　（B）组织机构保障　　（C）市场管理保障　　（D）安全支持保障

答案：ABC

6. 北欧电力市场是一个跨国的电力市场，其主要由（　　）组成。

（A）期货市场　　　（B）期权市场　　　（C）现货市场　　　（D）中长期市场

答案：ABCD

7. 北欧电力现货市场分为（　　）。

（A）日前市场　　　（B）小时前市场　　　（C）实时市场　　　（D）日内市场

答案：ACD

8. 变电站的主要防雷设施有（　　）。

（A）避雷针　　　（B）避雷器　　　（C）接地装置　　　（D）绝缘子

答案：ABC

9. 储能调频成为投资热点的原因（　　）。

（A）补偿政策支持，成本回收快

（B）当地电力需求缺口大

（C）储能成本低

（D）储能系统启动相应速率比传统发电机组更快

答案：AD

10. 从广义的角度，一些学者认为我国现代电力市场体系是以（　　）为支撑。

（A）市场竞争机制　　　　　　　　　　（B）兜底服务机制

（C）绿色发展机制　　　　　　　　　　（D）区域协调机制

答案：ABCD

11．电厂主要根据能源来区分的，以下属于新能源电厂的是（　　）。

（A）风力电厂　　　　（B）水力电厂　　　　（C）太阳能电厂　　　　（D）地热电厂

答案：ABCD

12．电化学储能设备主要分为（　　）三类。

（A）电源侧　　　　（B）电网侧　　　　（C）用户侧　　　　（D）售电侧

答案：ABC

13．电力辅助服务的种类分为（　　）。

（A）有功平衡服务　　　（B）无功平衡服务　　　（C）事故应急服务　　　（D）恢复服务

答案：ABCD

14．电力辅助服务中事故应急及恢复服务包括（　　）。

（A）稳定切机服务　　　　　　　　　　（B）稳定切负荷服务

（C）黑启动服务　　　　　　　　　　　（D）电压控制服务

答案：ABC

15．电力辅助服务中有功平衡服务包括（　　）电力辅助服务。

（A）调频　　　　（B）备用　　　　（C）转动惯量　　　　（D）爬坡

答案：ABCD

16．电力期货市场的风险主要表现在（　　）。

（A）交易者的投机行为　　　　　　　　（B）市场信息不对称

（C）市场不完全引发市场失灵　　　　　（D）市场门槛过高

答案：BC

17．电力市场双边交易涉及的市场主体为（　　）。

（A）电能购买者　　　（B）市场监管组织　　　（C）市场运营商　　　（D）电能销售者

答案：AD

18．电力市场引入竞争的主要做法是（　　）。

（A）厂网分开，竞价上网　　　　　　　（B）鼓励售电商进入市场

（C）在输配电环节引入竞争　　　　　　（D）降低电价

答案：AB

19．电力市场主体包括（　　）。

（A）各类发电企业　　　　　　　　　　（B）电力用户

（C）售电公司　　　　　　　　　　　　（D）独立辅助服务提供者

答案：ABCD

20．电力系统的平衡经常会受到多种因素的影响，如（   ）。

（A）负荷发生变化   （B）发电机出力控制不准确

（C）发电机组故障   （D）电力线路故障

答案：ABCD

21．电力系统辅助服务中电压控制服务的作用为（   ）。

（A）正常运行中保持系统频率正常

（B）正常运行状态下的电压调整能力

（C）在紧急情况下提供足够的无功

（D）在紧急情况下提供有功调整

答案：BC

22．电力系统获取辅助服务的方式主要有（   ）。

（A）强制要求提供   （B）协商提供

（C）随机调用   （D）将辅助服务市场化

答案：AD

23．电力系统稳定性与（   ）有关。

（A）系统结构   （B）运行方式

（C）调节装置的参与   （D）干扰的大小、地点和延续时间

答案：ABCD

24．电力现货市场负荷侧节点电价的作用有（   ）。

（A）多维度提升电力系统灵活性，但降低电网调度管理精度

（B）引导企业调整用电结构

（C）促进源网荷储智能互动模式的发展

（D）引导用户侧资源积极参与电网调节，通过市场手段实现系统资源优化配置

答案：BCD

25．电力现货市场交易实施细则适用于（   ）。

（A）运营   （B）管理   （C）组织   （D）结算

答案：ABC

26．电力现货市场模拟仿真系统中主要采用（   ）方式实现。

（A）基于虚拟时钟   （B）基于虚拟节点

（C）基于状态位触发   （D）基于虚拟报价

答案：AC

27．电力需求侧管理的作用包括（   ）。

（A）改善电网负荷特性

（B）降低客户用电成本

（C）节约用电，减少能源需求和污染排放

（D）节约电源建设和电网建设的投入

答案：ABCD

28．电力衍生品交易规则主要包括了结算规则、（ ）。

（A）信息披露规则 （B）风险控制规则 （C）价格形成规则 （D)价格稳定规则

答案：ABCD

29．电能生产、输送、消费的特点有（ ）。

（A）与国民经济密切相关

（B）目前电能可以大量储存

（C）生产输送消费具有很强的连续性

（D）电能的生产与消费具有很强的滞后性

答案：AC

30．电网调度系统包括（ ）。

（A）各级电网调度控制机构 （B）厂站运行值班单位

（C）输变电设备运维单位 （D）电网调试科研单位

答案：ABC

31．电网运行存在的主要问题包括（ ）。

（A）电力供应弱平衡态势已经显现

（B）新能源间歇性更加显著

（C）反调峰性影响更加显著

（D）交直流特高压混联电网的运行控制难度加大

答案：ABCD

32．对电力系统的要求有（ ）。

（A）保证可靠地持续供电 （B）保证良好的电能质量

（C）保证系统运行的经济性 （D）保证对环境的保护

答案：ABCD

33．对市场运营机构的监管措施包括（ ）。

（A）市场注册监管 （B）规则执行监管

（C）市场风险防范监管 （D）技术保障监管

答案：ABCD

34．对于非招标方式确定投资主体的配电网项目，可以选择（ ）方法确定配电价格。

（A）准许收入法 （B）最高限价法

（C）经营期定价法 （D）标尺竞争法

答案：ABD

35．对于长度在 100～300km 之间的架空线，其等值电路一般采用（ ）型等值电路。

（A）T （B）Π （C）F （D）Z

答案：AB

36．发电企业的种类有（ ）。

（A）天然气发电 （B）风电 （C）太阳能发电 （D）水电

答案：ABCD

37．发电商和用户在进行平衡资源报价时，应说明（ ）。

（A）提供平衡资源的量 （B）负荷预测情况

（C）平衡资源的报价 （D）改变功率需要的时间

答案：ACD

38．发电商在提供备用服务时会产生的成本有（ ）。

（A）运行成本 （B）机会成本 （C）维护成本 （D）监测成本

答案：AB

39．发生（ ）情况时，可对调频市场进行调整。

（A）电力系统故障或技术支持平台不能正常运行影响调频市场运营时

（B）电网出现电力平衡紧张、调峰困难、断面约束矛盾严重等其他必要情况

（C）市场主体滥用市场力、串谋及其他严重违约等情况导致市场秩序受到严重扰乱

（D）其他影响调频市场正常运行的情况

答案：ABCD

40．发生弃风弃光的主要原因有（ ）。

（A）供暖期与风电大发期重叠，导致全网调峰困难

（B）受热电供暖期调峰能力下降、冷空气增强、大风天气增多

（C）春节期间负荷明显下降

（D）天气回暖、负荷回升，新能源消纳压力减小

答案：ABC

41．分布式电源参与电力市场主要考虑（ ）三类模式。

（A）主要进入容量市场 （B）采用净电量计量不进入电力市场

（C）直接进入电力市场批发市场 （D）主要进入售电市场

答案：BCD

42．分散式电力市场的缺点有（ ）。

（A）需要市场主体对电力电量平衡负责，对市场主体的要求较高

（B）对可用输电容量计算和及时信息披露的要求较高

（C）对于电网调度机构的市场组织能力和电力监管机构的监管能力要求较高，对市场主体自平衡能力要求较低，易于操作

（D）市场风险较高，需提供完备的市场风险规避手段

答案：AB

43．分散式市场的缺点包括（　　）。

（A）价格信号不完整，市场竞争不充分

（B）对市场主体要求高

（C）调度和交易机构关系复杂

（D）电网安全稳定运行压力大

答案：ABCD

44．负荷预测指根据电网运行特性，综合（　　）因素，对电力调度机构所辖电网未来特定时刻或时段的负荷需求进行预测的行为。

（A）自然条件　　　　（B）天气预报　　　　（C）来水情况　　　　（D）经济状况

答案：ABCD

45．各国电价核定遵循的基本原则包括（　　）。

（A）成本补偿　　　　（B）合理报酬　　　　（C）公平负担　　　　（D）价格优先

答案：ABC

46．关于发电企业的成本，下列说法正确的有（　　）。

（A）短期内，随着发电量的增加，发电企业的平均不变成本（AFC）会变得越来越小

（B）不同发电机组的变动成本随机组出力变化的特性是不同的

（C）在发电企业长期平均成本（LAC）曲线下降的阶段，长期平均成本（LAC）曲线是各条短期平均成本（SAC）曲线最低点的连线

（D）发电企业的短期边际成本是发电企业额外增加一单位出力引起的总成本增加量，也是发电企业额外一单位出力所引起的变动成本增加量

答案：ABD

47．关于需求响应启动条件，以下说法正确的是（　　）。

（A）当电网备用容量不足或局部负荷过时，启动紧急型削峰需求响应

（B）当用电负荷水平较低，电网调峰能力不能适应峰谷差及可再生能源波动性、间歇性影响，难以保证电网安全稳定运行时，启动紧急型填谷需求响应

（C）当客户有较强的削峰能力且现货市场价格高于客户预期时，可参与经济型削峰需求响应

（D）当客户有较强的填谷能力且可再生能源消纳存在临时性困难时，可参与经济型填谷需求响应

答案：ABCD

48．国际上输配电价的主要定价方法有（　　）。

（A）邮票法　　　（B）兆瓦千米法　　　（C）边界潮流法　　　（D）边际成本法

答案：ABCD

49．基于电力系统的不同状态，扰动可能表现为以下（　　）形式。

（A）网络中某条支路停用后，该支路承载的潮流会在其他部分重新分配

（B）发电设备启动失败

（C）发电机或无功补偿设备突然停运时，系统可能会缺少无功支持

（D）过载严重的线路故障，使发电和负荷不平衡

答案：ACD

50．基于激励的需求响应是直接采用激励的方式来激励和引导用户参与各种系统所需要的负荷削减，包括（　　）等。

（A）紧急需求响应计划　　　　　　（B）旋转备用和非旋转备用计划

（C）需求侧竞价　　　　　　　　　（D）调频服务

答案：ABCD

51．假设系统中存在 A、B 两个节点，节点电价分别为 0.3 元/kWh 和 0.6 元/kWh，节点负荷分别为 100MWh 和 200MWh，G1 机组在 A 节点，G2 机组在 B 节点，G1、G2 机组均在电能量市场中标，则（　　）。

（A）用户的结算价格为 0.45 元/kWh

（B）G1 机组结算价格为 0.3/kWh

（C）B 节点用户结算价格为 0.6 元/kWh

（D）G2 机组结算价格为 0.6/kWh

答案：BD

52．鉴于现阶段储能容量相对较小，鼓励独立储能签订（　　）、（　　）时段市场合约，发挥（　　）作用。

（A）顶峰　　　（B）低谷　　　（C）移峰填谷　　　（D）顶峰压谷

答案：ABC

53．交流安全校核的边界条件包括（　　）。

（A）电网模型　　　（B）检修计划　　　（C）发电计划　　　（D）联络线计划

答案：ABCD

54．交易对象主要表现在电力金融衍生品方面，目前常见的电力衍生品合约主要有（　　）等。

(A) 电力期货合约   (B) 电力期权合约

(C) 电力差价合约   (D) 电力远期合约

答案：ABCD

55．交易模式上，欧洲较为常用的采购模式包括（　　）。

(A) 一次采购型非捆绑 GO   (B) 供应合同型非捆绑 GO

(C) 长期购电协议（PPA）   (D) 绿色电力供应

答案：ABCD

56．节点边际电价计算应包含（　　）。

(A) 发电边际成本 (B) 输电成本 (C) 输电阻塞成本 (D) 损耗

答案：ACD

57．经济交易双方对相关信息的了解和掌握不一样多，可能导致（　　）。

(A) 道德风险   (B) 逆向选择   (C) 垄断   (D) 外部性

答案：AB

58．决定市场竞争程度的因素包括（　　）。

(A) 卖者和买者的集中程度或数目

(B) 不同卖者之间各自提供的产品的差别程度

(C) 单个厂商对市场价格控制的程度

(D) 厂商进入或退出一个行业的难易程度

答案：ABCD

59．决定市场类型划分标准的因素主要有（　　）。

(A) 市场内厂商的数目

(B) 厂商所生产的产品的差异程度

(C) 多个厂商对市场价格的控制程度

(D) 厂商进入或退出一个市场的难易程度

答案：ABD

60．开展中长期分时段交易可以达到的目的（　　）。

(A) 火电企业可以分时段自由控制自己的持仓量

(B) 用户侧在现货市场中不再执行峰谷

(C) 用户侧（含售电）可以根据自身曲线特性自由参与分时价格博弈，进一步发现分
  时价格信号

（D）通过在中长期分时交易中实行集中竞价和滚动撮合，可有效避免市场主体线下交易产生的价格失真问题，促进市场公开、公平

答案：ACD

61．可以按照用户不同的响应方式将电力市场下的需求侧响应（DR）划分为以下两种类型：基于（　）的 DR 和基于（　）的 DR。

（A）价格　　　　　　（B）需求　　　　　　（C）电费　　　　　　（D）激励

答案：AD

62．跨国输电通道的输电阻塞管理方式有（　）。

（A）再调度

（B）通过平衡机制利用市场成员的调整报价进行发电出力的调整

（C）输电容量显式拍卖法

（D）输电容量隐式拍卖法

答案：CD

63．垄断竞争厂商处于长期均衡时，（　）。

（A）价格高于 LAC

（B）超额利润=0

（C）主观需求曲线的弹性小于实际需求曲线

（D）价格高于边际成本

答案：BD

64．美国 PJM 电力市场评价模型中，下列属于市场绩效评价指标的是（　）。

（A）市场出清价格　　　　　　　　　（B）系统负荷需求

（C）日前市场价格与边际成本比　　　　（D）市场主体税收

答案：ABC

65．美国 PJM 市场中，补偿费用主要包括（　）。

（A）安全约束补偿　　　　　　　　　（B）辅助服务补偿

（C）运行成本上抬费用补偿　　　　　　（D）机会成本补偿

答案：BCD

66．目前我国现货试点省份中，山东、山西火电企业的出清价格下限分别为（　）、（　）。

（A）10　　　　　　（B）−100　　　　　　（C）−80　　　　　　（D）0

答案：BD

67．欧洲统一电力市场建设主要包括（　）。

（A）跨国双边物理合约　　　　　　　　（B）日前市场

（C）日内市场　　　　　　　　　　（D）辅助服务与实时平衡市场

答案：ABCD

68. 欧洲统一电力市场日前电力市场耦合基本原理描述正确的是（　　）。

（A）实际跨境传输通道的传输能力一定大于该通道的 ATC

（B）当连接市场 A 与市场 B 的输电通道未发生阻塞时，两批发市场的成交价格相等，但一般实际各市场成交价格不同

（C）当连接市场 A 与市场 B 的输电通道发生阻塞时，市场 A 与市场 B 的成交价格不相等，电力由价格较低价区向价格较高价区流向

（D）由输电运营商向电力交易机构发布跨境传输通道的 ATC，相应市场的市场成员各自报价，使用该传输容量作为约束进行统一优化出清，得到各自市场的成交电量及价格

答案：BD

69. 频率变动的影响有（　　）。

（A）电机的转速发生变化，影响产品质量　　（B）影响电子设备工作的准确度

（C）改变无功损耗　　　　　　　　　　　　（D）频率过低，甚至会引起系统瓦解

答案：ABCD

70. 企业经营者的目标是追求利润最大化，在市场信息不完全的条件下，企业为了长期生存可采取的经验做法有（　　）。

（A）实现销售收入最大化　　　　　　（B）市场份额最大化

（C）追求利润最大化　　　　　　　　（D）仅增加市场商品的供应量

答案：AB

71. 确定电力系统备用容量主要考虑（　　）。

（A）发电成本　　　　　　　　　　　（B）发电机组故障

（C）用电设备故障　　　　　　　　　（D）电力需求增加

答案：BD

72. 容量电费在操作上有（　　）难点。

（A）没有合适的方法确定容量电费的总额

（B）对系统可靠性的影响

（C）有关的绩效指标

（D）无法准确确定每台机组支付的费用

答案：AD

73. 容量市场在实际实施时,需要考虑以下( )问题。

(A)容量价格形成机制 （B）市场的时段划分

(C)容量评估方法 （D）对于不履行义务者的惩罚方法

答案：ABD

74. 设某商品市场需求函数为 $D=12-2P$,供给函数为 $S=2P$,均衡价格和均衡产量各是多少( )。

(A) $P=3$ （B） $P=6$ （C） $Q=3$ （D） $Q=6$

答案：AD

75. 市场化电量大规模扩大,新能源电量占比提升,系统运行压力增大,导致( )问题开始显现。

(A)电网安全 （B）阻塞 （C）电量匹配 （D）不平衡资金

答案：ABCD

76. 受阻容量主要考虑受( ),以及水电站来水等因素的影响,非停容量按历史平均水平考虑。计划检修容量按照月度最大检修容量计算。

(A)供热 （B）煤质 （C）真空低 （D）燃气量

答案：ABCD

77. 售电公司的售电成本包括( )。

(A)支付给发电商的购电费用 （B）阶梯电价

(C)输配电费用 （D）向终端用户销售电能的成本

答案：ACD

78. 输电服务要完成( )。

(A)销售服务 （B）输送服务 （C）辅助服务 （D）管理服务

答案：BCD

79. 双边电力库的基本运营模式可以总结为( )。

(A)根据发电公司提供发电报价,建立供应曲线

(B)根据用户投标价格,建立需求曲线

(C)建立市场均衡点,即供应曲线和需求曲线的交点

(D)按照边际价格出清

答案：ABCD

80. 随着我国电力体制改革的逐步推进,我国调峰服务的发展基本上可以分为( )、( )和( )三个主要阶段。

(A)无偿提供 （B）计划补偿 （C）计划分配 （D）市场化探索

答案：ABD

81． 调节性能目前考虑（ ）等因素的综合体现。

（A）调节速率 （B）调节精度 （C）响应时间 （D）稳定时间

答案：ABC

82． 通过电力体制改革，在发电方面，组建了（ ）、（ ）、（ ）的发电企业。

（A）多层面 （B）多种所有制 （C）多区域 （D）多属性

答案：ABC

83． 完成可再生能源消纳量的方式有（ ）。

（A）资助可再生能源企业 （B）实际消纳可再生能源电量

（C）向市场主体购买其超额消纳量 （D）购买可再生能源绿色电力证书

答案：BCD

84． 完全竞争市场存在条件包括（ ）。

（A）市场上有许多生产者和消费者 （B）商品同质，不存在产品差别

（C）资源自由流动 （D）市场信息畅通

答案：ABCD

85． 完全竞争市场优点包括（ ）。

（A）供给与需求相等，不会有生产不足或过剩，需求得到满足

（B）长期均衡时，平均成本最低，要素作用最有效

（C）平均成本最低决定了产品价格最低，对消费者有利

（D）厂商平均成本最低，因此社会成本最低

答案：ABC

86． 完全垄断市场的假设条件包括（ ）。

（A）市场上只有唯一一个厂商生产和销售商品

（B）该厂商生产的商品没有任何接近的替代品

（C）其他厂商进入该行业都极为困难或不可能

（D）厂商提供过低的价格

答案：ABC

87． 完整的电力市场通常由多个部分（子市场）共同构成，子市场的集合即为电力市场体系。电力市场可以从不同的维度划分为不同的子市场，如（ ）等。

（A）交易时间 （B）交易品种 （C）市场性质 （D）交易数量

答案：ABCD

88． 网络分析软件是利用电力系统总体信息进行分析决策，主要有（ ）作用。

（A）状态估计 （B）潮流计算

（C）安全分析 （D）最优潮流分析

答案：ABCD

89．为了防止系统扰动对电力系统安全所带来的影响，系统人员应开展以下工作（ ）。

（A）经常检查设备是否在安全极限内 （B）周期性地通过计算分析事故

（C）经常性地调整发电设备负荷 （D）合理安排发电机组运行方式

答案：AB

90．我国电力现货市场建设首批试点区域包含（ ）。

（A）浙江 （B）山西 （C）湖北 （D）江西

答案：AB

91．以下属于《关于深化电力现货市场建设试点工作的意见》（发改办能源规〔2019〕828号）中要求的基本原则有（ ）。

（A）坚持市场主导 （B）坚持因地制宜

（C）坚持统筹有序 （D）坚持安全可靠

答案：ABCD

92．我国现阶段电力现货市场的作用和意义有（ ）。

（A）发现价格、激励响应 （B）促进竞争、优化配置

（C）降低价格 （D）提高价格

答案：AB

93．下列（ ）属于电力市场强壁垒性的表现。

（A）发、输、配、售同时性 （B）资金、技术密集性

（C）区域性 （D）不可储存性

答案：ABC

94．下列关于容量成本回收机制表述正确的是（ ）。

（A）大体可归纳为稀缺定价机制容量市场和容量成本补充机制

（B）稀缺定价机制主要适用于社会对高电价风险承受力强的地区

（C）容量市场机制主要适用于电力市场发展初期，经济社会和金融市场仍欠发达地区

（D）容量成本补充机制主要适用于电能量市场发展已经相对完善的地区

答案：AB

95．下列有关正常物品的价格变化说法正确的是（ ）。

（A）替代效应呈反向变化 （B）收入效应呈反向变化

（C）总效应呈反向变化 （D）总效应呈正向变化

答案：ABC

96．下面（　）是影响电力需求的主要因素。

（A）电价 　　　　（B）电力投资 　　　　（C）供电电压等级 　　　（D）替代能源

答案：ABD

97．下面（　）属于需求侧管理的措施。

（A）削峰、填谷 　　　（B）可中断负荷 　　　（C）节能 　　　　　（D)负荷功率控制

答案：ABCD

98．现阶段，电力批发市场采用（　）与（　）相结合的市场架构。

（A）中长期电能量市场 　　　　　　　　（B）现货电能量市场

（C）电能量市场 　　　　　　　　　　　（D）辅助服务市场

答案：CD

99．新一代电力交易平台探索研究区块链技术与电力市场交易的融合应用，重点分析（　）等应用场景。

（A）虚拟电厂 　　　　　　　　　　　　（B）分布式交易

（C）清洁能源消纳配额制 　　　　　　　（D）零售市场管理

答案：ABCD

100．以下（　）因素可能会影响电厂投资决策过程中长期边际成本和销售价格预测。

（A）发电技术的进步 　　　　　　　　　（B）建造工期延长

（C）燃料价格波动 　　　　　　　　　　（D）负荷需求变化

答案：ABCD

101．以下关于发电企业的短期成本的说法中，错误的有（　）。

（A）短期边际成本一定高于平均曲线

（B）平均固定成本不会随着发电量的变动而变动

（C）某出力水平下的边际成本就是相应的总成本曲线的斜率

（D）某出力水平下的边际成本就是相应的总成本曲线的斜率

答案：AB

102．以下关于负荷特性描述正确的有（　）。

（A）日负荷曲线是描述一日内电力负荷随时间变化的曲线

（B）年持续负荷曲线主要用于电力系统安全经济调度、电力市场仿真分析等

（C）长期负荷预测主要用于电网安全分析和调度运行等

（D）不同行业类型用户的负荷特性存在较大差异

答案：AD

103．以下哪些属于发达国家的电力市场改革的首要目标（　）。

（A）吸引电力投资 　　　　　　　　　　（B）降低电价

（C）提升电力工业效率 （D）为客户供应更多项选择

答案：BCD

104．以下哪些属于全国性联网获得的效益（ ）。

（A）大规模开发利用西部的水电和煤炭资源

（B）各地域电网形成互补效益

（C）东西部时差效益

（D）南北部温差效益

答案：ABCD

105．以下哪些属于早期英国电力市场所获得的成功（ ）。

（A）加强了电网的输电能力 （B）工业用户和家庭用户的电价降落

（C）少量发电企业不可以操控市场 （D）鼓励发电厂进入市场

答案：ABD

106．以下哪些属于造成加州电力市场危机的缘由（ ）。

（A）电力市场容量建设不足 （B）水电遇到天气的影响

（C）电力市场电价的结构性不合理 （D）发电商的谋利行为

答案：ABCD

107．以下（ ）会导致电力的供给曲线向右移动。

（A）电力的价格上升 （B）发电机组通过技改提升了效率

（C）新的发电机组建成并网发电 （D）煤炭运输价格的上升

答案：BC

108．以英国、北欧等为代表的电力市场中，通过"平衡机制"来解决市场成员实际的发、用电量与合约电量的差别，市场成员的不平衡电量按照不平衡机制进行结算。其中，平衡机制与实时市场方式的差别主要在（ ）方面。

（A）产品的生产方式 （B）产品的定义不同

（C）产品的运输方式 （D）产品的定价方式

答案：BD

109．影响缺电成本的主要因素有（ ）。

（A）缺电次数 （B）用户对电力供应的依赖程度

（C）电价 （D）停电持续时间

答案：ABD

110．影响一个国家（或地区）电力需求的因素包括（ ）。

（A）该国家的经济发展水平 （B）该国家所处的气候环境

（C）该国家的城镇化、电气化水平 （D）该国家的总发电装机规模

答案：ABC

111．在储能参与辅助服务市场的商业模式中，储能参与的形式包括（ ）。

（A）与传统并网发电厂联合参与 （B）与新能源发电站联合参与

（C）由综合能源服务聚合商集成参与 （D）作为独立主体参与

答案：ABCD

112．在电力市场双边交易中，电子交易方式的特点为（ ）。

（A）在计算机化的市场环境 （B）购、售双方通过报价成交

（C）电能的数量和价格公开的 （D）报价和投标参与者是匿名的

答案：ABCD

113．在电力市场中导致尖峰价格的根本原因是（ ）。

（A）辅助服务的提供者在一段很短时间内很少

（B）电力系统输电线路出现故障

（C）用户不能或者不愿意在接到通知后马上减负荷

（D）用电负荷突增

答案：AC

114．在电力现货市场中，信用管理对象主要包括（ ）。

（A）发电企业 （B）输电企业 （C）供电企业 （D）电力交易机构

答案：ABCD

115．在集中式现货市场运营模式中，系统运营商需要综合的信息有（ ）。

（A）超短期负荷预测 （B）增加发电或减少需求的报价

（C）增加的需求或减少发电的投标 （D）发电商和用户的合同状况

答案：ABC

116．在进行发电容量投资分析需要考虑的因素有（ ）。

（A）新建发电容量 （B）发电容量退役

（C）需求周期性波动的影响 （D）发电设备的可靠性

答案：ABC

117．在欧洲实行平衡机制的市场中，对不平衡的结算有不同的方法。根据上调服务和下调服务价格的异同，可分为（ ）。

（A）单结算机制 （B）双结算机制

（C）边际结算机制 （D）核心结算机制

答案：AB

118. 在现货市场中，因（　　）要求，部分发电机组在某些时段必须并网发电，这类机组成为必开机组。

(A) 机组调试　　　　　　　　　　　　(B) 电网安全约束

(C) 民生供热保障　　　　　　　　　　(D) 政府要求

答案：BCD

119. 在制定备用服务分类标准时，应主要参考（　　）。

(A) 响应速率和速度　　　　　　　　　(B) 输电线路容量

(C) 机组容量　　　　　　　　　　　　(D) 备用响应所能维持的时间长度

答案：AD

120. 在阻塞问题严重的电力市场中，再调度法可能会对（　　）带来负面影响。

(A) 短期竞价　　　　　　　　　　　　(B) 长期竞价

(C) 短期投资决策　　　　　　　　　　(D) 长期投资决策

答案：AD

121. 最高限价下的供不应求会导致（　　）。

(A) 短缺增加　　　　　　　　　　　　(B) 消费者排队抢购不变

(C) 黑市交易盛行　　　　　　　　　　(D) 产品质量下降，形成变相降价

答案：ABCD

第三章 市场法规与政策要求部分

一、单选题

1. （ ）负责电力辅助服务的监督与管理。

(A) 国家能源局及其派出机构 　　　　(B) 当地电力主管部门

(C) 交易中心 　　　　(D) 电网企业调度机构

答案：A

2. （ ）负责绿证核发工作，建设全国绿证交易平台，组织实施绿证自愿认购交易。

(A) 国家可再生能源信息管理中心 　　　　(B) 国家能源局

(C) 地方交易中心 　　　　(D) 北京电力交易中心

答案：A

3. （ ）负责售电公司信用档案的日常管理。

(A) 电力交易中心 　　(B) 电网企业 　　(C) 省能源局 　　(D) 省能监办

答案：A

4. （ ）负责制定可再生能源电力证书的认定、核发、交易、考核办法。

(A) 交易机构 　　　　(B) 国家能源部门

(C) 调度机构 　　　　(D) 电网企业

答案：B

5. （ ）内的可再生能源发电执行政府定价。

(A) 保障利用小时 　　　　(B) 合理利用小时

(C) 全周期利用小时 　　　　(D) 实际利用小时

答案：A

6. （ ）派出机构和地方政府电力管理部门根据职能依法履行省（区、市）电力中长期交易监管职责。

(A) 国家发改委 　　(B) 国家能源局 　　(C) 省能源局 　　(D) 能监办

答案：B

7. 《"十四五"可再生能源发展规划》（发改能源〔2021〕1445号）中提到，2025年，可再生能源消费总量达到（　）t标准煤左右。"十四五"期间，可再生能源在一次能源消费增量中占比超过（　）。

（A）8亿，50%　　　（B）10亿，50%　　　（C）10亿，55%　　　（D）8亿，55%

答案：B

8.《"十四五"可再生能源发展规划》（发改能源〔2021〕1445号）中提到，2025年，全国可再生能源电力总量消纳责任权重达到（　）左右，可再生能源电力非水电消纳责任权重达到（　）左右，可再生能源利用率保持在合理水平。

（A）30%，15%　　　（B）33%，18%　　　（C）40%，20%　　　（D）30%，18%

答案：B

9.《中华人民共和国电力法》（中华人民共和国主席令第二十三号）规定的销售电价定价原则是对（　）用户执行相同电价标准。

（A）同一电网内的同一电压等级、不同用电类别

（B）不同电网内的同一电压等级、同一用电类别

（C）同一电网内的不同电压等级、同一用电类别

（D）同一电网内的同一电压等级、同一用电类别

答案：D

10.《电力辅助服务管理办法》（国能发监管规〔2021〕61号）中规定，并网主体参与有偿电力辅助服务时，应根据其提供电力辅助服务的种类和性能，或对不同类型电力辅助服务的差异化需求及使用情况，制定（　）化补偿或分摊标准。

（A）统一　　　　　（B）差异　　　　　（C）详细　　　　　（D）科学

答案：B

11.《关于印发电力体制改革配套文件的通知》（发改经体〔2015〕2752号）指出，交易机构应具有与履行交易职责相适应的人、财、物，日常管理运营（　）。

（A）接受市场主体干预，接受政府监管　　（B）不受市场主体干预，不受政府监管

（C）不受市场主体干预，接受政府监管　　（D）受市场主体干预，不受政府监管

答案：C

12.《关于印发电力体制改革配套文件的通知》（发改经体〔2015〕2752号）指出，交易机构应具有与履行交易职责相适应的人、财、物，日常管理运营不受（　）干预，接受政府监管。

（A）市场主体　　　（B）电网　　　　　（C）政府　　　　　（D）调度机构

答案：A

13.《关于印发电力体制改革配套文件的通知》（发改经体〔2015〕2752 号）中，电力交易机构组建和规范运行的基本原则不包括（　　）。

（A）平稳起步，有序推进　　　　　　　（B）统一原则，因地制宜

（C）相对独立，依规运行　　　　　　　（D）依法监管，保障公平

答案：B

14.《关于加快推进电力现货市场建设工作的通知》（发改办体改〔2022〕129 号）中规定，现货试点地区逐步建立"（　　）"的市场机制，在高比例签订中长期合约的基础上，市场主体可根据实际情况灵活确定年度中长期合约电量比例。

（A）长协定价、现货定量　　　　　　　（B）发电定量、用户定价

（C）发电定价、用户定量　　　　　　　（D）长协定量、现货定价

答案：D

15. 国家发展改革委《关于进一步深化燃煤发电上网电价市场化改革的通知》（发改价格〔2021〕1439 号），扩大市场交易电价上下浮动范围。将燃煤发电市场交易价格浮动范围由现行的上浮不超过（　　）、下浮原则上不超过（　　），扩大为上下浮动原则上均不超过（　　），高耗能企业市场交易电价不受上浮（　　）限制。电力现货价格不受上述幅度限制。

（A）10%，15%，20%，20%　　　　　　（B）10%，10%，20%，20%

（C）10%，15%，20%，10%　　　　　　（D）10%，15%，20%，30%

答案：A

16.《关于进一步深化燃煤发电上网电价市场化改革的通知》（发改价格〔2021〕1439 号）明确，要推动工商业用户都进入市场（　　）。

（A）各地要取消工商业目录销售电价，现有工商业用户全部进入电力市场，按照市场价格购电

（B）目前尚未进入市场的用户，1kV 及以上的用户要全部进入，其他用户也要尽快进入

（C）对暂未直接从电力市场购电的用户由电网企业代理购电，代理购电价格主要通过场内集中竞价或竞争性招标方式形成，首次向代理用户售电时，至少提前 15 个工作日通知用户

（D）已参与市场交易、改为电网企业代理购电的用户，其价格按电网企业代理其他用户购电价格的 1.5 倍执行

答案：D

17.《关于进一步推动新型储能参与电力市场和调度运用的通知》（发改办运行〔2022〕475 号）中提出：各地要根据电力供需实际情况，适度（　　）峰谷价差，根据各地实际情况鼓励进一步（　　）电力中长期市场、现货市场上下限价格。

（A）拉大，缩小　　　　　　　　　　　（B）拉大，拉大

（C）缩小，拉大 　　　　　　　　　　（D）缩小，缩小

答案：B

18.《关于进一步做好电力现货市场建设试点工作的通知》（发改办体改〔2021〕339号）中提出，鼓励新能源项目与电网企业、用户、售电公司通过签订（　）差价合约参与电力市场。

（A）超短期 　　　　　　　　　　　　（B）短周期（如 1～3 年）

（C）中周期（如 8～10 年） 　　　　　（D）长周期（如 20 年及以上）

答案：D

19.《关于进一步做好电力现货市场建设试点工作的通知》（发改办体改〔2021〕339 号）中提出，引导新能源项目（　）的预计当期电量通过市场化竞争上网，市场化交易部分可不计入全生命周期保障收购小时数。

（A）10% 　　　　（B）20% 　　　　（C）30% 　　　　（D）40%

答案：A

20.《关于进一步做好电力现货市场建设试点工作的通知》（发改办体改〔2021〕339 号）引导新能源项目（　）的预计当期电量通过市场化交易竞争上网。

（A）5% 　　　　（B）10% 　　　　（C）15% 　　　　（D）20%

答案：B

21.《关于全面放开经营性电力用户发用电计划的通知》（发改运行〔2019〕1105 号）中明确，积极支持中小用户由（　）代理参加市场化交易。

（A）电网企业 　　（B）发电企业 　　（C）售电公司 　　（D）政府部门

答案：C

22.《关于全面放开经营性电力用户发用电计划的通知》（发改运行〔2019〕1105 号）中明确，中小用户需与电网企业签订（　），明确有关权责义务。

（A）供电合同 　　（B）供用电合同 　　（C）用电合同 　　（D）收费合同

答案：B

23.《关于全面放开经营性电力用户发用电计划的通知》（发改运行〔2019〕1105 号）中明确，中小用户需与售电公司签订（　），明确有关权责义务。

（A）代理购电合同 　　　　　　　　　（B）代理交易合同

（C）购电合同 　　　　　　　　　　　（D）交易合同

答案：A

24.《关于全面放开经营性电力用户发用电计划的通知》（发改运行〔2019〕1105 号）中明确针对选择参与市场化交易但无法与发电企业达成交易意向的中小用户，过渡期内执

行（ ）购电方式，过渡期后执行其他市场化购电方式。

(A) 原有 　　　　(B) 市场化 　　　　(C) 非市场化 　　　　(D) 保底

答案：A

25. 《关于深化电力现货市场建设试点工作的意见》（发改办能源规〔2019〕828 号）中指出，要合理选择现货市场价格形成机制，对于电网阻塞线路少、阻塞成本低的地区，可选择分区边际电价或（ ）机制。

(A) 统一结算电价 　　　　　　　　(B) 节点边际电价

(C) 不分区边际电价 　　　　　　　(D) 系统边际电价

答案：D

26. 《关于深化燃煤发电上网电价形成机制改革的指导意见》（发改价格规〔2019〕1658 号）中，对于（ ）机组利用小时严重偏低的省份，可建立容量补机制，容量电价和电量电价通过市场化方式形成。

(A) 新能源 　　　　(B) 核电 　　　　(C) 水电 　　　　(D) 燃煤

答案：D

27. 《关于深化燃煤发电上网电价形成机制改革的指导意见》（发改价格规〔2019〕1658 号）中，各地要坚持（ ）方向，按照国家制定的市场规则和运营规则来开展市场建设和电力交易，对用户和发电企业准入不得设置不合理门槛，在交易组织、价格形成等过程中，不得进行不当干预。

(A) 政策 　　　　(B) 市场化 　　　　(C) 非市场 　　　　(D) 资本化

答案：B

28. 《关于深化燃煤发电上网电价形成机制改革的指导意见》（发改价格规〔2019〕1658 号）中，居民、农业用电电量，以及不具备市场交易条件或没有参与市场交易的工商业用户电量，由电网企业保障供应，主要通过优先发电计划保障，不足部分由所有参与电力市场的发电企业机组（ ）保障。

(A) 全额 　　　　(B) 按合约 　　　　(C) 等比例 　　　　(D) 定额

答案：C

29. 《关于印发电力体制改革配套文件的通知》（发改经体〔2015〕2752 号）中《关于推进售电侧改革的实施意见》要求，在具备条件的地区逐步建立以中长期交易为主、现货交易为补充的市场化电力、电量平衡机制，逐步建立以中长期交易规避风险，以现货市场发现价格，交易品种齐全、（ ）的电力市场。

(A) 竞争充分 　　　　(B) 开放有序 　　　　(C) 健康发展 　　　　(D) 功能完善

答案：D

30. 根据《关于印发电力体制改革配套文件的通知》（发改经体〔2015〕2752 号）中《关于推进售电侧改革的实施意见》，鼓励以（　　）方式发展配电业务。

（A）公有制　　　　　（B）私有制　　　　　（C）混合所有制　　　　　（D）集体所有制

答案：C

31. 根据《关于印发电力体制改革配套文件的通知》（发改经体〔2015〕2752 号）中《关于推进售电侧改革的实施意见》，鼓励以混合所有制方式发展（　　）业务。

（A）售电　　　　　（B）发电　　　　　（C）输电　　　　　（D）配电

答案：D

32. 《关于组织开展电网企业代理购电工作有关事项的通知》（发改办价格〔2021〕809 号）明确，（　　）。

（A）取消工商业目录销售电价后，1kV 及以上用户原则上要直接参与市场交易，暂无法直接参与市场交易的可由电网企业代理购电

（B）仅需要对保障居民（含执行居民电价的学校、社会福利机构、社区服务中心等公益性事业用户，下同）的用电量规模单独预测

（C）为保障居民、农业用户用电，可让保量保价的优先发电电量应略大于保障居民、农业用户用电和代理工商业用户购电规模

（D）各地要推进放开发电计划，推动更多工商业用户直接参与电力市场交易

答案：D

33. 《关于组织开展电网企业代理购电工作有关事项的通知》（发改办价格〔2021〕809 号）自印发之日起执行，暂定有效期（　　）。

（A）2022 年 12 月 31 日　　　　　（B）2023 年 1 月 1 日

（C）3 年　　　　　（D）5 年

答案：A

34. 《关于组织开展电网企业代理购电工作有关事项的通知》（发改办价格〔2021〕809 号）中，自 2022 年 1 月起，电网企业通过参与场内集中交易的方式代理购电，以（　　）方式参与市场出清。

（A）报量报价　　　　　（B）报量不报价　　　　　（C）报量竞价　　　　　（D）不报量报价

答案：B

35. 《中华人民共和国保守国家秘密法》（中华人民共和国主席令第二十号）对违法人员的量刑标准是（　　）。

（A）国家机关工作人员违反保护国家秘密的规定，故意或者过失泄露国家秘密，情节严重的，处三年以下有期徒刑或者拘役；情节特别严重的，处三年以上七年以下有期徒刑

（B）国家机关工作人员违反保护国家秘密的规定，故意或者过失泄露国家秘密，情节严重的，处四年以下有期徒刑或者拘役；情节特别严重的，处四年以上七年以下有期徒刑

（C）国家机关工作人员违反保护国家秘密的规定，故意或者过失泄露国家秘密，情节严重的，处五年以下有期徒刑或者拘役；情节特别严重的，处五年以上七年以下有期徒刑

（D）国家机关工作人员违反保护国家秘密的规定，故意或者过失泄露国家秘密，情节严重，处七年以下有期徒刑或者拘役；情节特别严重的，处七年以下有期徒刑

答案：A

36.《关于进一步加快电力现货市场建设工作的通知》（发改办体改〔2023〕813 号）指出全面推进电力现货市场建设，形成有效市场价差，反映电能供需关系，做到电价（　　）。

（A）降低　　　　　（B）能升能降　　　　（C）平稳　　　　（D）合理

答案：B

37.《中华人民共和国节约能源法》所指节约能源，是指加强用能管理，采取技术上可行、经济上合理及环境和社会可以承受的措施，从能源（　　），降低消耗、减少损失和污染物排放、制止浪费，有效、合理地利用能源。

（A）转换到使用的各个环节　　　　　　（B）运输到消费的各个环节

（C）消费到回收的各个环节　　　　　　（D）生产到消费的各个环节

答案：D

38.《中华人民共和国节约能源法》指出：年综合能源消费总量（　　）标准煤以上的用能单位，国务院有关部门或省、自治区、直辖市人民政府管理节能工作的部门指定的年综合能源消费总量（　　）标准煤的用能单位均为重点用能单位。

（A）1 万 t；5000t 以上不满 1 万 t

（B）15 万 t；1 万 t 以上不满 15 万 t

（C）2 万 t；15 万 t 以上不满 2 万 t

（D）1 万 t；3000t 以上不满 1 万 t

答案：A

39.《进一步完善分时电价机制的通知》（发改价格〔2021〕1093 号）明确"建立尖峰电价机制：（　　）。"

（A）尖峰时段根据前两年当地电力系统最高负荷 90%及以上用电负荷出现的时段合理确定，并考虑当年电力供需情况、天气变化等因素灵活调整

（B）尖峰电价在峰段电价基础上上浮比例原则上不低于 30%

(C) 强化尖峰电价、深谷电价机制与电力需求侧管理政策的衔接协同，充分挖掘需求侧调节能力

(D) 建立尖峰电价机制的同时，还应建立深谷电价机制

答案：C

40.《售电公司管理办法》（发改体改规〔2021〕1595 号）中，各电力交易机构按照"（ ）"原则，统一售电公司注册服务流程、服务规范、要件清单、审验标准等，明确受理期限、接待日、公示日。

(A) 一地注册，信息共享   (B) 一地注册，一地交易

(C) 统一标准，统一流程   (D) 统一标准，信息共享

答案：A

41.《售电公司管理办法》（发改体改规〔2021〕1595 号）中，因触发保底服务对批发合同各方、电力用户造成的损失由拟退出的（ ）承担。

(A) 用户   (B) 售电公司   (C) 发电企业   (D) 电网公司

答案：B

42.《中华人民共和国保守国家秘密法》（中华人民共和国主席令第二十号）第二章规定了国家秘密的范围和密级，国家秘密的密级分为（ ）。

(A) "普密"和"商密"两个级别

(B) "低级"和"高级"两个级别

(C) "绝密""机密"和"秘密"三个级别

(D) "一密""二密""三密"和"四密"四个级别

答案：C

43.《中华人民共和国国家安全法》（中华人民共和国主席令第二十九号）第二十五条指出：国家建设网络与信息安全保障体系，提升网络与信息（ ）能力。

(A) 安全防护   (B) 安全保护   (C) 传输加密   (D) 认证加密

答案：B

44.《电力中长期交易基本规则》（发改能源规〔2020〕889 号）中，以下关于购售电合同签订说法错误的是（ ）。

(A) 购售电合同应明确购电方，售电方、输电方、偏差电量计量、资金往来信息等内容

(B) 电力交易机构出具的电子交易确认单不作为执行依据

(C) 电子合同与纸质合同具备同等效力

(D) 购售电合同原则上应当采用电子合同签订

答案：B

45．2006 年《中华人民共和国可再生能源法》实施以来，中国的可再生能源在政策支持下迅猛发展，成为推动（　　）和（　　）的重要力量。

（A）能源革命，能源清洁化
（B）能源革命，能源结构转型
（C）可再生能源，能源清洁化
（D）可再生能源，能源结构转型

答案：A

46．2019 年 6 月，国家发改委印发《关于全面放开经营性电力用户发用电计划的通知》（发改运行〔2019〕1105 号），文件中提出经营性电力用户为（　　）。

（A）居民用户
（B）大工业用户
（C）公益性服务行业用户
（D）农业用户

答案：B

47．按照《关于加快建设全国统一电力市场体系的指导意见》（发改体改〔2022〕118 号），以下不属于构建适应新型电力系统的市场机制的措施是（　　）。

（A）提升电力市场对高比例新能源的适应性
（B）培育多元竞争的市场主体
（C）因地制宜建立发电容量成本回收机制
（D）探索开展绿色电力交易

答案：B

48．按照《关于印发可再生能源电价附加资金管理办法的通知》（财建〔2020〕5 号）规定，纳入可再生能源发电补贴清单范围的项目，风电、光伏发电项目自并网之日起满（　　）年后，无论项目是否达到全生命周期补贴电量，不再享受中央财政补贴资金，核发绿证准许参与绿证交易。

（A）15　　　　　　（B）16　　　　　　（C）20　　　　　　（D）25

答案：C

49．按照《售电公司管理办法》（发改体改规〔2021〕1595 号），售电公司可以自愿退出售电市场，并提前（　　）个工作日向响应的电力交易机构提出退出申请。

（A）10　　　　　　（B）20　　　　　　（C）30　　　　　　（D）45

答案：D

50．不属于承担可再生能源消纳责任的主体有（　　）。

（A）电网企业　　　（B）电力用户　　　（C）发电企业　　　（D）售电公司

答案：C

51．参与市场交易的用户购电价格组成中不包括（　　）。

（A）市场交易价格
（B）输配电价（含线损和交叉补贴）
（C）标杆上网电价
（D）政府性基金

答案：C

52. 参照《电力辅助服务管理办法》（国能发监管规〔2021〕61号），有偿辅助服务不包括（ ）。

(A) 自动发电控制   (B) 深度调峰

(C) 基本电力辅助服务   (D) 有偿无功支持

答案：C

53. 初期，在（ ）覆盖范围内开展省间现货试点。

(A) 国家电网有限公司和南方电力有限责任公司

(B) 南方有限公司和内蒙古电力有限责任公司

(C) 国家电网有限公司和内蒙古电力有限责任公司

(D) 国家电网有限公司、南方电力有限责任公司和内蒙古电力有限责任公司

答案：C

54. 除全生命周期合理利用小时数外，限制可再生能源补贴总额的条件为风电、光伏发电项目自并网（ ）年。

(A) 10   (B) 15   (C) 20   (D) 25

答案：C

55. 处于最小连续开机时间内的机组（ ）。

(A) 一定是价格接受者

(B) 在最小连续开机时间内出力固定为最小技术出力

(C) 仅中标最小技术出力时，为市场价格的接受者

(D) 实时发电计划执行偏差大于允许的最大偏差率时，不需要进行实时发电计划执行偏差考核

答案：C

56. 大部分省内现货市场为全电量交易，市场出清和安全校核迭代调整，保证市场出清结果满足（ ）安全约束。

(A) $N-2$ (B) $N-3$ (C) N (D) $N-1$

答案：D

57. 当机组由于提供备用导致其电能量边际成本低于市场的电能量边际价格，则应该向该机组支付（ ）。

(A) 机会成本   (B) 上抬成本   (C) 电能量成本   (D) 0

答案：A

58. 当两个发电单元排序价格相同时，优先出清的原则是（ ）。

(A) 优先出清性能指标值低的发电单元

(B) 优先容量大的发电单元

（C）优先出清调节速度快的发电单元

（D）优先出清性能指标值高的发电单元

答案：D

59．当年可再生能源电力消纳责任权重于每年（　）月底之前进行下达。

（A）1　　　　　　（B）2　　　　　　（C）3　　　　　　（D）4

答案：C

60．当市场主体交易行为存在较大风险时，（　）有权要求市场主体追加履约保函、履约保险。

（A）电网企业　　　　　　　　　　　（B）能源局

（C）能监办　　　　　　　　　　　　（D）电力交易机构

答案：D

61．当事人既约定违约金，又约定定金的，一方违约时，对方可以选择适用（　）。

（A）违约金　　　　　　　　　　　　（B）定金条款

（C）违约金和定金条款　　　　　　　（D）违约金或者定金条款

答案：D

62．当事人在订立合同过程中知悉的商业秘密或者其他应当保密的信息，（　）不得泄露或者不正当地使用；泄露、不正当地使用该商业秘密或者信息，造成对方损失的，应当承担赔偿责任。

（A）合同成立前　　　　　　　　　　（B）合同成立后

（C）无论合同是否成立　　　　　　　（D）合同解除前

答案：C

63．当系统运营商以签订合同的方式购买平衡资源时，应在合同中明确（　）。

（A）执行费　　　（B）响应时间　　　（C）响应速率　　　（D）调用容量

答案：A

64．当依据售电公司提供的履约保函额度确定的电量规模与依据其资产总额确定的允许售电量规模不一致时，按两者的（　）确定其售电规模限额。

（A）较小者　　　（B）较大者　　　　（C）平均值　　　　（D）保函额度

答案：A

65．电力交易机构按月汇总发电企业、电力用户、售电公司注册、变更、停牌和注销情况，通过（　）向省级政府主管部门和能源监管机构备案。

（A）书面形式　　　（B）口头形式　　　（C）交易系统　　　（D）用电系统

答案：C

66. 电力市场管理委员会是市场主体按（　　）推荐代表组成的自治性议事协调机构。

（A）规模大小　　　　（B）重要性　　　　（C）类别　　　　（D）绩效

答案：C

67. 电力市场管理委员会是市场主体按类别推荐代表组成的（　　）机构。

（A）自治性议事　　　　　　　　　　（B）自治性议事协调

（C）政府监督管理　　　　　　　　　（D）自治性交易

答案：B

68. 电力体制改革的实施使电网企业的收入来源不再是原来的上网电价和销售电价价差，而是按照政府核定的输配电价收取（　　）。

（A）过网费　　　　　　　　　　　　（B）附加费

（C）政府补贴　　　　　　　　　　　（D）过网费及附加费

答案：A

69. 电力调度机构应按规定公布电网输送能力及相关信息，负责预测和检测可能出现的阻塞问题，并通过市场机制进行必要的阻塞管理因阻塞管理产生的盈利或费用（　　）分担。

（A）按责任　　　　（B）按收益　　　　（C）按电量　　　　（D）按负荷

答案：A

70. 电力用户拥有储能，或者电力用户参加特定时段的（　　），由此产生的偏差电量，由电力用户自行承担。

（A）有序用电　　　　（B）供给侧响应　　　　（C）需求侧响应　　　　（D）电费结算

答案：C

71. 电网企业代理购电价格、代理购电用户电价应按月测算，并提前（　　）通过营业厅等线上线下渠道公布，于次月执行，并按用户实际用电量全额结算电费。

（A）5 日　　　　（B）5 个工作日　　　　（C）3 日　　　　（D）3 个工作日

答案：C

72. 电网企业应按（　　）将代理购电及变化情况上报价格主管部门。

（A）周　　　　（B）月度　　　　（C）季度　　　　（D）年度

答案：C

73. 电网企业应每季度第一个月（　　）日前向国家能源局及派出机构报送上一季度电网公平开放情况。

（A）5　　　　（B）10　　　　（C）15　　　　（D）20

答案：B

74. 电网企业与电力用户交易的保底价格在电力用户缴纳输配电价的基础上，按照政府核定的目录电价的（　）执行。保底价格具体水平由各省（区、市）价格主管部门按照国家确定的上述原则确定。

（A）1.1～2 倍　　　（B）1.2～2 倍　　　（C）1.3～2 倍　　　（D）1.4～2 倍

答案：B

75．电网实时运行中，当系统发生事故或紧急情况时，调度机构应按照（　）的原则处理。

（A）安全第一　　　　　　　　　（B）收益第一

（C）效率第一　　　　　　　　　（D）快速处理第一

答案：A

76．电网调度按照（　）开展。

（A）统一调度、分级管理　　　　（B）安全第一、预防为主

（C）公开、公平、公正　　　　　（D）公开、透明、公正

答案：A

77．电网调度工作的主要任务是坚持"（　）"的方针。

（A）安全第一，预防为主　　　　（B）公平、公正、公开

（C）增加保供优先　　　　　　　（D）电网安全运行

答案：A

78．对当事人利用合同实施危害国家利益、社会公共利益行为的，市场监督管理和其他有关（　）依照法律、行政法规的规定负责监督处理。

（A）行政部门　　　（B）行政主管部门　　　（C）司法部门　　　（D）执法部门

答案：B

79．对电网企业及电源项目业主，电网互联双方违反本办法的行为，任何单位和个人有权通过（　）能源监管热线等向国家能源局及其派出机构投诉和举报。

（A）12315　　　（B）12398　　　（C）12364　　　（D）12310

答案：B

80．发电企业（机组）以机组所在节点的（　）作为现货电能量市场价格。

（A）批发电价　　　（B）零售电价　　　（C）节点电价　　　（D）补贴电价

答案：C

81．辅助服务主要由（　）负责。

（A）配电公司　　　（B）调度机构　　　（C）售电公司　　　（D）发电公司

答案：B

82．各地保量保价的优先发电电量，（　）当地电网企业保障居民、农业用户用电和代

理工商业用户购电规模。

（A）不应少于　　　（B）不应超过　　　（C）应大致匹配　　　（D）应精准匹配

答案：B

83. 各地区结合电网安全、供需形势、电源结构等因素，科学安排本地优先发电电量，不得将（　）电量安排在指定时段内集中执行，也不得将上述电量作为调节市场自由竞争的手段。

（A）省内优先发电计划　　　　　　　（B）跨区跨省的政府间协议

（C）年度长协分月　　　　　　　　　（D）月度交易电量

答案：A

84. 根据《北京电力交易中心绿色电力交易实施细则（修订稿）》（京电交市〔2023〕44号），以下说法错误的是（　）。

（A）绿色电力证书是国家对发电企业每兆瓦时非水可再生能源上网电量颁发的具有唯一代码标识的电子凭证，作为绿色环境权益的唯一凭证

（B）已纳入国家可再生能源电价附加补助政策范围内的风电和光伏电量可自愿参与绿色电力交易，其绿色电力交易电量计入合理利用小时数，仍可领取补贴

（C）绿色电力交易组织方式主要包括双边协商和挂牌等

（D）"e-交易"电力市场服务平台作为绿色电力交易平台，支撑绿色电力交易组织开展

答案：B

85. 根据《电力需求侧管理办法（2023年版）》（发改运行规〔2023〕1283号），政府主管部门制定和下达本级电网企业年度电力电量节约指标，组织开展年度指标完成情况考核。要求当年电力、电量节约指标原则上不低于电网企业售电营业区内上年最大用电负荷的（　）、上年售电量的（　）。

（A）0.3%，0.3%　　（B）3%，0.3%　　（C）0.3%，3%　　（D）3%，3%

答案：A

86. 根据《电力中长期交易基本规则》（发改能源规〔2020〕889号）规定，不属于电网企业的权利和义务是（　）。

（A）保障电网及输配电设备安全稳定运行

（B）收取输配电费，代收代付电费和政府性基金及附加等

（C）预测非市场用户的电力、电量需求等

（D）按照规则组织电力市场交易，并负责交易合同的汇总管理

答案：D

87. 根据《电力中长期交易基本规则》（发改能源规〔2020〕889号）规定，参加市场

化交易的电力用户，允许在合同期满的（　　），按照准入条件参加批发或零售交易。

（A）下一个季度　　　（B）下一个月　　　（C）下一个年度　　　（D）本年度

答案：C

88．根据《电力中长期交易基本规则》（发改能源规〔2020〕889号）规定，无正当理由退市的市场主体，原则上原法人及其法人代表（　　）年内均不得再选择市场化交易。

（A）1　　　　　　　（B）2　　　　　　　（C）5　　　　　　　（D）3

答案：D

89．根据《电力中长期交易基本规则》（发改能源规〔2020〕889号）规定，已经选择市场化交易的发电企业和用户，有以下情形之一的可以办理退市手续（　　）。

（A）市场主体无意愿参与市场购售电

（B）市场主体不再继续参加市场

（C）因电网网架调整，导致发电企业、电力用户的发用电物理属性无法满足所在地区的市场准入条件

（D）市场主体注册信息发生变更

答案：C

90．根据《电力中长期交易基本规则》（发改能源规〔2020〕889号）规定，以下（　　）不是电力调度机构的权利和义务。

（A）保障电网及输配电设施的安全稳定运行

（B）合理安排电网运行方式，保障电力交易结果的执行

（C）披露支撑市场化交易及市场服务所需的相关数据

（D）向交易机构提供安全约束边界等数据

答案：A

91．根据《电力中长期交易基本规则》（发改能源规〔2020〕889号）规定，以下（　　）不是电能量市场化交易价格的组成部分。

（A）脱硫、脱硝　　（B）输配电价　　　（C）除尘　　　　（D)超低排放电价

答案：B

92．根据《电力中长期交易基本规则》（发改能源规〔2020〕889号）规定，以下不是电力市场成员的有（　　）。

（A）发电企业　　　（B）电力调度机构　　（C）电力交易机构　　（D）政府机构

答案：D

93．根据《关于印发电力体制改革配套文件的通知》（发改经体〔2015〕2752号），交

易机构可以采取（ ）相对控股的公司制、电网企业子公司制、会员制等组织形式。

（A）发电企业 　　（B）电网企业 　　（C）电力用户 　　（D）售电企业

答案：B

94．根据《关于加快推动新型储能发展的指导意见》（发改能源规〔2021〕1051 号）要求，到 2025 年，要实现新型储能从商业化初期向规模化发展转变，装机规模达（ ）万 kW 以上。到 2030 年，实现新型储能全面市场化发展。

（A）3000 　　　　（B）4000 　　　　（C）5000 　　　　（D）6000

答案：A

95．根据《关于加快推进电力现货市场建设工作的通知》（发改办体改〔2022〕129 号），加强跨省跨区交易与省内现货市场在经济责任、价格形成机制等方面的动态衔接，跨省跨区交易卖方成交结果作为送端关口负荷增量，买方成交结果作为受端关口（ ）参与省内出清结算，省间交易结果作为省间交易电量的结算依据。

（A）负荷 　　　　（B）电源 　　　　（C）节点 　　　　（D）用户

答案：B

96．根据《关于进一步深化燃煤发电上网电价市场化改革的通知》（发改价格〔2021〕1439 号）要求，各地要有序推动工商业用户全部进入电力市场，目前尚未进入市场的用户，（ ）kV 及以上的用户要全部进入，其他用户也要尽快进入。

（A）10 　　　　　（B）35 　　　　　（C）6 　　　　　（D）110

答案：A

97．根据国家发展改革委《关于全面深化价格机制改革的意见》（发改价格〔2017〕1941 号），我国科学定价制度的核心是（ ）。

（A）基准电价+浮动电价 　　　　　　（B）准许成本+合理收益

（C）差异化定价 　　　　　　　　　　（D）稀缺原则

答案：B

98．根据《关于提升电力系统调节能力的指导意见》（发改能源〔2018〕364 号），我国将（ ）风光功率预测考核，风电、光伏等发电机组（ ）电力辅助服务管理。

（A）实施，纳入 　　　　　　　　　　（B）不实施，纳入

（C）实施，不纳入 　　　　　　　　　（D）不实施，不纳入

答案：A

99．根据《关于推进售电侧改革的实施意见》，鼓励以（ ）方式发展配电业务。

（A）国企垄断制 　　　　　　　　　　（B）混合所有制

（C）市场经济制 　　　　　　　　　　（D）以上皆不对

答案：B

100．根据《关于推进售电侧改革的实施意见》，拥有配电网经营权的售电公司其注册资本不低于其总资产的（　　）。

（A）10%　　　　　（B）20%　　　　　（C）25%　　　　　（D）30%

答案：B

101．根据《关于印发电力体制改革配套文件的通知》（发改经体〔2015〕2752 号），不属于优先发电保障措施的是（　　）。

（A）留足计划空间

（B）加强电力外送和消纳

（C）统一预测出力

（D）发电机组共同承担

答案：D

102．根据《关于印发电力体制改革配套文件的通知》（发改经体〔2015〕2752 号），对水电比重大的地区，直接交易应区分（　　）、（　　）电量。

（A）丰水期，枯水期

（B）峰，谷

（C）一档，二档

（D）平，谷

答案：A

103．根据《关于有序放开发用电计划的通知》（发改运行〔2017〕294 号），参与市场交易的电力用户不再执行目录电价。除优先购电、优先发电对应的电量外，发电企业其他上网电量价格主要由用户、售电主体与发电企业通过（　　）、（　　）等方式确定。

（A）自主协商，市场竞价

（B）自主协商，集中竞价

（C）自主交易，市场竞价

（D）自主交易，集中竞价

答案：A

104．根据《关于有序放开发用电计划的通知》（发改运行〔2017〕294 号），优先发电计划（　　）执行政府定价，（　　）通过市场化方式形成价格。

（A）可以，可以

（B）不可以，可以

（C）可以，不可以

（D）不可以，不可以

答案：A

105．根据《关于积极推进电力市场化交易 进一步完善交易机制的通知》（发改运行〔2018〕1027 号），积极推进煤炭、钢铁、有色、建材等重点行业电力用户与发电企业及电网企业签订三方发购电合同，鼓励签订（　　）年甚至更长期限的中长期合同，促进双方锁定经营风险，优化生产安排。

（A）2～3　　　　　（B）3～4　　　　　（C）3～5　　　　　（D）3～6

答案：C

106．根据《售电公司管理办法》（发改体改规〔2021〕1595 号）规定，保底售电公司具体数量由（　　）确定。

（A）地方主管部门　　　　　　　　（B）能源监管机构

（C）电力交易机构　　　　　　　　（D）市场管委会

答案：A

107．根据《售电公司管理办法》（发改体改规〔2021〕1595号）规定，若全部保底售电公司由于经营困难等原因，无法承接保底售电服务，由（　　）提供保底售电服务。

（A）电网企业　　　　　　　　　　（B）交易机构

（C）地方主管部门　　　　　　　　（D）政府主管部门指定的机构

答案：A

108．根据《售电公司管理办法》（发改体改规〔2021〕1595号）规定，中长期模式下，保底零售价格按照电网企业代理购电价格的（　　）倍执行，具体价格水平由省级价格主管部门确定。

（A）1　　　　　（B）1.2　　　　　（C）1.5　　　　　（D）2

答案：C

109．根据《输配电定价成本监审办法》（发改价格规〔2019〕897号），输配电定价成本监审，应当以近（　　）经会计师事务所或审计、税务等政府部门审计（审核）的年度财务会计报告、会计凭证、账簿及电网投资、生产运行、政府核准文件等相关原始资料为基础。

（A）一年　　　　（B）两年　　　　（C）三年　　　　（D）五年

答案：C

110．根据《输配电定价成本监审办法》（发改价格规〔2019〕897号），省级电网输配电定价成本，是指政府核定的省级电网企业为使用其经营范围内（　　）的用户提供输配电服务的合理费用支出。

（A）跨省交流共用输电网络　　　　（B）输配电设施

（C）跨省跨区专用输电　　　　　　（D）联网服务

答案：B

111．根据《中华人民共和国可再生能源法》，中国主要采取（　　）政策进行补贴，即风电和光伏发电上网电价与当地燃煤机组标杆电价的差额

（A）固定电价　　　　　　　　　　（B）边际电价

（C）节点电价　　　　　　　　　　（D）基准电价+浮动机制

答案：A

112．根据北京电力交易中心有限公司关于绿色电力证书交易实施细则（试行）的请示

（京电交市〔2022〕49号）规定，不属于绿证市场主体有（　　）。

（A）风电及光伏发电企业　　　　　　（B）售电公司

（C）自然人　　　　　　　　　　　　（D）电网企业

答案：C

113. 根据电改9号文配套文件《关于推进售电侧改革的实施意见》，资产总额在1亿～2亿元人民币的，可以从事年售电量不超过（　　）亿 kWh 的售电业务。

（A）30～60　　　　（B）40～60　　　　（C）40～80　　　　（D）6～30

答案：A

114. 根据国家发改委《关于进一步完善分时电价机制的通知》（发改价格〔2021〕1093号），电力系统峰谷差率超过40%的地区，峰谷电价价差原则上不低于（　　）。

（A）2∶1　　　　（B）3∶1　　　　（C）4∶1　　　　（D）5∶1

答案：C

115. 根据数据在经济社会发展中的重要程度，以及一旦遭到篡改、破坏、泄露或者非法获取、非法利用，对国家安全、公共利益或者个人、组织合法权益造成的危害程度，对数据实行（　　）保护。

（A）统一标准　　　（B）分层分类　　　（C）分类分级　　　（D）分层分级

答案：C

116. 固定补偿方式确定补偿标准时应综合考虑电力辅助服务成本、性能表现及合理收益等因素，按"（　　）"的原则确定补偿力度。

（A）补偿成本、合理收益　　　　　　（B）准许成本、合理收益

（C）准许收益、综合成本　　　　　　（D）核算成本、固定收益

答案：A

117. 关于带补贴项目（非平价项目）参与绿电交易，以下说法正确的是（　　）。

（A）交易电量可享受可再生能源补贴

（B）交易电价可能高于当地燃煤基准价

（C）交易电量计入项目全生命周期合理利用小时数

（D）不影响项目全生命周期获取补贴总额

答案：B

118. 关于风电合理小时数，以下说法错误的是（　　）。

（A）风电一类资源区项目48000h　　　（B）风电二类资源区项目44000h

（C）风电三类资源区项目42000h　　　（D）海上风电项目52000h

答案：C

119. 关于光伏合理小时数，以下说法错误的是（　　）。

（A）光伏一类资源区项目 32000h

（B）光伏二类资源区项目 28000h

（C）光伏三类资源区项目 22000h

（D）光伏一类资源区 2019、2020 年竞价项目 35200h

答案：B

120. 关于可再生能源保障性收购利用小时数，以下说法错误的是（　　）。

（A）保障性收购电量应由电网企业按标杆上网电价和最低保障收购年利用小时数全额
　　结算

（B）超出最低保障收购年利用小时数的电量应通过市场交易方式消纳

（C）按新能源标杆上网电价与当地燃煤基准价的差额享受可再生能源补贴

（D）未制定保障性收购要求的地区应通过市场交易方式消纳

答案：D

121. 关于绿证交易，以下说法正确的是（　　）。

（A）可在全国范围内交易

（B）是电力中长期交易的一部分

（C）带补贴项目绿证价格可高于对应电量的可再生能源电价附加资金补贴金额

（D）平价项目绿证价格不能高于地区燃煤基准价的 20%

答案：A

122. 关于平价项目参与绿电交易，以下说法正确的是（　　）。

（A）所有平价项目均可参与绿电交易

（B）交易电价可能高于当地燃煤基准价

（C）成交电量无法申领绿证

（D）成交电量可再次销售绿证

答案：B

123. 规则允许的报价曲线（发电机组量-价关系）为（　　）。

（A）S 型　　　　　　（B）V 型　　　　　　（C）上升型　　　　　　（D）下降型

答案：C

124. 国家对公共通信和信息服务、能源、交通、水利、金融、公共服务、电子政务等重
要行业和领域，以及其他一旦遭到破坏、丧失功能或者数据泄露，可能严重危害国家安全、国
计民生、公共利益的关键信息基础设施，在网络安全等级保护制度的基础上，实行（　　）保护。

（A）一般　　　　　　（B）重点　　　　　　（C）特殊　　　　　　（D）多级

答案：B

125．国家发改委、能源局发布的《关于鼓励可再生能源发电企业自建或购买调峰能力增加并网规模的通知》（发改运行〔2021〕1138号），超过电网企业保障性并网以外的规模初期按照（　　）的挂钩比例购买调峰能力。

（A）10%　　　　　（B）15%　　　　　（C）20%　　　　　（D）25%

答案：B

126．国家发展改革委《关于进一步深化燃煤发电上网电价市场化改革的通知》（发改价格〔2021〕1439号）规定扩大市场交易电价上下浮动范围，上下浮原则上不超过（　　）。

（A）0.25　　　　　（B）0.1　　　　　（C）0.2　　　　　（D）0.15

答案：C

127．国家可再生能源信息管理中心按（　　）核定和核发绿色电力证书。

（A）年　　　　　（B）季　　　　　（C）月　　　　　（D）日

答案：C

128．国家实行分类电价和分时电价，分类标准和分时办法由（　　）确定。

（A）县人民政府　（B）市人民政府　（C）省人民政府　（D）国务院

答案：D

129．合同的权利义务关系终止，不影响合同中（　　）和清理条款的效力。

（A）仲裁　　　　　（B）免责　　　　　（C）结算　　　　　（D）格式

答案：C

130．机组实际出力上限未达到并网调度协议中最大技术出力时，需承担（　　）。

（A）限高考核　（B）限低考核　（C）非停考核　（D)热电联产考核

答案：A

131．价格上、下限原则上由相应（　　）提出，经国家能源局派出机构和政府有关部门审定。

（A）电网公司　　　　　　　　（B）电力市场管理委员会

（C）多方协商　　　　　　　　（D）政府

答案：B

132．接网规则要求所有发电机组在功率因数位于（　　）（超前）到0.9（滞后）这一范围内，能够正常运行，并应安装自动电压调节器。

（A）0.8　　　　　（B）0.83　　　　　（C）0.85　　　　　（D）0.87

答案：C

133．竞价日前，市场运营机构需要向市场成员发布运行日的相关信息，以下关于事前信息发布说法错误的是（　　）。

（A）事前发布电网关键断面约束情况、统调负荷预测曲线

（B）事前发布具体检修机组

（C）事前发布相关信息分为公众信息、公开信息及私有信息

（D）事前发布边界条件信息

答案：B

134．开展绿色电力交易试点，以市场化方式发现绿色电力的（　　）。

（A）电能量价值　　　（B）特殊价值　　　（C）环境价值　　　（D）优先地位

答案：C

135．可再生能源电价附加提取标准为（　　）。

（A）1.5 分/kWh　　（B）1.7 分/kWh　　（C）1.9 分/kWh　　（D）2.1 分/kWh

答案：C

136．可再生能源电力消纳保障机制规定承担消纳责任的市场主体不包括（　　）。

（A）配售电企业　　（B）发电企业　　（C）电力用户　　（D）电网企业

答案：B

137．可再生能源电力消纳责任权重按照（　　）确定消纳责任权重。

（A）市级行政区域　　　　　　　　　（B）省级行政区域

（C）各电网企业　　　　　　　　　　（D）用电企业

答案：B

138．可再生能源电力消纳责任权重履行方式不包括（　　）。

（A）购买可再生能源电力

（B）自发并通过可再生能源交易售出的可再生能源电力

（C）购买其他市场主体超额完成的消纳量

（D）购买可再生能源绿色电力证书

答案：B

139．可再生能源发电项目全容量并网时间认定办法中，当全容量并网时间承诺、电力业务许可证、并网调度协议中并网时间不一致但不影响电价的，按照（　　）确定全容量并网时间。

（A）承诺的全容量并网时间　　　　（B）电力业务许可证中并网时间

（C）并网调度协议中并网时间　　　　（D）三个时间中最后时点

答案：A

140．可再生能源发电项目全容量并网时间认定办法中，当全容量并网时间承诺、电力业务许可证、并网调度协议中并网时间不一致且影响电价的，按照（　　）确定全容量并网时间。

（A）承诺的全容量并网时间　　　　（B）电力业务许可证中并网时间

（C）并网调度协议中并网时间　　　　　　（D）三个时间中最后时点

答案：D

141．可再生能源配额制度中的考核责任主体为（　　）。

（A）输电侧主体　　　　　　　　　　　　（B）配电侧主体

（C）用电侧责任主体　　　　　　　　　　（D）发电侧责任主体

答案：C

142．两台互为热备用的变压器，其基本电费应按（　　）收取。

（A）一台　　　　（B）大容量的一台　　　（C）小容量的一台　　　（D)两台容量之和

答案：D

143．绿色电力初期是指符合国家有关政策要求的风电、光伏等可再生能源发电企业上网电量，根据国家有关要求可逐步扩大到符合条件的（　　）发电企业上网电量。

（A）地热　　　　（B）水电　　　　　　　（C）火电　　　　　　　（D）核电

答案：B

144．绿色电力证书原则上是一个证书（　　）kWh。

（A）100　　　　（B）500　　　　　　　　（C）1000　　　　　　　（D）2000

答案：C

145．明确优先发电的两种形式：采用"保量保价"和"（　　）"相结合的方式。

（A）保量限价　　　（B）保量不保价　　　（C）不保量保价　　　（D）保量竞价

答案：A

146．目前可再生能源电价附加征收标准为每kWh（　　）。

（A）1.5分　　　（B）1.9分　　　　　　　（C）2.3分　　　　　　　（D）2.7分

答案：B

147．全国共有8个地区在开展碳排放权交易试点，包括（　　）。

（A）北京、天津、上海、重庆、湖北、广东、深圳、福建

（B）北京、天津、上海、重庆、河北、广东、深圳、福建

（C）北京、天津、上海、重庆、湖北、广东、河北、福建

（D）北京、天津、上海、重庆、湖北、广东、江苏、福建

答案：A

148．燃煤发电市场交易价格浮动范围现在是（　　）。

（A）上浮不超过10%　　　　　　　　　　（B）下浮原则上不超过15%

（C）上下浮动原则上均不超过20%　　　　（D）上下浮动原则上均不超过15%

答案：C

149. 若发电机组在实时运行中发生故障，并且需要对机组出力进行调整时，在故障处理的时段内，说法正确的是（   ）。

（A）机组出力固定为机组申报并经所属电力调度机构同意的发电出力值

（B）机组的出力固定为最小技术出力

（C）机组可参与市场定价

（D）机组不可参与市场定价，且实时电能量价格为核定成本价格

答案：A

150. 生物质发电项目全生命周期合理利用小时数为（   ）h。

（A）62000 　　　　（B）88000 　　　　（C）72500 　　　　（D）82500

答案：D

151. 市场初期，由计划与市场并行产生的结算费用，暂由（   ）根据优先发电或政府授权合约电费比例分摊。

（A）发电企业 　　　（B）用电企业 　　　（C）电网企业 　　　（D）所有市场主体

答案：A

152. 市场化用户终端电价由（   ）组成。

（A）政府性基金及附加 　　　　　　　　（B）现货结算价格

（C）以上都是 　　　　　　　　　　　　（D）输配电价

答案：C

153. 市场品种方面，调峰服务不包括（   ）

（A）深度调峰 　　　　　　　　　　　　（B）启停调峰

（C）跨省跨区调峰 　　　　　　　　　　（D）合理规划错峰

答案：D

154. 市场主体应当指定专人管理（   ），并妥善保管相关合同数据。

（A）电子密钥 　　　（B）电子签章 　　　（C）电子合同 　　　（D）电子签名

答案：B

155. 售电公司、批发用户以全市场节点的（   ）综合电价作为现货电能量市场价格。

（A）算数平均 　　　（B）几何平均 　　　（C）加权平均 　　　（D）调和平均

答案：C

156. 售电公司参与现货交易需首要具备的关键技术能力是（   ）。

（A）开拓用户资源的能力 　　　　　　　（B）用电负荷预测能力

（C）售电套餐设计能力 　　　　　　　　（D）三个选项都对

答案：B

157. 售电公司与零售用户在各时点上约定固定价格的零售定价方式是（　　）。

（A）固定价格　　　　　　　　　　　　（B）固定价格+价差分成

（C）分时定价　　　　　　　　　　　　（D）成交均价+固定价差

答案：C

158. 输电损耗在输电价格中已明确包含的，不再单独收取；未明确的，暂按该输电通道前（　　）年输电损耗的平均值计算，报国家能源局备案后执行

（A）一　　　　　（B）二　　　　　（C）三　　　　　（D）五

答案：C

159. 输配电定价成本监审，应当以近（　　）年的年度财务会计报告、会计凭证、账簿及电网投资、生产运行、政府核准文件等相关原始资料为基础。

（A）一　　　　　（B）二　　　　　（C）三　　　　　（D）四

答案：C

160. 输配电价按"准许成本加合理收益"原则，分（　　）等级核定。

（A）电压　　　　（B）电流　　　　（C）电量　　　　（D）电容

答案：A

161. 输配电价改革试点工作主要可分为调研摸底、指导试点方案、（　　）、核定电网准许收入和输配电价四个阶段。

（A）开展成本监审　　　　　　　　　　（B）开展成本审核

（C）开展成本核定　　　　　　　　　　（D）开展成本校核

答案：A

162. 所有参加电力市场化交易的电力用户均不再执行（　　）电价。

（A）保底电价　　　（B）目录电价　　　（C）分时电价　　　（D）阶梯电价

答案：B

163. 碳达峰、碳中和战略目标是指力争（　　）年前二氧化碳排放达到峰值，努力争取（　　）年前实现碳中和。

（A）2030，2050　　（B）2030，2060　　（C）2040，2050　　（D）2040，2060

答案：B

164. 调峰辅助服务中不给予补偿的是（　　）。

（A）水电启停调峰　　（B）深度调峰　　（C）燃机启停调峰　　（D）基本调峰

答案：D

165. 完成可再生能源消纳量的方式不包含（　　）。

（A）资助可再生能源企业　　　　　　　（B）实际消纳可再生能源电量

（C）向市场主体购买其超额消纳量　　　　（D）购买可再生能源绿色电力证书

答案：A

166．网络运营者应当对其收集的用户信息严格保密，并建立健全（　）保护制度。

（A）用户信息　　　（B）私有信息　　　（C）信息安全　　　（D）数据安全

答案：A

167．网损约占总发电量的（　）

（A）3%～5%　　　（B）5%～8%　　　（C）5%～10%　　　（D）10%～15%

答案：C

168．违反《电网公平放开监管办法》（国能发监管规〔2021〕49 号）规定的，（　）及其派出机构应依法查处并予以记录。

（A）国家能源局　　　　　　　　　　　（B）国家能源局监管办公室

（C）应急管理局　　　　　　　　　　　（D）国家发改委

答案：A

169．我国电力搁浅成本存在于电力市场化改革的进程中，主要针对发电企业，尤其是（　）。

（A）煤电企业　　　（B）气电企业　　　（C）煤气电企业　　　（D）水电企业

答案：C

170．我国电力工业实施厂网分开是根据（　）年发布的电改 5 号文。

（A）2004　　　（B）2015　　　（C）2002　　　（D）2003

答案：C

171．我国电力市场建设的未来发展方向是全国统一市场，以（　）为单位起步，为将来建设全国统一市场奠定了良好的基础。

（A）省　　　（B）市　　　（C）区　　　（D）县

答案：A

172．我国风电、光伏分别分为（　）类资源区。

（A）3、3　　　（B）3、4　　　（C）4、4　　　（D）4、3

答案：D

173．我国规定的电网额定频率为（　）Hz。

（A）40　　　（B）50　　　（C）60　　　（D）70

答案：B

174．我国省级电网输配电价按照（　）制定。政府价格主管部门按照"准许成本加合理收益"方法核定电网企业的输配电准许收入和平均输配电价。

（A）邮票法　　　　　　　　　　　（B）边界潮流法

（C）会计成本法　　　　　　　　　　　　（D）边际成本法

答案：C

175．我国碳市场交易在（　）开展登记、结算。

（A）上海　　　　　（B）武汉　　　　　（C）北京　　　　　（D）广州

答案：B

176．我国正处于电力现货市场建设第一阶段，目前，电力现货试点配套容量成本回收机制以（　）机制为主。

（A）稀缺定价机制　　　　　　　　　　　（B）容量成本补偿机制

（C）容量市场　　　　　　　　　　　　　（D）电价补偿机制

答案：B

177．下列不属于独立辅助服务提供者的权利和义务的是（　）。

（A）按规则参与辅助服务交易，签订和履行辅助服务合同

（B）获得公平的输电服务和电网接入服务

（C）按规定披露和提供信息，获得市场交易和辅助服务等相关信息

（D）向市场主体提供报装、计量、抄表、维修等各类供电服务

答案：D

178．下列不属于所有省调及以上发电机组需向所属电力调度机构提供机组的运行参数是（　）。

（A）机组最小连续开机时间　　　　　　　（B）机组额定有功功率

（C）发电机组日内允许的最大启停次数　　（D）典型停机曲线

答案：A

179．下列情形之一的程序，不应当被认定为《中华人民共和国刑法》（中华人民共和国主席令第八十三号）规定的"计算机病毒等破坏性程序"的是（　）。

（A）能够盗取用户数据或者传播非法信息的

（B）能够通过网络、存储介质、文件等媒介，将自身的部分、全部或者变种进行复制、传播，并破坏计算机系统功能、数据或者应用程序的

（C）能够在预先设定条件下自动触发，并破坏计算机系统功能、数据或者应用程序的

（D）其他专门设计用于破坏计算机系统功能、数据或者应用程序的程序

答案：A

180．现行电价制度是由电价种类、计价方式、电压等级等内容组成，并且对不同（　）用电规定不同的价格。

（A）规模　　　　　（B）业务　　　　　（C）性质　　　　　（D）制度

答案：C

181. 现货市场模式下，售电公司与零售用户需于（ ）零售结算方案。

（A）当月约定当月 　　　　　　　　（B）月底前约定次月

（C）月中约定次月 　　　　　　　　（D）月初约定次月

答案：B

182. 销售电价包括（ ）。

（A）购电成本 　　（B）输配电价 　　（C）输配损耗 　　（D）以上都有

答案：D

183. 新一代电力交易平台的安全架构满足《信息系统安全等级保护基本要求》（GB/T 22239—2008）中信息安全等级保护（ ）级要求。

（A）一 　　　　（B）二 　　　　（C）三 　　　　（D）四

答案：C

184. 新增可再生能源补贴项目规模按照（ ）原则进行确定。

（A）以收定支 　　　　　　　　　　（B）以支定收

（C）各省级行政区域上报 　　　　　（D）各电网上报

答案：A

185. 一般（ ）负责代收政府性基金。

（A）发电公司 　　　　　　　　　　（B）电网企业

（C）售电公司 　　　　　　　　　　（D）电力交易机构

答案：B

186. 依法成立的合同，自（ ）生效，但是法律另有规定或者当事人另有约定的除外。

（A）签订时 　　（B）双方同意时 　　（C）成立时 　　（D）承诺时

答案：C

187. 依据《电力辅助服务管理办法》（国能发监管规〔2021〕61 号），（ ）是指电力系统大面积停电后，在无外界电源支持的情况下，由具备自启动能力的发电机组或抽水蓄能、新型储能等所提供的恢复系统供电的服务。

（A）黑启动

（B）稳定切负荷服务（含抽水蓄能电站切泵）

（C）稳定切机服务

（D）备用

答案：A

188. 依据《电力辅助服务管理办法》（国能发监管规〔2021〕61 号），（ ）是指为跟踪系统负荷的峰谷变化及可再生能源出力变化，并网主体根据调度指令进行的发用电功率调整或设备启停所提供的服务。

（A）调峰 （B）备用 （C）转动惯量 （D）爬坡

答案：A

189．依据《电力辅助服务管理办法》（国能发监管规〔2021〕61号），通过采取购买调峰资源或调峰服务方式建设的可再生能源发电项目，入市前项目主体应向（ ）申报承担电力辅助服务责任的主体，并报国家能源局派出机构备案。

（A）交易机构 （B）调度机构

（C）当地能源监管局 （D）当地电力主管部门

答案：B

190．依据《电力辅助服务管理办法》（国能发监管规〔2021〕61号），为电力系统运行整体服务的电力辅助服务，补偿费用由发电企业、市场化电力用户等所有并网主体共同分摊，逐步将（ ）纳入补偿费用分摊范围。

（A）售电公司 （B）电网企业

（C）非市场化电力用户 （D）辅助服务提供主体

答案：C

191．依据《电力辅助服务管理办法》（国能发监管规〔2021〕61号），新建发电机组调试运行期形成的差额资金纳入（ ）资金管理。

（A）电力辅助服务补偿 （B）发用两侧不平衡

（C）用户侧差额 （D）发电侧差额

答案：A

192．依据《电力辅助服务管理办法》（国能发监管规〔2021〕61号），原则上，为特定发电侧并网主体服务的电力辅助服务，补偿费用由（ ）分摊。

（A）相关发电侧并网主体 （B）全体工商业用户

（C）电力市场化用户 （D）电网代理购电用户

答案：A

193．依据《关于加快建设全国统一电力市场体系的指导意见》（发改体改〔2022〕118号），加快建设全国统一电力市场体系工作原则坚持（ ），积极稳妥推进市场建设，鼓励因地制宜开展探索。

（A）问题导向 （B）平稳有序 （C）公平公正 （D）市场化原则

答案：A

194．依据《关于加快建设全国统一电力市场体系的指导意见》（发改体改〔2022〕118号），加快建设全国统一电力市场体系工作总体目标为，到（ ）年，全国统一电力市场体系基本建成，适应新型电力系统要求。

（A）2025 （B）2030 （C）2035 （D）2050

答案：B

195．依据《关于组织开展电网企业代理购电工作有关事项的通知》（发改办价格〔2021〕809号），2022年1月起，电网企业通过参与场内集中交易方式（不含撮合交易）代理购电，以报量不报价方式、作为价格接受者参与市场出清，其中采取挂牌交易方式的，价格继续按当月月度（　　）确定。

（A）挂牌交易加权平均价格 （B）集中竞价交易加权平均价格

（C）市场化综合加权平均价格 （D）年度挂牌交易价格

答案：B

196．依据《关于组织开展电网企业代理购电工作有关事项的通知》（发改办价格〔2021〕809号），代理购电产生的偏差电量，现货市场运行的地方按照（　　）结算。

（A）现货市场价格 （B）市场化交易均价

（C）电网代理购电均价 （D）现货市场价格乘以偏差系数

答案：A

197．依据《关于组织开展电网企业代理购电工作有关事项的通知》（发改办价格〔2021〕809号），电网企业代理购电价格、代理购电用户电价应按月测算，并提前（　　）日通过营业厅等线上线下渠道公布，于次月执行，并按用户实际用电量全额结算电费。

（A）1 （B）2 （C）3 （D）7

答案：C

198．依据《关于组织开展电网企业代理购电工作有关事项的通知》（发改办价格〔2021〕809号），电网企业首次代理工商业用户购电时，应至少提前（　　）通知用户，期间应积极履行告知义务，与电力用户签订代理购电合同。

（A）3天 （B）7天 （C）1个月 （D）3个月

答案：C

199．依据《关于组织开展电网企业代理购电工作有关事项的通知》（发改办价格〔2021〕809号），各地要结合当地电力市场发展情况，（　　）电网企业代理购电范围。

（A）不断缩小 （B）维持 （C）平稳过渡 （D）不断扩大

答案：A

200．依据《关于组织开展电网企业代理购电工作有关事项的通知》（发改办价格〔2021〕809号），鼓励新进入市场电力用户通过直接参与市场形成用电价格，对暂未直接参与市交易的用户，由电网企业通过（ ）方式代理购电。

（A）政府定价　　（B）市场化　　（C）与用户协商　　（D）强制执行

答案：B

201. 依据《关于组织开展电网企业代理购电工作有关事项的通知》（发改办价格〔2021〕809 号），取消工商业目录销售电价后，（ ）原则上要直接参与市场交易，暂无法直接参与市场交易的可由电网企业代理购电。

（A）10kV 及以上用户

（B）经营性用户

（C）全体工商业用户

（D）全体用户

答案：A

202. 依据《关于组织开展电网企业代理购电工作有关事项的通知》（发改办价格〔2021〕809 号），已直接参与市场交易的高耗能用户，（ ）。

（A）可以退出市场交易，退出后按电网企业代理购电价格的 1.2 倍执行

（B）不得退出市场交易

（C）可以退出市场交易，退出后按电网企业代理购电价格的 1.5 倍执行

（D）可以退出市场交易，退出后按当月市场化平均购电价格的 1.5 倍执行

答案：B

203. 依据《关于组织开展电网企业代理购电工作有关事项的通知》（发改办价格〔2021〕809 号），已直接参与市场交易在无正当理由情况下改由电网企业代理购电的用户，拥有燃煤发电自备电厂、由电网企业代理购电的用户，用电价格由电网企业代理购电价格的（ ）、输配电价、政府性基金及附加组成。

（A）1 倍　　（B）1.5 倍　　（C）1.2 倍　　（D）3 倍

答案：B

204. 依据《关于组织开展电网企业代理购电工作有关事项的通知》（发改办价格〔2021〕809 号），由电网企业代理购电的工商业用户，可在（ ）前选择（ ）起直接参与市场交易，电网企业代理购电相应终止。

（A）每周，下周

（B）每月，次月

（C）每季度最后 15 日，下一季度

（D）每年底，次年

答案：C

205. 以省为单位核定保障收购年利用小时数，在保障利用小时数以内的，（ ）保障收购。

（A）全额　　（B）按规则　　（C）按比例　　（D）按需求

答案：A

206. 以下不属于"六签"要求的是（ ）。

(A) 全签 　　　　　(B) 面签 　　　　　(C) 电子签 　　　　　(D) 长签

答案：B

207. 以下不属于独立售电公司的基本权利和义务的是（ ）。

(A) 按规则参与电力市场交易

(B) 签订和履行购售电合同、输配电服务合同

(C) 按规定披露和提供信息，获得市场交易和输配电服务等相关信息

(D) 获得公平的输配电服务和电网接入服务

答案：D

208. 以下对电改9号文提出"管住中间，放开两头"的说法正确的是（ ）。

(A) 管住中间，即在电网输配电环节强化政府管理

(B) 放开两头，即发电方、售电方、用电方提高市场化程度，实现更加充分的竞争

(C) 主要内容可以概括为"三放开、一独立、三加强"

(D) 选项都对

答案：D

209. 以下（ ）省份是第二批电力现货试点地区。

(A) 广东 　　　　　(B) 上海 　　　　　(C) 山东 　　　　　(D) 山西

答案：B

210. 以下哪项属于电力现货市场建设模拟试运行阶段的目标（ ）。

(A) 电力现货技术支持系统能够正常出清

(B) 电力线或技术支持系统能够进行实际结算

(C) 现货市场连续正常运行

(D) 市场交易规则和电力市场体系基本完善

答案：A

211. 因电力供需、电网安全、可再生能源消纳等原因需要调整生产计划的，优先通过（ ）方式进行。

(A) 市场化 　　　　　(B) 应急交易 　　　　　(C) 应急调度 　　　　　(D) 合同调整

答案：A

212. 营利法人的（ ）行使修改法人章程、选举或者更换执行机构、监督机构成员，以及法人章程规定的其他职权。

(A) 执行机构 　　　　　(B) 权力机构 　　　　　(C) 监督机构 　　　　　(D) 控股出资人

答案：B

213. 拥有燃煤自备电厂的企业按照国家有关规定承担政府性基金及附加、政策性交叉

补贴、普遍服务和社会责任，按约定向电网企业支付（ ）。

（A）系统备用费用 （B）输配电价 （C）并网费用 （D）设备维护费

答案：A

214. 用格式条款订立合同的，提供格式条款的一方应当遵循（ ）原则确定当事人之间的权利和义务。

（A）合理 （B）合法 （C）公正 （D）公平

答案：D

215. 用户分电压等级、分类别执行输配电价，其中（ ）kVA 以上的工商业用户执行两部制电价，工商业用户还需要执行峰谷分时电价政策。

（A）315 （B）10 （C）1000 （D）100

答案：A

216. 由电网企业代理购电的工商业用户，可在每季度最后（ ）日前选择下一季度起直接参与市场交易。

（A）5 （B）10 （C）15 （D）20

答案：C

217. 运营机构通过合同约定核心岗位工作人员离职（ ）年内不得在利益主体就业或为其提供咨询服务。

（A）1 （B）3 （C）5 （D）7

答案：B

218. 在《电力辅助服务管理办法》（国能发监管规〔2021〕61 号）中，不进行调峰补偿的是（ ）。

（A）深度调峰 （B）燃机启停调峰

（C）水电启停调峰 （D）基本调峰

答案：D

219. 在《电力市场运营基本规则》（国家电力监管委员会令第 10 号）中，电能交易以（ ）为主、（ ）为辅，适时进行（ ）。

（A）合约交易，现货交易，期货交易

（B）合约交易，期货交易，现货交易

（C）期货交易，合约交易，现货交易

（D）现货交易，合约交易，期货交易

答案：A

220. 在《关于印发电力体制改革配套文件的通知》（发改经体〔2015〕2752 号）中《关于推进电力市场建设的实施意见》提到，不同电力市场模式下，均应在保证安全、高效、环保的基础上，按（　　）建立现货交易机制，发现价格，引导用户合理用电，促进发电机组最大限度提供调节能力。

(A) 时间优先原则　　　　　　　　　(B) 成本最小原则

(C) 效益优先原则　　　　　　　　　(D) 收益最高原则

答案：B

221. 《关于印发电力体制改革配套文件的通知》（发改经体〔2015〕2752 号）中《关于推进电力市场建设的实施意见》提到，简化中长期交易和现货交易，将月内至运行日前（　　）的电力交易归为中长期交易。

(A) 四天　　　　　(B) 三天　　　　　(C) 两天　　　　　(D) 一天

答案：C

222. 在国内市场中，以下不属于电力调度机构的基本权利和义务的是（　　）。

(A) 负责电力现货市场、辅助服务市场交易组织等工作

(B) 组织中长期交易

(C) 合理安排电网运行方式，保障电力交易结果执行

(D) 按调度范围开展安全校核

答案：B

223. 在节能发电调度模式下，网路安全约束的机组组合的优化目标是（　　）。

(A) 发电机组的运行成本最低　　　　(B) 污染物排放成本最少

(C) 二氧化碳排放最少　　　　　　　(D) 机组的启停成本最低

答案：A

224. 在落实电网安全保供支撑电源电量的基础上，按照（　　）原则，分类放开跨省跨区优先发电计划，推动将国家送电计划、地方政府送电协议转化为政府授权的中长期合同。

(A) 先存量、后增量　　　　　　　　(B) 先增量、后存量

(C) 先国家计划、后地方计划　　　　(D) 先地方计划、后国家计划

答案：B

225. 在役发电机组因破产、国家政策、电力市场规则发生重大调整、电网网架调整等原因需要退出商业运行的，须取得（　　）同意退出商业运行的书面意见。

(A) 电力交易机构　　　　　　　　　(B) 政府主管部门、能源监管机构

(C) 电力调度机构　　　　　　　　　(D) 电力单位

答案：B

226. 长签指按年度签订合同，鼓励签订（　　）年甚至更长周期的合同。

(A) 2～3 年　　　　(B) 1～3 年　　　　(C) 3～5 年　　　　(D) 1～2 年

答案：A

227. 执行政府定价或者政府指导价的，在合同约定的交付期限内政府价格调整时，按照（ ）的价格计价。

（A）签订时 （B）约定时 （C）成立时 （D）交付时

答案：D

228. 装机明显冗余，火电利用小时数偏低地区，除（ ）外，原则上不再新（扩）建自备电厂。

（A）以热定电的热电联产项目 （B）调频机组

（C）调峰机组 （D）燃气机组

答案：A

二、多选题

1. 《国家电网有限公司关于加强电力交易合规管理的指导意见》（国家电网交易〔2021〕241号）规定，合规管理基本原则是（ ）

（A）党建引领，务实高效 （B）全面覆盖，业规融合

（C）关口前移，预防为主 （D）强化责任，协同联动

答案：BCD

2. 根据《售电公司市场注册及运营服务规范指引》（京电交市〔2022〕25号），电力交易中心建立售电公司、法定代表人、董事、监事、高级管理人员信用采集记录，将发现的失信行为报能源监管机构和政府主管部门处理，确保各类企业的信用状况透明、可追溯、可核查。对列入（ ）的售电公司，将相关信息共享至全国信用信息共享平台。

（A）黑名单 （B）重点关注名单

（C）警示名单 （D）信用名单

答案：AB

3. （ ）用电电量及不具备市场交易条件或没有参与市场交易的工商业用户电量，由电网企业保障供应，主要通过优先发电计划保障，不足部分由所有参与电力市场的发电企业机组等比例保障。

（A）农业 （B）居民 （C）大工业 （D）一般工商业

答案：AB

4. "两个细则"电费包括（ ）。

（A）提供辅助服务所得费用 （B）考核费用

（C）分摊费用 （D）返还费用

答案：ABCD

5.《电力辅助服务管理办法》（国能发监管规〔2021〕61号）中规定，国家能源局各区域监管局根据《电力辅助服务管理办法》（国能发监管规〔2021〕61号），按照（ ）的原则，商相关省监管办、电网企业、并网主体组织修订本区域电力辅助服务管理实施细则和市场交易规则。

（A）公开　　　　　（B）公平　　　　　（C）透明　　　　　（D）经济

答案：ACD

6.《关于"十四五"时期深化价格机制改革行动方案的通知》（发改价格〔2021〕689号）提出针对（ ）行业完善差别电价、阶梯电价等绿色电价政策。

（A）高耗能　　　　（B）高排放　　　　（C）高污染　　　　（D）高消耗

答案：AB

7.《关于加快建设全国统一电力市场体系的指导意见》（发改体改〔2022〕118号）的工作原则是（ ）。

（A）总体设计、稳步推进　　　　　　　（B）支撑转型、安全可靠

（C）立足国情、借鉴国际　　　　　　　（D）统筹兼顾、做好衔接

答案：ABCD

8.《关于加快建设全国统一电力市场体系的指导意见》（发改体改〔2022〕118号）中提出，构建适应新型电力系统的市场机制包括（ ）。

（A）提升电力市场对高比例新能源的适应性

（B）因地制宜建立发电容量成本回收机制

（C）探索开展绿色电力交易

（D）健全分布式发电市场化交易机制

答案：ABCD

9.《关于加快建设全国统一电力市场体系的指导意见》（发改体改〔2022〕118号）中提出，在落实电网安全保供支撑电源的基础上，按照（ ）原则，分类放开跨省跨区优先发电计划。

（A）先存量　　　　（B）后增量　　　　（C）先增量　　　　（D）后存量

答案：CD

10. 国家发展改革委《关于进一步深化燃煤发电上网电价市场化改革的通知》（发改价格〔2021〕1439号）指出"各地发展改革部门要密切关注煤炭、电力市场动态和价格变化，积极会同相关部门及时查处市场主体（ ）等行为"。

（A）价格串通　　　（B）哄抬价格　　　（C）恶意竞争　　　（D）实施垄断协议

答案：ABD

11.《关于进一步推动新型储能参与电力市场和调度运用的通知》(发改办运行〔2022〕475 号)中提出：新型储能具有响应快、配置灵活、建设周期短等优势，可在电力运行中（　　）等多种作用，是构建新型电力系统的重要组成部分。

(A) 调峰　　　　　(B) 调频　　　　　(C) 爬坡　　　　　(D) 黑启动

答案：ABCD

12.《关于进一步做好电力现货市场建设试点工作的通知》(发改办体改〔2021〕339号)明确市场运营机构的职责包括（　　）。

(A) 市场运行监测　　　　　　　　　(B) 市场信息管理

(C) 参与规则制定　　　　　　　　　(D) 从事市场培训的商业项目工作

答案：ABC

13.《关于组织开展电网企业代理购电工作有关事项的通知》(发改办价格〔2021〕809 号)指出："各地主管部门要积极会同配合国家能源局派出机构、当地相关部门，重点围绕代理购电机制运行中的（　　）等，加强对电网企业、电力交易机构的监管，及时查处信息公开不规范、电费结算不及时，以及运用垄断地位影响市场交易等违法违规行为。"

(A) 市场交易　　　(B) 校核出清　　　(C) 信息公开　　　(D) 电费结算

答案：ACD

14.《关于做好电力现货市场试点连续试结算相关工作的通知》(发改办能源规〔2020〕245 号)文件指出要加强市场力风险防范，建立对（　　）全覆盖的市场力识别和防范措施。

(A) 交易中心　　　(B) 售电企业　　　(C) 发电企业　　　(D) 电网企业

答案：BCD

15. 合规管理，是指以倡导合规经营价值观为导向，以有效防控合规风险为目的，以公司经营管理行为和员工履职行为为对象，开展包括建立合规制度（　　）等有组织、有计划的管理活动。

(A) 完善运行机制　　　　　　　　　(B) 强化合规监督

(C) 培育合规文化　　　　　　　　　(D) 强化监督问责

答案：ACD

16.《关于组织开展电网企业代理购电工作有关事项的通知》(发改办价格〔2021〕809号)总体要求是（　　）。

(A) 坚持市场方向　　　　　　　　　(B) 加强政策衔接

(C) 要规范透明实施　　　　　　　　(D) 要确保安全稳定

答案：ABC

17.《关于进一步做好电力现货市场建设试点工作的通知》(发改办体改〔2021〕339 号)

（发改办体改〔2021〕339 号）中加强试点工作的组织保障措施有（　　）。

（A）明确试点工作责任分工

（B）积极开展电力现货市场模拟试运行

（C）建立与电力现货市场建设相适应的信息化平台

（D）规范电力市场运营工作

答案：ABCD

18.《关于进一步做好电力现货市场建设试点工作的通知》（发改办体改〔2021〕339 号）（发改办体改〔2021〕339 号）中明确的现货试点改革探索的主要任务有（　　）。

（A）推动用户侧参与现货市场结算

（B）统筹开展中长期、现货与辅助服务交易

（C）做好本地市场与省间市场的衔接

（D）加大现货市场信息披露制度

答案：ABC

19.《中共中央 国务院关于加快建设全国统一大市场的意见》提出打造统一的要素和资源市场的目标，包括（　　）。

（A）建设全国统一的能源市场　　　　　　（B）发展统一的资本市场

（C）完善市场信息交互渠道　　　　　　　（D）健全统一的社会信用制度

答案：AB

20．2020 年 6 月，国家发改委、国家能源局印发《电力中长期交易基本规则》（发改能源规〔2020〕889 号），电力交易机构的权利和义务包括（　　）。

（A）组织交易　　　　　　　　　　　　　（B）披露信息

（C）分析市场运行情况　　　　　　　　　（D）提供交易结算依据

答案：ABCD

21．2020 年 6 月，国家发改委、国家能源局印发《电力中长期交易基本规则》（发改能源规〔2020〕889 号），电力用户的权利和义务包括（　　）。

（A）参与交易　　　　　　　　　　　　　（B）履行合同

（C）获得披露信息　　　　　　　　　　　（D）获得电网接入服务

答案：ABCD

22．2020 年 6 月，国家发改委、国家能源局印发《电力中长期交易基本规则》（发改能源规〔2020〕889 号），电网企业的权利和义务包括（　　）。

（A）披露所有信息　　　　　　　　　　　（B）保障电网安全稳定运行

（C）收取输配电费　　　　　　　　　　　（D）组织交易

答案：BC

23．2020 年 6 月，国家发改委、国家能源局印发《电力中长期交易基本规则》（发改能源规〔2020〕889 号），发电企业的权利和义务包括（　　）。

（A）参与交易

（B）履行合同

（C）获得披露信息

（D）获得电网接入服务

答案：ABCD

24．2020 年 6 月，国家发改委、国家能源局印发《电力中长期交易基本规则》（发改能源规〔2020〕889 号），售电公司的权利和义务包括（　　）。

（A）参与交易

（B）履行合同

（C）获得披露信息

（D）承担清洁能源消纳责任

答案：ABCD

25．2021 年 4 月，国家发改委、国家能源局发布《关于进一步做好电力现货市场建设试点工作的通知》（发改办体改〔2021〕339 号），《通知》明确了电力现货试点范围扩大，选择（　　）等 6 省市为第二批电力现货试点。

（A）上海、江苏　　　（B）安徽、辽宁　　　（C）河南、湖北　　　（D）河南、河北

答案：ABC

26．按照"（　　）、（　　）"的原则，建立电力用户参与的辅助服务分担共享机制，积极开展跨省跨区辅助服务交易。

（A）谁参与　　　　（B）谁受益　　　　（C）谁分摊　　　　（D）谁承担

答案：BD

27．按照《电力中长期交易基本规则》（发改能源规〔2020〕889 号）的要求，下列属于电力中长期交易中电力交易机构的权利和义务的包括（　　）。

（A）参与拟定相应电力交易规则

（B）按照电力企业信息披露和报送等有关规定披露和发布信息，提供信息发布平台，为市场主体信息发布提供便利，获得市场成员提供的支撑市场化交易及服务需求的数据等

（C）提供电力交易结算依据及相关服务，按照规定收取交易服务费

（D）配合国家能源局及其派出机构和政府电力管理部门对市场规则进行分析评估，提出修改建议

答案：ABCD

28．按照《电力中长期交易基本规则》（发改能源规〔2020〕889 号）的要求，下列属于电力中长期交易中电力调度机构的权利和义务的包括（　　）。

（A）按照调度规程实施电力调度，负责系统实时平衡，保障电网安全稳定运行

（B）向电力交易机构提供安全约束边界和必开机组组合、必开机组发电量需求、影响限额的停电检修、关键通道可用输电容量等数据，配合电力交易机构履行市场运营职能

（C）监测和分析市场运行情况，依法依规干预市场，预防市场风险，并于事后向监管机构和政府相关部门及时报告

（D）对市场主体违反交易规则、扰乱市场秩序等违规行为进行报告并配合调查

答案：AB

29. 按照《电力中长期交易基本规则》（发改能源规〔2020〕889号）的要求，下列属于电力中长期交易中电力用户权利和义务的包括（　　）。

（A）签订并执行并网调度协议，服从电力调度机构的统一调度

（B）获得公平的输配电服务和电网接入服务，按时支付购电费、输配电费、政府性基金及附加等

（C）服从电力调度机构的统一调度，在系统特殊运行状况下（如事故、严重供不应求等）按照电力调度机构要求安排用电

（D）拥有配电网运营权的售电公司承担配电区域内电费收取和结算业务

答案：BC

30. 按照《电力中长期交易基本规则》（发改能源规〔2020〕889号）的要求，下列属于电力中长期交易中发电企业权利和义务的包括（　　）。

（A）按照规则参与电力交易，签订和履行各类交易合同，按时完成电费结算

（B）按照电力企业信息披露和报送等有关规定披露和提供信息，获得市场化交易和输配电服务等相关信息

（C）具备满足参与市场化交易要求的技术支持手段

（D）依法依规履行清洁能源消纳责任

答案：ABC

31. 按照《电力中长期交易基本规则》（发改能源规〔2020〕889号）的要求电力中长期交易的市场成员包含（　　）。

（A）发电、储能企业　　　　　　　（B）电网企业

（C）电力调度、交易机构　　　　　（D）配售电企业和电力用户

答案：ABCD

32. 按照《售电公司管理办法》（发改体改规〔2021〕1595号）的要求，（　　　　）所属售电公司（含全资、控股或参股）应当具有独立法人资格，独立运营。

（A）发电企业　　　（B）电网企业　　　（C）高新产业园区　　　（D）电力用户

答案：ABC

33．按照《售电公司管理办法》（发改体改规〔2021〕1595 号）的要求，电网企业所属售电公司应当确保售电业务从（　　）等方面与其他业务隔离。

（A）人员　　　　　（B）财务　　　　　（C）办公地点　　　（D）信息

答案：ABCD

34．按照《售电公司管理办法》（发改体改规〔2021〕1595 号）的要求，关于保底售电表述正确的是（　　）。

（A）执行保底零售价格满一年后，电力用户可自主选择与其他售电公司协商签订新的零售合同

（B）因触发保底服务对批发合同各方、电力用户造成的损失由保底售电公司承担

（C）售电公司被强制退出或自愿退出，其所有已签订但尚未履行的购售电合同若无保底售电公司承接，可由电网企业保底供电

（D）未能处理好购售电合同相关事宜的，电力交易机构依法依规制定售电公司保函、保险偿付相应市场主体的方案，电网企业按方案完成保函、保险使用、偿付工作

答案：CD

35．按照《售电公司管理办法》（发改体改规〔2021〕1595 号）的要求，关于售电公司从业人员要求正确的是（　　）。

（A）应拥有 8 名及以上具有劳动关系的全职专业人员

（B）应有电力、能源、经济、金融等行业 3 年及以上工作经验

（C）至少拥有 1 名高级职称和 3 名中级职称的专业管理人员

（D）技术职称包括电力、经济、会计等相关专业

答案：BCD

36．按照《售电公司管理办法》（发改体改规〔2021〕1595 号）的要求，关于售电公司注册表述正确的有（　　）。

（A）售电公司自主选择电力交易机构办理注册，获取交易资格，无需重复注册

（B）售电公司应在开展售电业务的省（区、市）分别办理注册

（C）负责首次办理售电公司注册手续的电力交易机构，负责对其按照本办法规定办理业务的有关材料进行完整性审查

（D）准许售电公司开展业务的各省（区、市）电力交易机构，对相应售电公司有关材料进行完整性审查

答案：AC

37．按照《售电公司管理办法》（发改体改规〔2021〕1595 号）的要求，关于售电公司资产要求正确的是（　　）。

（A）资产总额不得低于 1 千万元人民币

（B）资产总额不得低于 2 千万元人民币

（C）资产总额在 2 千万～1 亿元（不含）人民币的，可以从事年售电量不超过 30 亿 kWh 的售电业务

（D）资产总额在 1 亿～2 亿元（不含）人民币的，可以从事年售电量不超过 50 亿 kWh 的售电业务

答案：BC

38．按照《售电公司管理办法》（发改体改规〔2021〕1595 号）的要求，售电公司办理注册时，提供的资产证明可以为（　　）。

（A）近 3 个月内的资产评估报告

（B）近 1 年的审计报告

（C）近 6 个月的验资报告、银行流水

（D）成立时间不满 6 个月的售电公司，需提供自市场监督管理部门注册以后到申请市场注册时的资产证明材料

答案：ABCD

39．按照《售电公司管理办法》（发改体改规〔2021〕1595 号）的要求，售电公司被强制退出，其所有已签订但尚未履行的购售电合同可以采用的处理方式包括（　　）。

（A）自主协商解除合同

（B）以转让、拍卖等方式转给其他售电公司

（C）零售用户与其他售电公司重新签订

（D）由保底售电公司代理

答案：ABCD

40．按照《售电公司管理办法》（发改体改规〔2021〕1595 号）的要求，售电公司未按时足额缴纳履约保函、保险，经电力交易机构书面提醒仍拒不足额缴纳的，应对其实施措施（　　）。

（A）取消其后续交易资格

（B）在政府指定网站公布该售电公司相关信息和行为

（C）按规定对法人、自然人股东依法依规实施失信惩戒

（D）对其公司所有人员实施售电业务禁入

答案：ABC

41．按照《售电公司管理办法》（发改体改规〔2021〕1595 号）的要求，售电公司应履行义务表述正确的是（　　）。

（A）承担保密义务

（B）遵守电力市场交易规则

（C）受委托代理用户与电网企业的涉网事宜

（D）定期公布代理用户交易情况

答案：ABC

42．按照《售电公司管理办法》（发改体改规〔2021〕1595 号）的要求，售电公司有（　　）情形，经地方主管部门和能源监管机构调查确认后，启动强制退出程序。

（A）隐瞒有关情况或以提供虚假申请材料等方式违法违规进入市场，且拒不整改

（B）严重违反市场交易规则，且拒不整改

（C）企业违反信用承诺，且拒不整改

（D）连续 2 年未在任一行政区域开展售电业务

答案：ABC

43．按照《售电公司管理办法》（发改体改规〔2021〕1595 号）信用评价方面的要求，建立企业法人及其法定代表人、（　　）信用记录，将其纳入全国信用信息共享平台，确保各类企业的信用状况透明、可追溯、可核查。

（A）董事　　　　　（B）监事　　　　　（C）高级管理人员　　　（D）从业人员

答案：ABC

44．按照放管并重的要求，加强电力价格行为监管，建立价格异常波动调控机制，健全市场规范、资金结算、（　　）信息披露等制度，确保燃煤发电上网电价合理形成。

（A）交易原则　　　（B）电力调度　　　（C）价格机制　　　　（D）风险防范

答案：ABD

45．保障（　　）、（　　）发用电优先购电、优先发电，坚持清洁能源优先上网，加大节能减排力度，并在保障供需平衡的前提下，逐步形成以市场为主的电力电量平衡机制。

（A）环保性　　　　（B）节能性　　　　（C）公益性　　　　　（D）调节性

答案：CD

46．并网发电厂对电力调度机构提供的设备参数的（　　）和（　　）负责。

（A）完整性　　　　（B）全面性　　　　（C）正确性　　　　　（D）准确性

答案：AC

47．参加市场交易的发电企业、电力用户、售电公司，以及独立辅助服务提供者应当是（　　）的经济实体。

（A）具有法人资格　　　　　　　　　　（B）财务独立核算

（C）信用评价合格　　　　　　　　　　（D）能够独立承担民事责任

答案：ABCD

48．充分考虑不同类型、不同环节电价之间的关系，统筹谋划好（　　）上网电价形成机制，以及不同类型用户销售电价形成机制，确保深化燃煤发电上网电价机制改革措施有

效衔接。

（A）核电 　　　　（B）水电 　　　　（C）新能源 　　　　（D）燃气发电

答案：ABCD

49. 充分依托各地现有电力交易市场，积极发挥市场管理委员会作用，完善市场交易、运行等规则，规范市场主体交易行为，保障市场交易（　　）。

（A）公平 　　　　（B）公正 　　　　（C）公开 　　　　（D）公示

答案：ABC

50. 除居民、农业、重要公用事业和公益性服务等行业电力用户，以及电力生产供应所必需（　　）之外，其他电力用户均属于经营性电力用户。

（A）厂用电 　　　　（B）安保用电 　　　　（C）线损 　　　　（D）生产用电

答案：AC

51. 当前电力市场，信用管理主要内容包括（　　）等。

（A）市场主体信用等级评价 　　　　（B）履约保函及保险管理

（C）风险保证金管理 　　　　（D）交易手续费管理

答案：ABC

52. 党的十八届三中全会提出了下列（　　）为深化电力体制改革的主要内容。

（A）政企分开 政资分开 　　　　（B）能源发展 社会发展

（C）特许经营 政府监管 　　　　（D）安全高效 经济合理

答案：AC

53. 党中央、国务院关于电力体制改革和价格机制改革的相关文件明确提出，要坚持"（　　）"，有序放开输配以外的竞争性环节电力价格。

（A）管住中间 　　　　（B）管住两头 　　　　（C）放开中间 　　　　（D）放开两头

答案：AD

54. 低风险售电公司，可选择执行的风险防范管理措施有（　　）。

（A）履约保函 　　　　（B）履约保险 　　　　（C）风险保证金 　　　　（D）承诺书

答案：AB

55. 电改9号文强调"三放开，一独立，三加强"中，"三放开"是指（　　）。

（A）有序放开输配以外的竞争性环节电价

（B）有序向社会资本开放配售电业务

（C）有序放开公益性和调节性以外的发用电计划

（D）有序放开政府监管权力

答案：ABC

56．电价价外征收的主要项目包括（ ）。

（A）国家重大水利工程建设基金 （B）农网还贷资金

（C）城市公用事业附加 （D）配电成本

答案：ABC

57．电力交易机构组建和规范运行的基本原则包括（ ）。

（A）平稳起步，有序推进 （B）相对独立，依规运行

（C）坚持高效，鼓励创新 （D）依法监管，保障公平

答案：ABD

58．电力批发市场是指（ ）之间进行电力交易的市场。

（A）发电企业和电力批发用户 （B）发电企业和售电公司

（C）发电企业和零售用户 （D）售电公司和调度机构

答案：AB

59．电力调度机构对已安装 AVC 装置的并网发电厂的机组 AVC（ ）和（ ）进行考核。

（A）投运率 （B）调节合格率 （C）调节性能 （D）投退次数

答案：AB

60．电力调度机构根据电网和并网发电厂的实际情况，安全、经济安排并网发电厂参与电力系统（ ）。

（A）调频 （B）调峰 （C）调压 （D）备用

答案：ABCD

61．电力现货市场对发电厂商提出的技术要求，正确的是（ ）。

（A）需要熟练掌握电力现货市场基本规则，了解市场流程及业务规则

（B）需要提高发电边际成本预测能力，以支撑报价策略

（C）应进一步提升机组技术水平，通过技术改造改善 AGC 性能，缩短响应时间

（D）优化机组运行策略，以提高参与调频、调峰等辅助服务能力

答案：ABCD

62．电网公平开放应遵循以下（ ）原则。

（A）依法合规 （B）程序规范 （C）公开透明 （D）加强监管

答案：ABCD

63．电网企业代理购电一般工商业用户电价由（ ）组成。

（A）代理购电价格 （B）输配电价

（C）政府性基金及附加 （D）基本电费

答案：ABC

64. 电网企业受理电源项目接入系统设计方案报告后，应按照（　）原则向电源项目出具书面回复意见。

（A）公平　　　　　（B）公开　　　　　（C）高效　　　　　（D）安全

答案：ABCD

65. 电网企业应按照本办法要求，定期公布、及时调整符合补助条件的可再生能源发电补贴清单，并定期将公布情况报送（　）部门。

（A）财政部　　　　（B）国家发改委　　　（C）国家能源局　　　（D）国务院

答案：ABC

66. 电网调度工作要坚持"（　）"的方针和"（　）"原则

（A）安全第一、预防为主　　　　　　　（B）公开、公平、公正

（C）公开、透明、公正　　　　　　　　（D）三公

答案：AB

67. 对使用履约保函、履约保险清算相关欠费的办理方案，由（　）、（　）做最终核定。

（A）省级政府电力主管部门　　　　　　（B）监管机构

（C）电网企业　　　　　　　　　　　　（D）电力交易机构

答案：AB

68. 根据《关于进一步深化燃煤发电上网电价市场化改革的通知》（发改价格〔2021〕1439号）要求，对暂未直接从电力市场购电的用户由电网企业代理购电，代理购电价格主要通过场内（　）方式形成。

（A）双边协商　　　（B）集中竞价　　　（C）挂牌交易　　　（D）竞争性招标

答案：BD

69. 发电厂并网运行应该贯彻（　）的电力安全生产方针。

（A）安全第一　　　（B）预防为主　　　（C）综合治理　　　（D）协调统一

答案：ABC

70. 发电企业、电力用户、售电公司等市场主体要牢固树立（　），直接交易合同达成后必须严格执行。

（A）市场意识　　　（B）法律意识　　　（C）契约意识　　　（D）信用意识

答案：ABCD

71. 辅助服务包括（　）。

（A）自动发电控制　　　　　　　　　　（B）旋转备用

（C）黑启动　　　　　　　　　　　　　（D）无功及电压支持

答案：ABCD

72. 辅助服务费用应根据《电力辅助服务管理办法》（国能发监管规〔2021〕61 号）有关规定，按照（　　）的原则，由相关发电侧并网主体、电力用户合理分摊。

（A）谁提供、谁获利　　　　　　　　（B）谁受益、谁承担

（C）谁受益、谁分摊　　　　　　　　（D）谁提供、谁获益

答案：AB

73. 辅助服务市场中，风电和光伏新能源发电企业的主要权责包括以下（　　）。

（A）按规定披露和提供信息

（B）出具辅助服务市场交易结算凭据

（C）及时反映辅助服务市场中存在的问题

（D）加强设备维护

答案：ACD

74. 各地要有针对性地制定和完善相关规章制度，实施（　　）机制，加大电力直接交易的履约监管力度。

（A）守信联合激励　　　　　　　　　（B）失信联合惩戒

（C）守信联合奖励　　　　　　　　　（D）失信联合惩罚

答案：AB

75. 各级调控机构依据电力市场规则、有关合同或者协议，实施（　　）调度。

（A）公平　　　　　（B）公开　　　　　（C）公正　　　　　（D）公允

答案：ABC

76. 根据《北京电力交易中心绿色电力交易实施细则（修订稿）》（京电交市〔2023〕44 号），参与绿色电力交易的电力用户、售电公司，其购电价格由（　　）等构成。

（A）绿色电力交易价格　　　　　　　（B）输配电价

（C）辅助服务费用　　　　　　　　　（D）政府性基金及附加

答案：ABCD

77. 根据《电力中长期交易基本规则》（发改能源规〔2020〕889 号）规定，市场用户的用电价格由（　　）组成。

（A）输配电价格　　　　　　　　　　（B）电能量交易价格

（C）政府性基金及附加　　　　　　　（D）辅助服务费用

答案：ABCD

78. 根据《电力中长期交易基本规则》（发改能源规〔2020〕889 号）规定，下列属于电力中长期交易中电网企业的权利和义务包括（　　）。

（A）为市场主体提供公平的输配电服务和电网接入服务，提供报装、计量、抄表、收费等各类供电服务

（B）建设、运行、维护和管理电网配套技术支持系统，服从电力调度机构的统一调度

（C）收取输配电费，代收代付电费和政府性基金及附加等，—7—按时完成电费结算

（D）按照电力企业信息披露和报送等有关规定披露和提供信—5—息，获得市场化交易和输配电服务等相关信息

答案：ABC

79. 根据《电力中长期交易基本规则》（发改能源规〔2020〕889 号）规定，下列属于电力中长期交易中售电公司的权利和义务包括（　　）。

（A）拥有配电网运营权的售电公司承担配电区域内电费收取和结算业务

（B）按照规则参与电力市场化交易，签订和履行市场化交易合同，按时完成电费结算

（C）依法依规披露和提供信息，在政府指定网站上公示公司资产、经营状况等情况和信用承诺，依法对公司重大事项进行公告，并定期公布公司年报

（D）依法依规履行清洁能源消纳责任

答案：ABCD

80. 根据《关于印发电力体制改革配套文件的通知》（发改经体〔2015〕2752 号），电力市场管理委员会由（　　）等派委员组成。

（A）电网企业　　　（B）发电企业　　　（C）售电企业　　　（D）监管机构

答案：ABC

81. 根据《中共中央 国务院关于进一步深化电力体制改革的若干意见》（中发〔2015〕9 号），新一轮电力体制改革的基本原则是（　　）。

（A）坚持安全可靠　　　　　　　　（B）坚持市场化改革

（C）坚持保障民生　　　　　　　　（D）坚持科学监管

答案：ABCD

82. 根据《关于推进电力市场建设的实施意见》（中发〔2015〕9 号），电力市场主要由中长期市场和现货市场构成，其中现货市场主要开展（　　）交易。

（A）日前交易　　　　　　　　　　（B）实时交易

（C）调频辅助服务　　　　　　　　（D）调压辅助服务

答案：ABC

83. 根据《关于组织开展电网企业代理购电工作有关事项的通知》（发改办价格〔2021〕809 号），电网企业要定期预测代理购电工商业用户用电量及典型负荷曲线，（　　）用电量规模单独预测。

（A）工商业　　　（B）居民　　　（C）农业　　　（D）市场化用户

答案：BC

84．根据《关于组织开展电网企业代理购电工作有关事项的通知》（发改办价格〔2021〕809 号）规定，电网企业代理工商业用户购电电量来源有（　　）。

（A）市场化方式采购电量

（B）保量保价的优先发电电量

（C）燃煤发电基数电量

（D）保量竞价的电量

答案：AB

85．根据《关于组织开展电网企业代理购电工作有关事项的通知》（发改办价格〔2021〕809 号）规定，电网企业代理购电用户电价由（　　）组成。

（A）代理购电价格　　　　　　　　（B）输配电价

（C）政府性基金及附加　　　　　　（D）容量电价

答案：ABC

86．以下（　　）不属于建设全国统一电力市场体系的工作原则。

（A）坚持清洁低碳　　　　　　　　（B）坚持统一调度

（C）坚持安全可靠　　　　　　　　（D）坚持立破并举

答案：AC

87．根据《国家发展改革委关于进一步深化燃煤发电上网电价市场化改革的通知》（发改价格〔2021〕1439 号）要求，（　　）用电由电网企业保障供应，执行现行目录销售电价政策。

（A）居民　　　　　　　　　　　　（B）居民电价的学校

（C）社会福利机构　　　　　　　　（D）社区服务中心

答案：ABCD

88．根据《关于绿色电力交易试点工作方案的复函》（发改体改〔2021〕1260 号），初期绿色电力产品主要为（　　）发电企业的上网电量。

（A）风电　　　　　　　　　　　　（B）光伏

（C）水电　　　　　　　　　　　　（D）生物质

答案：AB

89．根据《中华人民共和国民法典》（中华人民共和国主席令第四十五号）第 470 条规定，合同的内容由当事人约定，一般包括下列（　　）条款。

（A）违约责任　　　　　　　　　　（B）解决争议的方法

（C）履行期限、地点和方式　　　　（D）价款或者报酬

答案：ABCD

90．根据《中华人民共和国民法典》（中华人民共和国主席令第四十五号）第 497 条规定，有下列（　　）情形之一的，该格式条款无效。

（A）提供格式条款一方不合理地限制对方权利

（B）提供格式条款一方不合理地增加自身权利

（C）提供格式条款一方不合理地免除或者减轻其责任

（D）提供格式条款一方不合理地加重对方责任

答案：CD

91．根据《中华人民共和国民法典》（中华人民共和国主席令第四十五号）第 500 条规定，当事人在订立合同过程中有下列（　　）情形之一，造成对方损失的，应当承担赔偿责任。

（A）假借订立合同，恶意进行磋商

（B）泄露、不正当地使用商业秘密或者其他应当保密的信息

（C）故意隐瞒与订立合同有关的重要事实或者提供虚假情况

（D）有其他违背诚信原则的行为

答案：ACD

92．根据《中华人民共和国民法典》（中华人民共和国主席令第四十五号）第 506 条规定，合同中的下列（　　）免责条款无效。

（A）当事人超越经营范围的

（B）造成对方人身损害的

（C）超越权限订立的

（D）因故意或者重大过失造成对方财产损失的

答案：BD

93．根据《中华人民共和国民法典》（中华人民共和国主席令第四十五号）第 57 条规定，法人是具有（　　）和（　　），依法独立享有民事权利和承担民事义务的组织。

（A）民事能力　　　　　　　　　　（B）民事权利能力

（C）民事行为能力　　　　　　　　（D）民事干预能力

答案：BC

94．根据《中华人民共和国民法典》（中华人民共和国主席令第四十五号）第 68 条规定，有下列（　　）原因之一并依法完成清算、注销登记的，法人终止。

（A）法人解散

（B）法人被宣告破产

（C）法人依法被吊销营业执照、登记证书，被责令关闭或者被撤销

（D）法律规定的其他原因

答案：ABD

95．根据《中华人民共和国民法典》（中华人民共和国主席令第四十五号）第 69 条规定，有下列（　　）情形之一的，法人解散。

（A）法人章程规定的存续期间届满或者法人章程规定的其他解散事由出现

（B）法人的权力机构决议解散

（C）法人依法被吊销营业执照、登记证书，被责令关闭或者被撤销

（D）法人被宣告破产

答案：ABC

96．根据我国各试点省份的现货市场设计方案，现货市场运行一般划分为（　　）三个阶段。

（A）模拟试运行　　　（B）结算试运行　　　（C）不调电试运行　　　（D）正式运行

答案：ABD

97．鼓励签订多年中长期合同，对多年中长期合同予以（　　）、（　　）、（　　）。

（A）优先安排　　　（B）优先组织　　　（C）优先执行　　　（D）优先结算

答案：ABC

98．根据国家发展改革委《关于进一步深化燃煤发电上网电价市场化改革的通知》（发改价格〔2021〕1439 号），文件明确的改革内容主要包括以下哪些方面（　　）。

（A）有序放开全部燃煤发电电量上网电价

（B）加强电力规划和市场监管

（C）扩大市场交易电价上下浮动范围

（D）推动工商业用户都进入市场

答案：ACD

99．关于可再生能源保障性收购利用小时数，以下说法正确的是（　　）。

（A）保障小时数以内电量应按燃煤基准价结算

（B）保障小时数以内电量应享受国家可再生能源补贴

（C）保障小时数之外电量电价应通过市场化方式形成

（D）保障小时数之外电量不应享受国家可再生能源补贴

答案：AC

100．关于全生命周期合理利用小时数，以下说法错误的是（　　）。

（A）风电一类资源区项目 48000h　　　（B）风电二类资源区项目 46000h

（C）风电三类资源区项目 42000h　　　（D）海上风电项目 52000h

答案：BC

101．关于全生命周期合理利用小时数，以下说法正确的是（　　）。

（A）光伏一类资源区项目 32000h

（B）光伏二类资源区项目 28000h

（C）光伏三类资源区项目 22000h

（D）光伏一类资源区领跑者基地项目 35200h

答案：ACD

102．关于碳交易说法正确的是（　　）。

（A）碳交易，即把二氧化碳排放权作为一种商品，从而形成了二氧化碳排放权的交易

（B）二氧化碳排放权交易以每 t 二氧化碳当量为计算单位

（C）在排放总量控制的前提下，包括二氧化碳在内的温室气体排放权成为一种稀缺资源，从而具备了商品属性

（D）某企业每年的碳排放配额为 2 万 t，如果企业通过技术改造，碳排放量减少为 1.5 万 t，那么多余的 5000t，就可以在碳市场上出售

答案：ABCD

103．国家电网运行实行（　　）。

（A）统一调度　　　（B）统一管理　　　（C）分级管理　　　（D）分级调度

答案：AC

104．国家发展改革委、国家能源局印发《电力中长期交易基本规则》（发改能源规〔2020〕889 号）文件规定，未开展电力现货交易的地区，电力中长期交易执行本规则，本规则所称电力中长期交易指发电企业、电力用户、售电公司等市场主体，通过（　　）、（　　）等市场化方式，开展的多年、年、季、月、周、多日等电力批发交易。

（A）自主协商　　　（B）双边协商　　　（C）集中竞价　　　（D）集中交易

答案：BD

105．国家发展改革委《关于进一步深化燃煤发电上网电价市场化改革的通知》（发改价格〔2021〕1439 号）的通知中提出的保障措施有（　　）。

（A）全面推进电力市场建设　　　　　（B）加强与分时电价政策衔接

（C）避免不合理行政干预　　　　　　（D）加强煤电市场监管

答案：ABCD

106．国家发展改革委《关于进一步深化燃煤发电上网电价市场化改革的通知》（发改价格〔2021〕1439 号）的通知中提出的改革内容有（　　）。

（A）有序放开全部燃煤发电电量上网电价

（B）扩大市场交易电价上下浮动范围

（C）推动工商业用户都进入市场

（D）保持居民、农业用电价格稳定

答案：ABCD

107．国家发展改革委关于深化燃煤发电上网电价形成机制改革指导意见的基本原则（　　）。

（A）坚持整体设计，分步推进　　　　（B）坚持统筹谋划，有效衔接

（C）坚持协同推进，保障供应　　　　（D）坚持强化监管，规范有序

答案：ABCD

108．国调及分中心可结合（　　）等情况，对省调直调机组的启停进行许可。

（A）全网电力电量平衡　　　　（B）备用容量安排

（C）新能源消纳　　　　（D）电网安全需要

答案：ABCD

109．机组的调试（试验）计划不满足（　　）等要求，电力调度机构可根据需要对机组的发电出力曲线进行调整。

（A）电力有序供应　　　　（B）电网安全稳定

（C）调峰调频　　　　（D）电力平衡情况

答案：ABCD

110．机组启动费用包括（　　）。

（A）热态启动费用　　　　（B）温态启动费用

（C）冷态启动费用　　　　（D）常态启动费用

答案：ABC

111．机组申报电能量费用时，每段需申报（　　）。

（A）需申报出力区间起点　　　　（B）出力区间终点

（C）该区间的能量价格　　　　（D）爬坡速率

答案：ABC

112．积极配合市场监管部门及时查处电力市场中（　　）等违法违规价格行为，以及地方政府滥用行政权力排除、限制竞争的行为。

（A）市场主体价格串通　　　　（B）实施垄断协议

（C）滥用市场支配地位　　　　（D）恶意招投标

答案：ABC

113．基本辅助服务主要包括（　　）。

（A）一次调频　　（B）基本调峰　　（C）二次调频　　（D）基本无功调节

答案：ABD

114．计划操作应尽量避免在（　　）时间进行，特殊情况下进行操作应有相应的安

全措施。

（A）交接班时 （B）雷雨、大风等恶劣天气时

（C）电网发生异常及故障时 （D）电网高峰负荷时段

答案：ABCD

115. 加强和规范燃煤自备电厂监督管理的意义有（ ）。

（A）有利于加强电力统筹规划，推动自备电厂有序发展

（B）有利于促进清洁能源消纳，提升电力系统安全运行水平

（C）有利于提高能源利用效率，降低大气污染物排放

（D）有利于维护市场公平竞争，实现资源优化配置

答案：ABCD

116. 建立电网企业代理购电机制，保障机制平稳运行，要规范透明实施，强化代理购电监管，加强信息公开，确保服务质量，保障代理购电行为（ ）。

（A）平稳 （B）公平 （C）公正 （D）公开

答案：BCD

117. 交易机构主要负责的内容包括（ ）。

（A）市场交易平台的建设、运营和管理

（B）研究讨论交易机构章程、交易和运营规则

（C）市场交易组织，提供结算依据和相关服务

（D）市场主体注册和相应管理

答案：ACD

118. 进一步发挥中长期市场在（ ）的基础作用。

（A）主导市场价格 （B）平衡长期供需

（C）稳定市场预期 （D）降低企业成本

答案：BC

119. 可优先兑付可再生能源补贴资金的项目有（ ）。

（A）光伏扶贫项目 （B）自然人分布式项目

（C）参与绿证交易项目 （D）自愿转平价项目

答案：ABCD

120. 可再生能源电力消纳责任权重包括（ ）。

（A）总量消纳责任权重 （B）新能源消纳责任权重

（C）非水电消纳责任权重 （D）水电消纳责任权重

答案：AC

121．可再生能源发电项目全容量并网时间认定办法中，需提供的审核材料包括（　　）。

（A）接入系统方案
（B）全容量并网时间承诺
（C）电力业务许可证
（D）并网调度协议

答案：BCD

122．零售市场用户的权利和责任包括（　　）。

（A）履行与售电公司签订的零售合约

（B）在合约有效期内依据合约获取相关方履行合约的信息，审核确认本企业的结算结果并及时反馈意见

（C）按照市场规则和零售合约承担辅助服务、偏差考核、违约等相关责任

（D）向电网企业支付电费并获取增值税专用发票

答案：ABCD

123．绿色电力认购证明内容包括（　　）。

（A）买方名称
（B）购买绿色电力来源
（C）认购电量
（D）认购电价

答案：ABC

124．目前国内第一批 8 个现货试点中，（　　）省为集中式电力现货市场模式。

（A）福建
（B）山东
（C）山西
（D）甘肃

答案：BCD

125．目前我国碳交易市场有两类基础产品，一类为政府分配给企业的（　　），另一类为（　　）。

（A）碳排放配额
（B）核证自愿减排量（CCER）
（C）碳汇
（D）CCUS

答案：AB

126．纳入国家补贴范围的可再生能源发电项目上网电价在当地基准价以内的部分，由当地省级电网结算，高出部分按程序申请国家可再生能源发展基金补贴。其中，当地基准价含（　　）电价。

（A）脱硫
（B）脱硝
（C）超低排放
（D）除尘

答案：ABD

127．批发市场用户的权利和责任包括（　　）。

（A）在交易平台上填制合约结算方式、价格等信息，将合约上传至交易平台备案，在合约有效期内依据合约获取相关方履行合约的信息，在预结算单据结果公示后审核确认本企业结算结果并反馈意见

（B）按照市场规则，承担辅助服务、偏差考核、违约等相关责任

（C）向电网企业支付电费并获取增值税专用发票

（D）拥有配电网运营权的售电公司可向用户收取电费并开具增值税专用发票，向电网企业支付购电费、输电费，并代收政府性基金及政策性交叉补贴，归集至电网企业

答案：ABC

128．平价上网项目和低价上网项目如存在（　　）情况，由省级政府主管部门会同电网企业将此部分电量全额核定为可转让的优先发电计划，可在全国范围内通过发电权交易转让给其他发电企业并获取收益。

（A）弃风　　　　　（B）弃水　　　　　（C）弃光　　　　　（D）高污染

答案：AC

129．评价电能质量的主要指标包括（　　）。

（A）电压　　　　　（B）频率　　　　　（C）波形　　　　　（D）电流

答案：ABC

130．全国碳市场采用"双城模式"，将交易中心设置在（　　），将碳配额登记中心设计在（　　）。

（A）上海　　　　　（B）武汉　　　　　（C）北京　　　　　（D）广州

答案：AB

131．全面推进电力市场建设，健全电力市场体系，加快培育合格售电主体，丰富（　　），加快电力现货市场建设，加强（　　），探索建立（　　）。

（A）现货交易品种　　　　　　　　（B）中长期交易品种

（C）辅助服务市场建设　　　　　　（D）市场化容量补偿机制

答案：BCD

132．燃煤发电上网电价完全放开由市场形成的，上网电价中包含（　　）。

（A）脱硫　　　　　（B）脱硝　　　　　（C）超低排放　　　　　（D）除尘

答案：ABCD

133．日前负荷预测包括次日的（　　）。

（A）统调负荷曲线预测　　　　　　（B）110kV 母线负荷预测

（C）220kV 母线负荷预测　　　　　（D）500kV 母线负荷预测

答案：AC

134．若存在平衡约束无法满足要求的时段，调度机构可以（　　），并重新出清得到满足安全约束的交易结果。

（A）采取调整运行边界　　　　　　（B）增加机组约束

（C）组织有序用电　　　　　　　　（D）修改机组参数

答案：ABC

135．生态环境部根据国家温室气体排放控制要求，（　　）等因素，制定碳排放配额总量确定与分配方案。

（A）综合考虑经济增长　　　　　　　（B）产业结构调整

（C）能源结构优化　　　　　　　　　（D）大气污染物排放协同控制

答案：ABCD

136．市场运营机构包括（　　）。

（A）电力交易机构　　（B）电力调度机构　　（C）营销服务中心　　（D）发电企业

答案：AB

137．市场主体存在（　　）情形会被暂停交易资格。

（A）不履行合约、欠费

（B）违约用电、违法转供电

（C）资产重组或者破产倒闭

（D）严重违反市场交易规则，且拒不整改

答案：AB

138．市场主体接受（　　）的监督。

（A）能源监管机构　　（B）政府部门　　　（C）电网公司　　　（D）售电公司

答案：AB

139．市场主体有以下（　　）情形的，相关政府主管部门根据职能组织调查确认，提出警告，勒令整改。

（A）发生重大违约　　　　　　　　　（B）未履行定期信息披露义务

（C）主体法人变更　　　　　　　　　（D）拖欠电费

答案：ABD

140．输配电价改革后，根据电网各电压等级的（　　）等情况核定分电压等级输配电价，测算并单列居民、农业等享受的交叉补贴及工商业用户承担的交叉补贴。

（A）资产　　　　　（B）费用　　　　　（C）电量　　　　　（D）线损率

答案：ABCD

141．送受电双方经协商后确实无法达成一致意见的，可建议（　　）协调。

（A）国家发展改革委　　（B）国务院　　　（C）国家能源局　　　（D）省发展改革委

答案：AC

142．调管范围是指调控机构行使调度指挥权的发、输、变电系统，包括（　　）范围和（　　）范围。

（A）直接调度　　　　（B）许可调度　　　（C）授权调度　　　（D）间接调度

答案：AB

143. 调频市场的参与者包括（   ）。

（A）燃煤发电企业　　（B）燃气发电企业　　（C）光伏企业　　　　（D）风电企业

答案：ABCD

144. 通过市场化方式形成上网电价的工商业用户用电价格，包括（   ），不再执行目录电价。

（A）市场化方式形成上网电价　　　　　　（B）输配电价（含交叉补贴和线损，下同）

（C）政府性基金　　　　　　　　　　　　（D）还贷基金

答案：ABC

145. 通过市场化方式形成上网电价的工商业用户用电价格，包括市场化方式形成上网电价、输配电价、政府性基金，不再执行目录电价。其中，输配电价含（   ）和（   ）。

（A）交叉补贴　　　（B）农业补贴　　　（C）还贷基金　　　（D）线损

答案：AD

146. 推进适应能源结构转型的电力市场机制建设，加快形成（   ）的电力市场体系。

（A）统一开放　　　（B）竞争有序　　　（C）安全高效　　　（D）治理完善

答案：ABCD

147. 推进输配电价改革的基本原则包括（   ）。

（A）试点先行，积极稳妥　　　　　　　（B）统一原则，因地制宜

（C）完善制度，健全机制　　　　　　　（D）突出重点，着眼长远

答案：ABCD

148. 推进输配电价改革的组织实施方式包括（   ）。

（A）建立输配电价改革协调工作机制　　（B）加强培训指导

（C）正确引导舆论　　　　　　　　　　（D）夯实工作基础

答案：ABCD

149. 完善绿电价格形成机制，落实绿色电力在（   ）、（   ）、（   ）等环节的优先定位。

（A）交易安排　　　（B）交易组织　　　（C）电网调度　　　（D）交易结算

答案：BCD

150. 完善体制机制，创新市场模式，促进新能源的（   ），发挥电力市场对能源清洁低碳转型的支撑作用。

（A）投资　　　　　（B）生产　　　　　（C）交易　　　　　（D）消纳

答案：ABCD

151. 为促进和鼓励资源综合利用，对回收利用工业生产过程中产生可利用的热能、压差及余气等建设相应规模的（   ）自备电厂，继续实施减免系统备用费和政策性交叉补贴

等相关支持政策。

（A）余热　　　　（B）余气　　　　（C）余能　　　　（D）余压

答案：ABD

152．为防止故障范围扩大，厂站运行值班人员及输变电设备运维人员可不待调度指令自行进行的紧急操作有（　　）。

（A）将对人身和设备安全有威胁的设备停电

（B）将故障停运已损坏的设备隔离

（C）厂（站）用电部分或全部停电时，恢复其电源

（D）厂站规程中规定可以不待调度指令自行处置者

答案：ABCD

153．为稳步实现全面放开燃煤发电上网电价目标，将现行燃煤发电标杆上网电价机制改为"（　　）+（　　）"的市场化价格机制。

（A）标杆价　　　（B）基准价　　　（C）上下浮动　　　（D）偏差

答案：BC

154．我国电力现货建设遵循的基本原则有（　　）。

（A）电网主导　　（B）因地制宜　　（C）统筹有序　　（D）安全可靠

答案：BCD

155．我国现行电价制度主要有（　　）等。

（A）单一制电价　　（B）两部制电价　　（C）峰谷分时电价　　（D）季节性电价

答案：ABCD

156．下列（　　）是关于输配电价改革实施意见的总体目标。

（A）建立规则明晰、水平合理的输配电价体系

（B）还原电力商品属性

（C）促进电网企业改进管理

（D）提高效率　提高成本

答案：ABC

157．下列（　　）主体可从事竞争性售电业务。

（A）拥有分布式电源的用户　　　　（B）供水、供气、供热等公共服务行业

（C）电力调度中心　　　　　　　　（D）节能服务公司

答案：ABD

158．下列关于政府限价的说法，正确的是（　　）。

（A）最高限价低于均衡价格，会导致市场短缺

（B）最低限价高于均衡价格，会导致市场过剩

（C）实施最高限价可能造成黑市交易

（D）实施最高限价会导致过度生产

答案：ABC

159．下列属于国调及分中心主要职责的是（　）。

（A）对国家电网调度系统实施专业管理，协调各局部电网的调度关系

（B）负责国家电网 500kV 以上主网调度运行管理，指挥直调范围内电网的运行、操作和故障处置

（C）制定国家电网年度运行方式

（D）组织制定国家电网主网设备年度停电计划

答案：ABCD

160．下列属于省调主要职责的是（　）。

（A）负责设备监控管理，负责监控范围内设备集中监视、信息处置和远方操作

（B）负责控制区联络线关口控制，参与电网频率调整

（C）负责直调范围内无功管理与电压调整

（D）制定直调电源及输电断面的稳定限额和安全稳定措施

答案：ABCD

161．下列选项中，不属于售电公司的权责的是（　）。

（A）负责零售市场成员注册管理

（B）监测和分析零售市场运行情况

（C）负责按要求提供零售用户注册信息变更情况

（D）协调零售市场出现的其他问题

答案：ABCD

162．下列选项中，属于零售用户的权责的有（　）。

（A）按要求提供准入及注册材料

（B）按照电力市场政策、规则向售电公司报送用电需求

（C）履行与售电公司签订的零售合同

（D）按相关规定及零售合同承担违约责任

答案：ABCD

163．下列由电力市场监管组织负责的事项（　）。

（A）决定或批准电力市场规则

（B）调查可能出现的市场力滥用情况

（C）保证电力系统安全

（D）设定垄断型电力企业提供服务和产品的价格

答案：ABD

164. 下列由市场运营商负责的事项（　　）。

（A）匹配电能投标和报价　　　　　　　　（B）决定或批准电力市场规则

（C）保证电力系统安全　　　　　　　　　（D）负责结算中标的投标与报价

答案：AD

165. 下面（　　）是未来能源电力发展新业态。

（A）智能微网　　　（B）虚拟电厂　　　（C）规模化储能　　　（D）主动配电网

答案：ABCD

166. 现阶段，信用管理对象为参与电力市场的（　）、（　）、（　）、（　）。

（A）发电企业　　　（B）售电公司　　　（C）电力用户　　　（D）电网企业

答案：ABCD

167. 新形势下，电力需求侧管理工作重点应做好以下（　　）工作。

（A）推进电力体制改革　　　　　　　　　（B）促进可再生能源替代

（C）提高智能用电水平　　　　　　　　　（D）实施电能替代

答案：ABCD

168. 需履行可再生能源消纳责任权重的市场主体包括（　　）。

（A）电网企业　　　（B）售电公司　　　（C）电力用户　　　（D）发电企业

答案：ABC

169. 研究推进保障优先发电政策执行，重点考虑（　　）等清洁能源的保障性收购。

（A）核电　　　（B）水电　　　（C）风电　　　（D）太阳能发电

答案：ABCD

170. 依据《关于组织开展电网企业代理购电工作有关事项的通知》（发改办价格〔2021〕809号），为确保代理购电机制平稳实施，2021年12月底前，电网企业主要通过（　　）方式代理购电；2022年1月起，电网企业通过参与（　　）方式代理购电。

（A）挂牌交易　　　（B）双边交易　　　（C）场内集中交易　　　（D）竞争性招标

答案：AC

171. 以下辅助服务品种属于有功功率调节的辅助服务的是（　　）。

（A）深度调峰　　　（B）一次调频　　　（C）AVC　　　（D）AGC

答案：ABD

172. 以下属于可再生能源电价附加征收范围的是（　　）。

（A）第一产业用电量　　　　　　　　　　（B）第二产业用电量

（C）第三产业用电量　　　　　　　　（D）西藏地区用电量

答案：BC

173. 以下为《中共中央　国务院关于进一步深化电力体制改革的若干意见》（中发〔2015〕9号）电力体制改革配套文件的是（　　）。

（A）《关于推进输配电价改革的实施意见》

（B）《关于推进售电侧改革的实施意见》

（C）《关于推进电力市场建设的实施意见》

（D）《关于电力交易机构组建和规范运行的实施意见》

答案：ABCD

174. 因地制宜建立发电容量成本回收机制。引导各地区根据实际情况，建立市场化的发电容量成本回收机制，探索（　　）、（　　）、（　　）等多种方式，保障电源固定成本回收和长期电力供应安全。

（A）尖峰电价　　　　（B）容量补偿机制　　　（C）容量市场　　　　（D）稀缺电价

答案：BCD

175. 影响新能源消纳的原因主要有（　　）。

（A）对新能源有补贴　　　　　　　　（B）电网发展落后于新能源增长

（C）系统灵活性资源不足　　　　　　（D）市场电价升高

答案：BC

176. 优先购电的范围包括（　　）。

（A）一般商业　　　　　　　　　　　（B）重要公用事业用电

（C）农业　　　　　　　　　　　　　（D）居民

答案：BCD

177. 有偿辅助服务主要包括（　　）。

（A）自动发电控制　　（B）自动电压控制　　（C）旋转备用　　　（D）黑启动

答案：ABCD

178. 有序放开发用电计划，分类推动（　　）等优先发电主体参与市场。

（A）燃气　　　　　　（B）热电联产　　　　（C）新能源　　　　（D）核电

答案：ABCD

179. 有序推动工商业用户全部进入电力市场，确保（　　）等用电价格相对稳定。

（A）居民　　　　　　（B）农业　　　　　　（C）公益性事业　　（D）小微企业

答案：ABC

180. 在电力市场中，电网公司所担负的责任就是（　　）。

（A）提供输电设备　　　　　　　　　（B）电力供电方

（C）为用电方输送电能　　　　　　　　（D）销售电能

答案：ABC

181．在全国较大范围内资源优化配置的功能主要通过（　）实现，负责落实国家计划、地方政府协议，促进市场化跨省跨区交易。

（A）北京电力交易中心　　　　　　　　（B）广州电力交易中心

（C）首都电力交易中心　　　　　　　　（D）南方电力交易中心

答案：AB

182．《关于进一步深化电力体制改革的若干意见》（中发〔2015〕9号）中，电力体制改革的重要性包括（　）。

（A）促进了电力行业快速发展　　　　　（B）提高了电力普遍服务水平

（C）初步形成了多元化市场体系　　　　（D）电价形成机制逐步完善

答案：ABCD

183．《关于进一步深化电力体制改革的若干意见》（中发〔2015〕9号）中，关于电力体制改革，下列说法正确的是（　）。

（A）促进了电力行业快速发展　　　　　（B）已经形成多元化电力市场体系

（C）市场化定价机制尚未完全形成　　　（D）探索了电力市场化交易和监管

答案：AD

184．《关于进一步深化电力体制改革的若干意见》（中发〔2015〕9号）中，深化电力体制改革，实现三个规范分别是（　）。

（A）规范供电系统管理　　　　　　　　（B）规范交易机构运行

（C）规范市场化售电业务　　　　　　　（D）规范自备电厂管理

答案：BCD

185．《关于进一步深化电力体制改革的若干意见》（中发〔2015〕9号）中，深化电力体制改革的基本原则是（　）

（A）坚持安全可靠　坚持市场化改革　　（B）坚持保障民生　坚持节能减排

（C）坚持绿色低碳　坚持高效发展　　　（D）坚持科学监管

答案：ABD

186．准确把握推动零售市场建设运营工作的总体原则（　）。

（A）统一设计、稳步推进　　　　　　　（B）统一开放，竞争有序

（C）管理规范，公开透明　　　　　　　（D）科学高效、技术创新

答案：BCD

187．准许成本法制定的输配电价中包括（　　）。

（A）政府补贴　　　（B）准许收益　　　（C）税金　　　（D）准许成本

答案：BCD

188．组织开展电网企业代理购电工作，要（　　）。

（A）坚持市场方向　　（B）加强政策衔接　　（C）规范透明实施　　（D）坚持因地制宜

答案：ABC

第四章 省间市场运行机制部分

一、单选题

1.《北京电力交易中心跨区跨省电力中长期交易实施细则》(京电交市〔2021〕50号)中，跨区跨省交易购电省电网企业落地价格由电能量交易价格(送电侧)和(　　)组成。

(A)输电价格　　　(B)辅助服务费用　　(C)输电损耗　　　(D)三个选项都是

答案：D

2.《北京电力交易中心跨区跨省电力中长期交易实施细则》(京电交市〔2021〕50号)中参加市场化交易的电力用户全部电量(包含省内和跨区跨省)需通过批发或者零售交易购买，且不得同时参加批发交易和零售交易。所有参加市场化交易的电力用户均不再执行(　　)。

(A)政府定价　　　(B)目录电价　　　(C)优惠电价　　　(D)峰谷电价

答案：B

3.《北京电力交易中心跨区跨省电力中长期交易实施细则》(京电交市〔2021〕50号)中电力用户由电网企业、售电公司代理参与跨区跨省交易的电力用户，必须有(　　)。

(A)履约保函　　　(B)购售电合同　　(C)委托协议　　　(D)书面协议

答案：C

4.《关于进一步做好电力现货市场建设试点工作的通知》(发改办体改〔2021〕339号)指出，符合市场化条件的跨省跨区送电量，存量按照每年不少于(　　)的比例放开，增量积极推进放开。

(A)10%　　　　　(B)20%　　　　　(C)30%　　　　　(D)40%

答案：B

5.《关于进一步做好电力现货市场建设试点工作的通知》(发改办体改〔2021〕339号)要求第二批现货试点要做好本地市场与省间市场的衔接，符合市场化条件的跨省跨区送电量，存量按照每年不少于(　　)的比例放开。

(A)15%　　　　　(B)20%　　　　　(C)25%　　　　　(D)30%

答案：B

6. 根据《北京电力交易中心跨区跨省电力中长期交易实施细则》(京电交市〔2021〕

50 号），电力调度机构应合理安排（　　），保障交易结果的执行。

（A）电网运行方式　　（B）电量计划　　　（C）交易组织方式　　（D）输电通道能力

答案：A

7. 根据《北京电力交易中心跨区跨省电力中长期交易实施细则》（京电交市〔2021〕50 号），关口计量装置需要更换时，其电能计量装置产权单位应提前（　　）个工作日将相关情况通报交易中心，由所在省电力交易中心负责联系并通过制度保障执行。

（A）1　　　　　　（B）2　　　　　　（C）3　　　　　　（D）4

答案：C

8. 根据《北京电力交易中心跨区跨省电力中长期交易实施细则》（京电交市〔2021〕50 号），交易各方可根据电力供需形势变化，经协商一致，通过交易平台对交易合同中未发生的交易电量和分月安排等内容，在合同执行周期内通过合同交易进行调整；在不影响第三方利益的前提下，可在（　　）组织下协商调整合同条款，各方对变更条款进行确认。

（A）国家能源局派出机构　　　　　　（B）电力调度机构

（C）北京电力交易中心　　　　　　　（D）电力市场管理委员会

答案：C

9. 根据《北京电力交易中心跨区跨省电力中长期交易实施细则》（京电交市〔2021〕50 号），跨区跨省输电工程停运期间，跨区跨省输电工程配套电源（　　）通过市场化方式参与其他跨区跨省通道交易，执行市场化交易合同曲线。

（A）经市场管理委员会同意后　　　　（B）经国家能源局派出机构同意后

（C）可以　　　　　　　　　　　　　（D）不可以

答案：C

10. 根据《北京电力交易中心跨区跨省电力中长期交易实施细则》（京电交市〔2021〕50 号），年度中长期交易分月电量及电力曲线及月度各类交易须（　　）进行安全校核。

（A）按申报时间　　　　　　（B）按交易电量大小

（C）按先年度再月度　　　　（D）同时

答案：D

11. 根据《北京电力交易中心跨区跨省电力中长期交易实施细则》（京电交市〔2021〕50 号），月度交易开市前，相关市场主体可参与合同交易。原则上，合同转让交易只能对（　　）及后续月份的年度（多月）交易合同分解电量及电力曲线进行转让。

（A）月前　　　　　　（B）当月　　　　　　（C）次月　　　　　　（D）月内

答案：C

12. 可参与北京电力交易中心组织的跨省跨区中长期交易的发电企业需具备（　　）条件。

（A）符合跨省跨区外送市场准入条件　　（B）符合跨省跨区外送市场注册条件

（C）符合省内市场准入条件 （D）符合市场准入条件均可

答案：A

13．跨区跨省电力中长期交易中，（ ）前，国调中心向北京电力交易中心提供次年主要输电设备停电检修计划，次年跨区跨省主要断面、各输电通道的输电限额及可用输电容量，并通过电力交易平台发布。

（A）12 月第 1 周的最后 1 个工作日 （B）11 月底

（C）11 月最后一周的最后 1 个工作日 （D）12 月第 1 周的第一 1 个工作日

答案：A

14．跨省跨区专项工程输电价格实行事前核定、定期校核。工程经营期内，每（ ）年校核一次。

（A）2 （B）3 （C）5 （D）10

答案：C

15．省间电力现货的交易品种为卖方发电企业与买方电网企业、售电公司、电力用户之间进行的（ ）交易。

（A）容量费 （B）电能量 （C）综合电价 （D）中长期电价

答案：B

16．省间电力现货交易，安全校核未通过时，按照（ ）由高到低顺序，取消相关省间电力现货交易，消除设备越限，出清边际电价不变。

（A）市场主体报价 （B）输电通道容量 （C）灵敏度 （D）机组容量

答案：C

17．省间电力现货交易采用（ ）的出清方式。

（A）双边协商 （B）挂牌交易 （C）集中竞价 （D）连续撮合

答案：C

18．省间电力现货交易的收支明细实施专账管理，接受（ ）的监管。

（A）市场运营机构 （B）调度机构 （C）政府主管部门 （D）电力用户

答案：C

19．省间电力现货交易风险干预期间，（ ）应记录干预时间、干预操作、干预原因等内容。

（A）电力交易机构 （B）市场运营机构 （C）电网企业 （D）电力调度机构

答案：B

20．省间电力现货交易规则试运行期间，应由政府主管部门按照（ ）进行评估。

（A）月度 （B）季度 （C）年度 （D）运行情况随时

答案：B

21．省间电力现货交易结算采用日清月结方式，（　　）日进行市场化交易结果清分。

(A) $D+3$　　　　(B) $D+4$　　　　(C) $D+5$　　　　(D) $D+6$

答案：C

22．省间电力现货交易中，（　　），市场主体申报日内交易时段内的"电力-价格"曲线。

(A) $T-120$ 至 $T-110$min　　　　　　(B) $T-90$ 至 $T-80$min

(C) $T-60$ 至 $T-50$min　　　　　　(D) $T-30$ 至 $T-20$min

答案：A

23．省间电力现货交易中，（　　），网调组织开展区域内辅助服务市场，并将交易结果和省间联络线计划下发至相关调度机构和发电企业。

(A) $T-120$ 至 $T-60$min　　　　　　(B) $T-60$ 至 $T-30$min

(C) $T-30$ 至 $T-15$min　　　　　　(D) $T-90$ 至 $T-60$min

答案：B

24．省间电力现货交易中，（　　）min 前，根据调度机构向国家能源局及其派出机构报备的信息披露内容，向市场主体发布省间日内现货交易所需相关信息。

(A) $T-30$　　　　(B) $T-60$　　　　(C) $T-90$　　　　(D) $T-120$

答案：D

25．省间电力现货交易中，（　　）负责计量数据的统一管理。

(A) 调度机构　　(B) 交易机构　　(C) 电网企业　　(D) 发电企业

答案：C

26．省间电力现货交易中，（　　）确定导致市场中止的情形消除后，可恢复市场交易，并向各市场成员公告通知。

(A) 国家能源局　　　　　　　　(B) 市场运营机构

(C) 北京电力交易中心　　　　　　(D) 市场管理委员会

答案：B

27．省间电力现货交易中，（　　）应配合北京电力交易中心开展市场信息披露工作。

(A) 各省级调度机构　　　　　　(B) 各省级电力交易机构

(C) 各省级能源管理部门　　　　　(D) 各省级电力企业协会

答案：B

28．省间电力现货交易中，（　　）由国家批准。

(A) 跨省区联络线的输电价格　　　(B) 省级市场边界条件

(C) 省间现货出清结果　　　　　　(D) 输电线路检修计划

答案：A

29．省间电力现货交易中，出现电力系统发生重大事故、系统安全稳定受到威胁、电力供应无法保持平稳有序等情况，市场运营机构按规定对市场进行干预或中止，电力调度机构按（ ）的原则处理，并予以免责。

（A）稳定第一　　　（B）安全第一　　　（C）经济第一　　　（D）市场第一

答案：B

30．省间电力现货交易中，电力调度机构（ ）日将 D 日市场交易结果和时间执行情况等信息提供给电力交易机构。

（A）D+1　　　（B）D+2　　　（C）D+3　　　（D）D+4

答案：A

31．省间电力现货交易中，电力调度机构在安排跨省区联络线计划时，最优先安排（ ）。

（A）省间日内现货交易　　　　　　（B）省间日前现货交易

（C）跨省区中长期交易　　　　　　（D）应急调度支援

答案：C

32．省间电力现货交易中，电网企业输配电业务属于（ ）业务。

（A）核查　　　（B）服务　　　（C）监管　　　（D）检查

答案：C

33．省间电力现货交易中，风险干预是市场运营机构依据市场规则采取一定措施对电力运行进行调整，确保电网和市场（ ）运行。

（A）经济安全　　　（B）安全平稳　　　（C）经济稳定　　　（D）经济可靠

答案：B

34．省间电力现货交易中，各跨省区联络线相邻时段的输电功率变化幅度不超过（ ）MW。

（A）400　　　（B）500　　　（C）600　　　（D）700

答案：C

35．省间电力现货交易中，根据市场运营和电网运行情况，市场运营机构和（ ）均可向政府主管部门申请制定省间电力现货规则的临时条款。

（A）发电企业　　　（B）售电公司　　　（C）电网企业　　　（D）市场主体

答案：D

36．省间电力现货交易中，节点内及同一省内不同节点间的市场主体（ ）开展省间电力现货交易。

（A）允许　　　　　　　　　　　　（B）不允许

（C）在紧急情况下允许　　　　　　（D）在非紧急情况下允许

答案：B

37. 省间电力现货交易中，买方市场主体申报的分段曲线要求为（　　）曲线。

（A）单调非递增　　（B）单调非递减　　（C）平段　　　　（D）曲线

答案：A

38. 省间电力现货交易中，买方市场主体所在节点申报（　　）曲线。

（A）电力　　　　　（B）价格　　　　　（C）电力-价格　　（D）阶梯电价

答案：C

39. 省间电力现货交易中，卖方节点最后一笔成交交易对中买方折算后价格与卖方申报价格的（　　）为该卖方节点的边际价格。

（A）平均值　　　　（B）最大值　　　　（C）最小值　　　　（D）和

答案：A

40. 省间电力现货交易中，卖方市场主体申报的分段曲线要求为（　　）曲线。

（A）单调非递增　　（B）单调非递减　　（C）平段　　　　（D）曲线

答案：B

41. 省间电力现货交易中，每一交易时段（15min）可申报的分段曲线最多为（　　）段。

（A）1　　　　　　（B）3　　　　　　（C）5　　　　　　（D）10

答案：C

42. 省间电力现货交易中，强制退出的市场主体，（　　）内不得参与省间电力现货交易。

（A）6个月　　　　（B）1年　　　　　（C）2年　　　　　（D）3年

答案：B

43. 省间电力现货交易中，日内以（　　）h为一个固定交易周期。

（A）1　　　　　　（B）2　　　　　　（C）3　　　　　　（D）4

答案：B

44. 省间电力现货交易中，日前现货交易组织周期，交易日从00:15—24:00，每（　　）min 设为一个时段。

（A）5　　　　　　（B）10　　　　　（C）15　　　　　（D）20

答案：C

45. 省间电力现货交易中，若相关交易对的成交电力超出某一跨省区联络线或输电断面的可用输电容量，则按（　　）缩减相关交易对的成交电力，形成各交易对在对应跨省区联络线及输电断面上的成交电力。

（A）价格　　　　　（B）比例　　　　　（C）容量　　　　　（D）时间

答案：B

46. 省间电力现货交易中，申报电力最小单位为（   ）MW。

（A）1　　　　　（B）5　　　　　（C）10　　　　　（D）100

答案：A

47. 省间电力现货交易中，申报价格最小单位为（   ）元/MWh。

（A）1　　　　　（B）5　　　　　（C）10　　　　　（D）100

答案：A

48. 省间电力现货交易中，市场结算用的关口表计量数据，原则上应由电能计量采集管理信息系统自动采集，并按照相关市场规则要求的抄表周期报送至（   ）。

（A）电网企业　　　　　　　　　　（B）电力调度机构

（C）电力交易机构　　　　　　　　（D）政府相关部门

答案：C

49. 省间电力现货交易中，市场运营机构按（   ）组织省间日前现货交易。

（A）日　　　　　（B）周　　　　　（C）季度　　　　　（D）年

答案：A

50. 省间电力现货交易中，市场主体报价最低为（   ）元/MWh。

（A）0　　　　　（B）1　　　　　（C）5　　　　　（D）10

答案：A

51. 省间电力现货交易中，市场主体报价最高为（   ）元/MWh。

（A）10　　　　　（B）100　　　　　（C）1000　　　　　（D）10000

答案：D

52. 省间电力现货交易中，售电公司、电力用户申报购入电力不得超过其所代理用户或自身用电负荷的（   ）。

（A）70%　　　　　（B）80%　　　　　（C）90%　　　　　（D）最大值

答案：D

53. 省间电力现货交易中，输电价格是顺序链接形成交易路径的各跨省区交直流输电通道和（   ）的输电价格之和。

（A）各省内相关输电通道　　　　　（B）特高压通道

（C）专用通道　　　　　　　　　　（D）选项均对

答案：A

54. 省间电力现货交易中，调度机构将签订的电子承诺书和电子交易单提供给（   ）。

（A）交易中心　　（B）售电公司　　（C）国家电网　　（D）国调中心

答案：A

55．省间电力现货交易中，下列不属于电子交易单内容的是（　　）。

（A）交易主体　　　　（B）交易电力　　　　（C）交易价格　　　　（D）电子承诺书

答案：D

56．省间电力现货交易中，下列属于市场边界信息的是（　　）。

（A）交易电力　　　　　　　　　　　（B）出清结果

（C）跨省区联络线可用容量　　　　　（D）风险干预记录

答案：C

57．省间电力现货交易中，因突发性社会事件、异象天气和自然灾害等，电力供应出现严重不足或电网运行出现较大风险时，应采取（　　）。

（A）风险干预　　　　（B）市场中止　　　　（C）无需干预　　　　（D）市场恢复

答案：B

58．省间电力现货市场成员包括（　　）、电网企业、售电公司、电力用户及市场运营机构。

（A）调度机构　　　　　　　　　　　（B）发电企业

（C）输电通道运营商　　　　　　　　（D）政府机构

答案：B

59．省间电力现货中，风险干预市场运营机构应记录信息不包括（　　）。

（A）干预时间　　　　（B）干预人　　　　（C）干预操作　　　　（D）干预原因

答案：B

60．省间电力现货中，国调中心在（　　）日编制 D 日的 96 时段直调系统发输电预计划（D 日为运行日）。

（A）$D-3$　　　　（B）$D-2$　　　　（C）$D-1$　　　　（D）D

答案：B

61．省间电力现货中，可再生能源企业申报电力不得超过其（　　）与预出清（预计划）之差。

（A）预测出力　　　　　　　　　　　（B）装机容量

（C）计划电量　　　　　　　　　　　（D）上一交易日申报

答案：A

62．省间电力现货中，信息披露中公开信息不包括（　　）。

（A）电厂设备信息　　　　　　　　　（B）市场出清类信息

（C）分省系统负荷预测　　　　　　　（D）市场违规行为通报

答案：A

63. 省间电力现货中，折算到卖方节点的买方市场主体电力为买方市场主体申报电力与1-（ ）的比值。

（A）厂用电率　　（B）线路网损率　　（C）允许利润率　　（D）通道利用率

答案：B

64. 省间交易成交电量按交易公告发布的（ ）进行曲线分解。

（A）交易曲线　　　　　　　　　　（B）交易曲线或明确的分解方式

（C）明确的分解方式　　　　　　　（D）信息

答案：B

65. 省间交易网络由交易节点、跨省区交直流输电通道和（ ）共同组成。

（A）省内落地点　　　　　　　　　（B）交割节点

（C）省内重要输电通道　　　　　　（D）省内重要断面

答案：C

66. 省间日前现货交易出清，预校核不通过的交易申请，按照以下（ ）原则依次递减。

（A）可再生能源优先、价格优先、节能环保优先

（B）可再生能源优先、节能环保优先、价格优先

（C）价格优先、节能环保优先、可再生能源优先

（D）价格优先、可再生能源优先、节能环保优先

答案：D

67. 省间现货规则中，下列（ ）不属于电网企业权利义务。

（A）保障电网设施的安全稳定运行　　（B）负责电费结算

（C）提供市场信息　　　　　　　　　（D）开展安全核校

答案：D

68. 省间现货交易中，卖方申报（ ）电力和价格，买方申报（ ）电力和价格。

（A）落地侧，上网侧　　　　　　　（B）发电侧，落地侧

（C）上网侧，落地侧　　　　　　　（D）落地侧，发电侧

答案：C

69. 省间现货卖方市场主体报价按照（ ）排序。

（A）从低到高　　（B）从高到低　　（C）申报时间　　（D）随机

答案：A

70. 省间现货市场运行时，省内发电企业实际发电出力低于省间电力现货交易电力时，省间电力现货交易电力（ ）。

（A）增多　　　　（B）减少　　　　（C）不变　　　　（D）不确定

答案：C

71. 省间现货市场主体同一交易时段是否可以买入或卖出电能，需根据以下情况进行界定描述正确的是（　　）。

（A）交易节点内部可再生能源富余时，节点内部买方市场主体可以在省间电力现货交易中买入电能

（B）交易节点内部可再生能源富余时，节点内部买方市场主体不得在省间电力现货交易中买入电能

（C）交易节点内部平衡紧张时，节点内部卖方市场主体可以在省间电力现货交易中卖出电能

（D）对于可再生能源是否富余和电力平衡是否紧张的判定方法，由电力调度机构认定

答案：B

72. 下列不属于省间电力现货信息分类的是（　　）。

（A）公众信息　　　（B）公开信息　　　（C）私有信息　　　（D）保密信息

答案：D

73. 依据《北京电力交易中心跨区跨省电力中长期交易实施细则》（京电交市〔2021〕50 号），报价撮合法出清按出清序列将计算后的购电方报价与售电方报价（　　）形成价差对。

（A）相减　　　（B）算数平均　　　（C）相加　　　（D）加权平均

答案：A

74. 依据《北京电力交易中心跨区跨省电力中长期交易实施细则》（京电交市〔2021〕50 号），北京电力交易中心分类汇总执行日之前的所有跨区跨省交易合同电量及电力曲线并推送至（　　）。推送时间统筹考虑生产计划安排所需时间。

（A）市场管理委员会　　　　　　（B）电力调度机构

（C）国调中心　　　　　　　　　（D）能源监管办

答案：C

75. 依据《北京电力交易中心跨区跨省电力中长期交易实施细则》（京电交市〔2021〕50 号），边际电价法出清中当购电方申报曲线与售电方申报曲线交叉，交叉点对应的价格即为边际出清价格。计算后的售电方报价低于边际出清价格的售电方申报电量、计算后的购电方报价高于边际出清价格的购电方申报电量成交；若边际出清价格对应的购电方申报电量与售电方申报电量不等，预成交电量取（　　）。

（A）较大值　　　（B）平均值　　　（C）较小值　　　（D）中间值

答案：C

76. 依据《北京电力交易中心跨区跨省电力中长期交易实施细则》（京电交市〔2021〕50 号），采用集中竞价交易方式时，对购电方和售电方报价可实行最高限价和最低限价。

最低限价和最高限价由（　　）提出，经国家能源局派出机构和地方政府相关部门审定后发布。

（A）电力调度机构　　　　　　　（B）交易中心

（C）相应电力市场管理委员会　　（D）国调中心

答案：C

77. 依据《北京电力交易中心跨区跨省电力中长期交易实施细则》（京电交市〔2021〕50 号），当某笔集中竞价交易需调减交易电量时，由北京电力交易中心按照（　　）的顺序逆序调减；当以上条件均相同时，按照申报电量等比例调减。调减后重新出清边际价格。交易公告约定各能源类型占比的，调减时应统筹考虑。

（A）清洁能源优先、节能环保优先、价格优先

（B）清洁能源优先、节能环保优先、时间优先

（C）价格优先、清洁能源优先、节能环保优先

（D）时间优先、清洁能源优先、节能环保优先

答案：C

78. 依据《北京电力交易中心跨区跨省电力中长期交易实施细则》（京电交市〔2021〕50 号），各类由电力交易平台出清的双边协商、集中交易结果按照电力交易机构与电力调度机构约定的市场关门时间，一并提交电力调度机构进行安全校核，最终的电力曲线经（　　）安全校核后执行。

（A）国调中心　　　　　　　　　（B）电力调度机构

（C）北京交易中心　　　　　　　（D）市场管理委员会

答案：B

79. 依据《北京电力交易中心跨区跨省电力中长期交易实施细则》（京电交市〔2021〕50 号），根据合同（　　），交易合同可以分为电能交易合同、回购交易合同、转让交易合同、置换交易合同、委托代理协议等。

（A）生成方式　　　（B）交易期限　　　（C）类型　　　　（D）用途

答案：D

80. 依据《北京电力交易中心跨区跨省电力中长期交易实施细则》（京电交市〔2021〕50 号），挂牌交易按照摘牌"时间优先"原则出清。实际操作中，以（　　）为一时段，每时段内摘牌视为时间优先级相同，预成交电量按申报电量等比例分配，具体以交易公告为准。

（A）5min　　　（B）10min　　　（C）15min　　　（D）20min

答案：C

81. 依据《北京电力交易中心跨区跨省电力中长期交易实施细则》（京电交市〔2021〕

50 号），滚动撮合交易中，在规定的起止时间内，市场主体随时申报购、售电信息，电力交易平台按"（　　）"的原则撮合成交。

（A）时间优先、价格优先、节能环保优先、清洁能源优先

（B）价格优先、节能环保优先、清洁能源优先、节能环保优先

（C）时间优先、价格优先、清洁能源优先、节能环保优先

（D）价格优先、时间优先、清洁能源优先、节能环保优先

答案：C

82．依据《北京电力交易中心跨区跨省电力中长期交易实施细则》（京电交市〔2021〕50 号），集中竞价交易申报曲线和出清序列按照计算后的购电方报价由高到低排序，形成购电方申报曲线或出清序列；原则上，计算后的购电方报价相同时，按（　　）预成交电量，具体以交易公告为准。

（A）申报电量平均分配　　　　　　　　（B）申报电量等比例分配

（C）用电大小分配　　　　　　　　　　（D）申报电量加权平均分配

答案：B

83．依据《北京电力交易中心跨区跨省电力中长期交易实施细则》（京电交市〔2021〕50 号），集中竞价交易申报曲线和出清序列按照计算后的售电方报价由低到高排序，形成售电方申报曲线或出清序列；原则上，计算后的售电方报价相同时，按照"（　　）"的顺序出清；上述条件相同时，按申报电量等比例分配预成交电量。

（A）时间优先、节能环保优先　　　　　（B）清洁能源优先、节能环保优先

（C）时间优先、清洁能源优先　　　　　（D）节能环保优先、清洁能源优先

答案：B

84．依据《北京电力交易中心跨区跨省电力中长期交易实施细则》（京电交市〔2021〕50 号），跨区跨省电力中长期交易中，电网企业依据（　　），作为购电方，签订厂网间优先发电合同及跨区跨省交易合同；作为输电方，签订和履行交易合同。

（A）跨省跨区优先发电计划　　　　　　（B）交易计划

（C）剩余通道输电能力　　　　　　　　（D）计划分配电量

答案：A

85．依据《北京电力交易中心跨区跨省电力中长期交易实施细则》（京电交市〔2021〕50 号），跨区跨省交易的标的物为（　　）。

（A）交易电量　　　　　　　　　　　　（B）分时段的电能量

（C）成交价格　　　　　　　　　　　　（D）电力曲线

答案：B

86．依据《北京电力交易中心跨区跨省电力中长期交易实施细则》（京电交市〔2021〕

50 号），跨区跨省年度交易安全校核由国调中心组织有关网调协同开展，原则上于（ ）个工作日内完成年度交易的安全校核，并将校核结果返回至北京电力交易中心。

（A）5　　　　　　（B）4　　　　　　（C）3　　　　　　（D）2

答案：A

87．依据《北京电力交易中心跨区跨省电力中长期交易实施细则》（京电交市〔2021〕50 号），市场主体申请退出跨区跨省交易的市场主体，应按合同承担相应违约责任，由北京电力交易中心或相关电力交易机构对其参与跨区跨省市场交易权限进行注销处理，并向社会公示。强制退出的市场主体，原则上（ ）年内不得参与跨区跨省交易。

（A）1　　　　　　（B）2　　　　　　（C）3　　　　　　（D）4

答案：C

88．依据《北京电力交易中心跨区跨省电力中长期交易实施细则》（京电交市〔2021〕50 号），市场主体无法履约的，应至少提前（ ）天以书面形式告知电网企业、售电公司、发电企业、电力交易机构等相关方，将所有已签订的购售电合同履行完毕或转让，并处理好相关事宜。

（A）45　　　　　（B）30　　　　　（C）15　　　　　（D）10

答案：A

89．依据《北京电力交易中心跨区跨省电力中长期交易实施细则》（京电交市〔2021〕50 号），以跨区跨省优先发电计划作为边界，开展年度双边协商交易、集中交易，市场主体须签订电力曲线合同或明确曲线形成原则，原则上，（ ）优先其他市场化交易组织。

（A）政府间协议　　　　　　　　　　（B）交易间协议

（C）调度间协议　　　　　　　　　　（D）市场主体间协议

答案：A

90．依据《北京电力交易中心跨区跨省电力中长期交易实施细则》（京电交市〔2021〕50 号），以年度优先发电计划合同和年度市场化交易分月电量及电力曲线作为月度交易边界，开展月度双边协商和集中交易，市场主体须签订（ ）。

（A）电力曲线合同　　　　　　　　　（B）电价合同

（C）优先发电计划合同　　　　　　　（D）分月电量合同

答案：A

91．依据《北京电力交易中心跨区跨省电力中长期交易实施细则》（京电交市〔2021〕50 号），应急支援交易首先保障电网安全，其次尽量不影响其他月度交易合同执行，合同电量、结算电量以实际调用为准。主要采用（ ）的方式组织。

（A）竞价交易　　　（B）预挂牌　　　（C）双边协商　　　（D）撮合交易

答案：B

92．依据《北京电力交易中心跨区跨省电力中长期交易实施细则》（京电交市〔2021〕50 号），在挂牌交易期间，原则上，如果同一笔挂牌意向被多个市场主体摘牌，原则上按照摘牌"（ ）"原则依序形成交易合同。

（A）时间优先 　　　（B）价格优先 　　　（C）清洁能源优先 　　　（D）节能环保优先

答案：A

93．依据《电力辅助服务管理办法》（国能发监管规〔2021〕61 号），由于跨省跨区线路检修停运等原因，跨省跨区配套机组临时向其他地区送电期间，原则上（ ）管理。

（A）应参与送端辅助服务

（B）应参与受端辅助服务

（C）应参与送受两端辅助服务

（D）不参与辅助服务

答案：A

94．在省间电力现货交易中，一般情况下 1 个省为（ ）个交易节点。

（A）1 　　　（B）2 　　　（C）3 　　　（D）4

答案：A

二、多选题

1．（ ）和（ ）是目前实现分布式电源并网最具创造力和吸引力的形式。

（A）储能装置 　　　（B）配电网 　　　（C）虚拟电厂 　　　（D）微网

答案：CD

2．《北京电力交易中心跨区跨省电力中长期交易实施细则》（京电交市〔2021〕50 号）中，安全校核应遵循（ ）基本原则。

（A）电网安全原则 　　　（B）节能低碳原则 　　　（C）逐步逼近原则 　　　（D）统一校核原则

答案：ABCD

3．《北京电力交易中心跨区跨省电力中长期交易实施细则》（京电交市〔2021〕50 号）中，北京电力交易中心应建立市场注册管理工作制度，由市场管理委员会审议通过后，向（ ）报备后执行。

（A）国家发展改革委 　　　　　　　　（B）国家能源局

（C）国调中心 　　　　　　　　　　　（D）市场管理委员会

答案：AB

4．《北京电力交易中心跨区跨省电力中长期交易实施细则》（京电交市〔2021〕50 号）中，对于年度双边协商交易，北京电力交易中心于 3 个工作日内，依据（ ）对年度双边协商交易意向进行审核，审核不通过则反馈相关市场主体。审核通过后汇总、出清，形成年度双边协商预成交结果，并通过电力交易平台进行发布。

（A）发电机组能力　　　　　　　　　（B）允许交易电量上限

（C）交易价格　　　　　　　　　　　（D）通道输电能力

答案：ABD

5.《北京电力交易中心跨区跨省电力中长期交易实施细则》（京电交市〔2021〕50 号）中，集中竞价出清算法分为（　　）。

（A）边际电价法　　（B）统一出清法　　（C）报价撮合法　　（D）分散出清法

答案：AC

6.《北京电力交易中心跨区跨省电力中长期交易实施细则》（京电交市〔2021〕50 号）中，集中竞价交易申报截止后，北京电力交易中心依据交易公告，将市场主体申报的购售电价格，考虑（　　）后统一计算到约定的交易关口，形成购电方报价和售电方报价。

（A）输配电价　　　　　　　　　　　（B）政策性交叉补贴

（C）输电损耗　　　　　　　　　　　（D）政府性基金及附加

答案：ACD

7.《北京电力交易中心跨区跨省电力中长期交易实施细则》（京电交市〔2021〕50 号）中，跨区跨省电力中长期电力用户按照细则参与跨区跨省交易，签订和履行交易合同，提供交易所必需的（　　）及相关生产信息。

（A）电力电量需求　　（B）用电价格　　（C）典型负荷曲线　　（D）公司资产

答案：AC

8.《北京电力交易中心跨区跨省电力中长期交易实施细则》（京电交市〔2021〕50 号）中，跨区跨省合同交易指在不影响相关方利益或相关方协商一致的前提下，通过市场化交易实现市场主体间跨区跨省交易合同的调整，合同交易包含合同（　　）。

（A）废止　　　　（B）回购　　　　（C）转让　　　　　（D）置换交易

答案：BCD

9.《北京电力交易中心跨区跨省电力中长期交易实施细则》（京电交市〔2021〕50 号）中，跨区跨省交易组织方式包括（　　）。

（A）挂牌　　　　（B）双边协商　　　　（C）集中交易　　　　（D）竞价

答案：BC

10.《北京电力交易中心跨区跨省电力中长期交易实施细则》（京电交市〔2021〕50 号）中，双边协商交易市场主体自主协商（　　），通过电力交易平台申报、确认、出清。

（A）交易电量　　　　　　　　　　　（B）电力（或曲线形成方式）

（C）价格　　　　　　　　　　　　　（D）通道

答案：ABC

11.《北京电力交易中心跨区跨省电力中长期交易实施细则》（京电交市〔2021〕50号）中，双边协商交易中交易双方无法就交易曲线协商一致时，可参考或自主选择电力交易机构推荐的典型曲线。典型曲线依据（　　）等制定。

（A）售方电源发电特性 　　　　　　（B）购方用户负荷特性

（C）送受端电网典型负荷曲线 　　　（D）通道历史交易曲线

答案：ABCD

12.《北京电力交易中心跨区跨省电力中长期交易实施细则》（京电交市〔2021〕50号）中，为充分利用跨区跨省输电通道富余能力，挖掘抽蓄电站的调峰潜力，有效促进新能源消纳，月度、月内在就地优先利用的基础上，鼓励清洁能源发电企业与抽蓄电站或其所在地的电网企业试点开展抽力蓄电站富裕抽水电量跨区跨省交易，交易组织方式分为（　　）。

（A）双边协商　　　（B）挂牌交易　　　（C）撮合交易　　　　（D）集中交易

答案：AD

13.《北京电力交易中心跨区跨省电力中长期交易实施细则》（京电交市〔2021〕50号）中，新能源与常规能源发电企业的年度发电权交易包含以下几种交易方式（　　）。

（A）撮合交易　　（B）双边协商交易　　（C）集中竞价交易　　（D）挂牌交易

答案：BCD

14.《北京电力交易中心跨区跨省电力中长期交易实施细则》（京电交市〔2021〕50号）中，月度预挂牌交易开市后，售电方和购电方通过电力交易平台按需申报其次月（　　）。以申报截止前最后一次的有效申报作为最终申报。

（A）交易价格　　（B）机组检修计划　　（C）交易电量　　　（D）电力上限

答案：ACD

15.《北京电力交易中心跨区跨省电力中长期交易实施细则》（京电交市〔2021〕50号）中，在跨区跨省辅助服务市场机制明确前，为保障（　　），在各类市场交易开始前，相关电力调度机构可根据机组可调出力、检修天数、系统负荷曲线及电网约束情况，计算得到各机组的电力上限，并向相关电力交易机构提供信息。

（A）电网安全　　（B）系统整体备用　　（C）调频调峰能力　　（D）最优出清

答案：BC

16.《北京电力交易中心跨区跨省电力中长期交易实施细则》（京电交市〔2021〕50号）中市场运营机构主要包括（　　）。

（A）北京电力交易中心 　　　　　　（B）各省（区、市）电力交易中心

（C）国调中心 　　　　　　　　　　（D）网调、各省（区、市）电力调度中心

答案：ABCD

17.《北京电力交易中心跨区跨省电力中长期交易实施细则》（京电交市〔2021〕50号）

中要求拥有燃煤自备电厂的用户应当按规定承担（　　）。

(A) 国家政府性基金及附加　　　　　　(B) 政策性交叉补贴

(C) 输配电价　　　　　　　　　　　　(D) 系统备用费

答案：ABD

18. 北京电力交易中心按《跨区跨省电力中长期交易实施细则（修订稿）》（京电交市〔2022〕26号），在北京电力交易中心电力交易平台组织和管理的跨区跨省交易。负责跨区跨省交易合同（含优先发电合同和市场化交易合同）的（　　）。

(A) 汇总　　　　(B) 归档　　　　(C) 管理　　　　(D) 编制交易计划

答案：ABCD

19. 充分发挥（　　）电力交易中心作用，完善电力交易平台运营管理和跨省跨区市场交易机制。

(A) 北京　　　　(B) 广州　　　　(C) 蒙西　　　　(D) 重庆

答案：AB

20. 出现负节点电价表明（　　）

(A) 市场中出现供大于求　　　　　　(B) 市场中出现供小于求

(C) 电网局部出现严重阻塞　　　　　(D) 发电机组需要向用户支付费用

答案：ACD

21. 电价预测的影响因素有（　　）。

(A) 历史电价　　　(B) 发电商报价　　　(C) 相关能源价格　　　(D) 竞价空间

答案：ABCD

22. 电力辅助服务是指为维持电力系统安全稳定运行，保证电能质量，促进清洁能源消纳，除正常电能生产、输送、使用外，由（　　）提供的服务。

(A) 火电　　　　　　　　　　　　　　(B) 抽水蓄能

(C) 工商业可中断负荷　　　　　　　　(D) 自备电厂

答案：ABCD

23. 电力工业在垄断经营下逐渐缺乏活力，垄断经营的弊端包括（　　）。

(A) 缺乏竞争　　　　　　　　　　　　(B) 投资效率过低

(C) 电力工业与国民经济难以协调发展　(D) 从业人员不思进取

答案：ABCD

24. 根据《电力中长期交易基本规则》（发改能源规〔2020〕889号）规定，跨区跨省交易受电地区落地价格由（　　）组成。

(A) 电能量交易价格（送电侧）　　　　(B) 输电价格

（C）辅助服务费用　　　　　　　　　（D）输电损耗

答案：ABCD

25．根据《省间电力现货交易规则（试行）》（国家电网调〔2021〕592号）文件规定，属于省间电力现货交易中电力用户权利义务的有（　　）。

（A）公平获得输配电服务和电网接入服务

（B）公平获得市场运营相关信息

（C）具备参与电力现货交易所需的计量条件

（D）服从电力调度机构的统一调度，在系统特殊运行状况下（如事故等），按电力调度机构要求安排用电

答案：ABCD

26．根据《省间电力现货交易规则（试行）》（国家电网调〔2021〕592号）文件规定，属于省间电力现货交易中电网企业权利义务的有（　　）。

（A）按规则参与省间电力现货交易，签订和履行市场交易合同

（B）为市场主体提供公平的输配电服务和电网接入服务

（C）负责省间电力现货交易电费结算，按规定收取输配电费用，代国家收取政府性基金及附加等

（D）省间电力现货交易的收支明细实施专账管理，接受政府主管部门的监管

答案：BCD

27．根据《省间电力现货交易规则（试行）》（国家电网调〔2021〕592号）文件规定，属于省间电力现货交易中发电企业权利义务的有（　　）。

（A）公平获得输电服务和电网接入服务　　（B）公平获得市场运营相关信息

（C）保障电网设施的安全稳定运行　　　　（D）按规定披露和提供企业信息

答案：ABD

28．根据《省间电力现货交易规则（试行）》（国家电网调〔2021〕592号）文件规定，属于省间电力现货交易中售电公司权利义务的有（　　）。

（A）符合准入条件的售电公司按规则参与省间电力现货交易，签订和履行市场交易合同

（B）公平获得市场运营相关信息

（C）按规定披露和提供信息

（D）具备参与电力现货交易所需的计量条件

答案：ABCD

29. 关于可用传输容量正确的有（　　）。

（A）可用传输容量是指电网在已有交易或合同基础上可进一步用于交易的剩余输电容量

（B）可用传输容量指两个区域之间的总传输容量在考虑传输裕度、扣减通道已安排的交易电量后还剩余的传输容量

（C）总传输容量是指考虑系统物理约束情况下的最小传输容量

（D）可用传输容量的作用在于为市场交易的参与者提前提供市场交易在传输容量方面的边界信息

答案：ABD

30. 价差模式是指发电厂在（　　）基础上让利多少，对应用户的电价就在（　　）上降低多少。

（A）交易价格　　　　　　　　　　（B）国家核定价格

（C）输配电价　　　　　　　　　　（D）目录销售电价

答案：BD

31. 跨省跨区交易时集中竞价交易申报截止后，北京电力交易中心依据交易公告，将市场主体申报的购售电价格、电量，考虑（　　）后统一计算到约定的交易关口，形成购电方报价和售电方报价及相应电量。

（A）输配电价　　　　　　　　　　（B）输电损耗

（C）政府性基金及附加　　　　　　（D）交易曲线

答案：ABC

32. 跨省跨区交易受电地区落地价格由（　　）、输电价格、（　　）、（　　）构成。

（A）电能量交易价格（送电侧）　　（B）电能量交易价格（受电侧）

（C）辅助服务费用　　　　　　　　（D）输电损耗

答案：ACD

33. 跨省跨区送电由送电、受电市场主体双方在自愿平等基础上，在贯彻落实国家能源战略的前提下，按照"（　　）"原则协商或通过市场化交易方式确定送受电量、价格，并建立相应的价格调整机制。

（A）风险共担　　（B）利益共享　　（C）风险管控　　（D）利益均分

答案：AB

34. 能源资源结构具有综合性特色的省份很少，但油气资源占相当比重（超过10%）的省份除了京津冀还有（　　）。

（A）黑龙江　　　　（B）山东　　　　（C）辽宁　　　　（D）吉林

答案：ABCD

35．省间电力现货交易输电网损包括顺序链接形成交易路径的（　　）和（　　）的输电网损。

（A）各跨省区交直流输电通道　　　　（B）各跨省区交流输电通道

（C）各跨省区直流输电通道　　　　　（D）各省内相关输电通道

答案：AD

36．省间电力现货交易中，不可抗力引发的发输变电设备异常，造成其他市场成员经济损失的，其设备所属的相关方不承担经济责任。不可抗力指对市场和电力系统有严重影响的（　　）的客观情况。

（A）不能预见　　　（B）不能停止　　　（C）不能避免　　　（D）不能克服

答案：ACD

37．省间电力现货交易中，当发生下述情况之一时，市场主体、运营机构、监管机构、相关政府电力管理部门等有权向政府主管部门提出规则修订书面建议（　　）。

（A）国家法律或政策发生重大调整

（B）市场环境发生重大变化

（C）规则条款不满足市场平稳有序运行要求

（D）认为具有修订必要的其他情况

答案：ABCD

38．省间电力现货交易中，电网企业应按照电力市场结算要求，定期将（　　）计量装置记录的电量数据传送给电力交易机构，作为结算基础数据。

（A）发电企业（机组）　　　　　　　（B）电力用户

（C）拥有配电网运营权的售电公司　　（D）网间关口电能计量点

答案：ABCD

39．省间电力现货交易中，风险干预流程包括（　　）。

（A）风险干预启动　　　　　　　　　（B）风险干预通知

（C）风险干预记录　　　　　　　　　（D）风险干预结束

答案：ABCD

40．省间电力现货交易中，省间结算关口包括各跨省跨区专项工程的（　　）和（　　）。

（A）送端　　　（B）初端　　　（C）受端　　　（D）终端

答案：AC

41．省间电力现货交易中，省内市场主体通过电力交易平台省内功能申报分时"电力-价格"曲线，（　　）可通过电力交易平台省间功能或省内功能申报"电力-价格"曲线。

（A）自备机组　　（B）国调中心　　（C）网调直调机组　　（D）地方公用机组

答案：BC

42．省间电力现货交易中，市场终止的启动条件有（　　）。

（A）因突发性社会事件、异常气象和自然灾害等，电力供应出现严重不足或电网运行出现较大风险

（B）发生重大电源或电网故障，严重影响电力有序供应或电力系统安全运行

（C）相关技术支持系统，如智能调度技术支持系统（含现货功能）、交易中心交易平台、数据通信系统等发生故障，导致短期内无法正常组织市场交易

（D）市场主体通过恶意报价扰乱市场正常运行秩序

答案：ABC

43．省间电力现货交易中，为保证规则的科学性和时效性，可适时启动省间电力现货交易规则修订流程，（　　）有权向政府主管部门提出规则修订书面建议。

（A）市场主体 （B）运营机构

（C）监管机构 （D）相关政府电力管理部门

答案：ABCD

44．省间电力现货交易中，预校核不通过的交易申请，按照（　　）的原则依次调减。

（A）价格优先 （B）可再生能源优先

（C）节能环保优先 （D）输电距离短

答案：ABC

45．省间电力现货结算依据包括（　　）。

（A）省间电力现货执行结果

（B）省间日前现货交易价格

（C）省间日内交易价格

（D）北京电力交易中心会同省级电力交易机构提供的省间电力现货结算依据

答案：ABCD

46．省间交易网络由（　　）组成。

（A）交易节点 （B）跨省区交直流输电通道

（C）省内重要输电通道 （D）国调中心

答案：ABC

47．省间现货初期试点电网区域为（　　）。

（A）国家电网有限公司 （B）南方电网有限公司

（C）内蒙古电力有限公司 （D）山东电网

答案：AC

48．省间现货发电企业权利义务包括（　　）。

（A）按规定披露和提供企业信息 （B）执行并网调度协议

（C）保障电网设施安全运行 （D）签订和履行交易合同

答案：ABD

49. 省间现货交易中，国调中心及网调负责（ ）省间电力现货交易技术支持系统。

（A）建设 （B）运行 （C）维护 （D）管理

答案：ABCD

50. 省间现货市场成员包括（ ）。

（A）发电企业 （B）电网企业 （C）电力用户 （D）能源监管部门

答案：ABC

51. 省间中长期交易形成的联络线外送曲线，包括（ ）。

（A）省间国家指令性计划 （B）政府间协议

（C）市场化省间交易 （D）电网公司交易

答案：ABC

52. 售电公司的促销方法包括（ ）等。

（A）广告宣传 （B）上门促销 （C）价格策略 （D）发展代理商

答案：ABCD

53. 完备的电力现货市场必须具有完全竞争市场所需的条件，主要包括（ ）。

（A）市场内只有卖方

（B）市场内每一个厂商生产的商品是有差异的

（C）所有的经济资源可以在各市场主体间自由流动

（D）市场内从事交易活动的参与者可以平等、完整的掌握市场信息

答案：CD

54. 下列关于微网的特征描述正确的是（ ）。

（A）微网电压等级一般在 10kV 以下

（B）其内部分布式电源以清洁能源为主

（C）微网内部电力电量尚不能基本实现自平衡

（D）可减少大规模分布式电源接入对电网造成的冲击

答案：ABD

55. 下列哪项是保证系统短期充裕性的有效市场机制（ ）。

（A）建立合理的备用辅助服务市场 （B）建立合理的调频辅助服务市场

（C）健全风险防控措施 （D）有序用电计划

答案：ABC

56. 下列哪项是保证系统长期充裕性的有效市场机制（ ）。

（A）建立合理的容量市场 （B）建立合理的容量补偿机制

（C）建立稀缺定价机制　　　　　　　（D）建立金融输电权市场

答案：ABC

57．下列属于省间电力现货交易中，风险干预行为记录的有（　　）。

（A）修改计划机组出力　　　　　　　（B）调整停电计划

（C）修改市场出清参数　　　　　　　（D）受影响主体及影响强度

答案：ABCD

58．下列信息中，属于省间电力现货交易中北京电力交易中心职责的有（　　）。

（A）负责市场主体的交易申报及信息发布，负责建设、维护和管理省间电力现货交易
　　　申报及发布功能

（B）负责向市场成员出具包含电量、电价和电费的省间电力现货交易结算依据，提供
　　　相关服务

（C）负责市场主体的注册管理

（D）负责建设、维护电力交易平台（技术支持系统）

答案：ABCD

59．下列信息中，属于省间电力现货交易中风险干预措施的有（　　）。

（A）调整市场交易范围，暂停指定范围内的电力市场交易

（B）调整市场交易时间，暂缓组织市场交易

（C）取消一定时段的日前交易或日内交易

（D）根据调度规程采取维持电网安全稳定运行及电力可靠供应所需的措施

答案：ABCD

60．下列信息中，属于省间电力现货交易中风险干预启动条件的有（　　）。

（A）出现电网故障、系统频率或电压超过正常范围、设备超过稳定限额等情况，电网
　　　无法安全稳定运行

（B）因突发性社会事件、异常气象和自然灾害等，威胁电网安全运行或电力可靠供应

（C）可再生能源预测出现重大偏差，影响市场正常运行

（D）相关技术支持系统，如智能电网调度技术支持系统（含现货功能）、交易中心交
　　　易平台、数据通信系统等故障，影响市场正常运行

答案：ABCD

61．下列信息中，属于省间电力现货交易中国调中心及网调职责的有（　　）。

（A）负责组织省间电力现货交易，负责建设、运行、维护和管理省间电力现货交易技
　　　术支持系统

（B）负责按调管范围开展安全校核

（C）按信息披露相关规定向电力交易机构提供省间电力现货交易相关信息

（D）为市场主体提供计量、抄表、收付费等各类市场服务

答案：ABC

62．下列信息中，属于省间电力现货交易中省级电力交易机构职责的有（　　）。

（A）负责省内市场主体的交易申报及信息发布

（B）负责市场主体注册工作

（C）配合北京电力交易中心开展信息披露有关工作

（D）配合北京电力交易中心开展电力交易结算有关工作

答案：ABCD

63．下列信息中，属于省间电力现货交易中省级调度机构职责的有（　　）。

（A）负责省间电力现货交易出清，并向相关调度机构下发出清结果

（B）负责建设、运行、维护和管理本地省间电力现货交易技术支持系统终端

（C）负责按调管范围开展安全校核

（D）负责组织省内市场预出清或预计划

答案：BCD

64．一般情况下，下列机组中，（　　）是电力系统的调峰电源。

（A）常规水电机组　　　　　　　　　　（B）燃气轮机机组

（C）核电机组　　　　　　　　　　　　（D）汽轮发电机组

答案：ABD

65．以下关于机组调峰的描述，正确的是（　　）。

（A）汽轮发电机组调峰，其调峰容量是本机组的可调节容量与其所中标的旋转备用容量之差

（B）燃气轮机组调峰，其调峰容量就是机组的额定容量

（C）从硬件及技术原理来看，中国已投运及在建的大部分核电机组不具备调峰能力

（D）除了传统的气电、抽蓄、煤电灵活性改造外，随着储能成本下降，储能电站参与系统调峰调频的工程范例也陆续出现

答案：ABD

66．以下哪些属于电力现货市场首批试点省（　　）。

（A）蒙西　　　　　（B）山东　　　　　（C）吉林　　　　　（D）浙江

答案：ABD

67．以下属于省间日前现货交易流程的是（　　）。

（A）省间联络线预计划下发　　　　　　（B）省内预出清

（C）省间联络线计划编制　　　　　　　（D）省内发电计划编制

答案：ABCD

68．与传统垄断的电力系统相比，电力市场最大的特征是具有（ ）。

（A）开放性 　　　（B）竞争性 　　　（C）计划性 　　　（D）自由性

答案：AB

69．在电力市场环境下，输电阻塞管理的模式包括有（ ）等。

（A）物理输电权及其显性拍卖法 　　　（B）金融输电权及其隐形拍卖法

（C）市场分割与对销方法 　　　（D）重新调度方法

答案：ABCD

70．在国内电力营销市场中具有（ ）等特性。

（A）服务性 　　　（B）整体性 　　　（C）技术性 　　　（D）一致性

答案：ABC

71．在省间电力现货交易规则中，发生（ ）情形，可对该市场主体实施强制退出并取消注册。

（A）市场主体违反国家有关法律法规和产业政策规定

（B）发生重大违约行为

（C）恶意扰乱市场秩序

（D）无正当理由，拒不执行调度指令

答案：ABCD

第五章　省级市场运行机制部分

1.（ ）和（ ）应当保证最小交易周期的结算需要，保证计量数据准确、完整。

（A）计量周期，抄表周期　　　　　（B）计量周期，抄表时间

（C）计量时间，抄表周期　　　　　（D）计量数据，抄表时间

答案：B

2.（ ）负责提供参与跨区跨省交易的结算依据。

（A）北京电力交易中心　　　　　　（B）省级电力交易中心

（C）省级调控中心　　　　　　　　（D）地方政府

答案：A

3.（ ）负责向市场主体出具结算依据。

（A）电网企业　　　（B）政府主管部门　　　（C）电力交易机构　　　（D）电力调度机构

答案：C

4.（ ）根据结算依据对零售电力用户进行零售交易资金结算，对售电公司批发、零售价差收益、偏差考核进行资金结算。

（A）电力交易机构　　　　　　　　（B）电力调度机构

（C）电网企业　　　　　　　　　　（D）政府部门

答案：C

5.（ ）根据实际上网电量、实际用电量与日前市场出清电量的差值做偏差结算。

（A）年度长协　　　（B）月度长协　　　（C）日前市场　　　（D）实时市场

答案：D

6.（ ）机制是电力市场机制的重要部分，同样也是影响电力现货市场的重要因素。

（A）中长期电价　　　（B）输配电价　　　（C）日前电价　　　（D）实时电价

答案：B

7.（ ）交易主要是为应对发电商、售电商用电量预测的偏差而进行的短期补充交易，交易双方通过双边协商或集中交易达成。

（A）短期　　　（B）中期　　　（C）中短期　　　（D）中长期

答案：C

8. （　）是指向全体市场成员披露的信息。

（A）公众信息　　　（B）公开信息　　　（C）特定信息　　　（D）个人信息

答案：B

9. （　）是指向社会公众发布的信息。

（A）公众信息　　　（B）公开信息　　　（C）私有信息　　　（D）个人信息

答案：A

10. （　）应当设立信息披露平台，信息披露平台原则上以电力交易机构现有信息平台为基础。

（A）电网公司　　　（B）电力交易机构　　（C）电力调度机构　　（D）能源局

答案：B

11. "交易公告"类信息一般属于（　）信息。

（A）公众　　　　（B）公开　　　　（C）私有　　　　（D）依申请披露

答案：B

12. 《电力市场信息披露基本规则》（国能发监管〔2024〕9 号）（国能发监管〔2024〕9 号）自（　）起施行。

（A）2024 年 1 月 1 日　　　　　　（B）发布之日

（C）2024 年 1 月 31 日　　　　　（D）2024 年 6 月 1 日

答案：C

13. 《电力市场信息披露基本规则》（国能发监管〔2024〕9 号）适用于（　）地区的信息披露。

（A）开展电力现货交易地区　　　　（B）未开展电力现货交易的地区

（C）无论是否开启现货区域都适用　　（D）目前还没有区域可以适用

答案：C

14. 《电力市场信息披露基本规则》（国能发监管〔2024〕9 号）所称信息披露是指信息披露主体提供、发布与（　）相关信息的行为。

（A）电能量交易　　　　　　　　　（B）中长期市场交易

（C）电力市场　　　　　　　　　　（D）辅助服务市场交易

答案：C

15. 《电力中长期交易基本规则》（发改能源规〔2020〕889 号）中，跨省跨区交易结算，由组织该交易的机构会同受端（　）向市场成员出具结算依据。

（A）能源局　　　　（B）电力交易机构　　（C）电网企业　　　（D）电力调度机构

答案：B

16. 《关于印发电力体制改革配套文件的通知》（发改经体〔2015〕2752 号）中《关于

推进电力市场建设的实施意见》提到，售电侧市场主体准入与退出，拥有配电网经营权的售电公司其注册资本不低于其总资产的（　　）。

(A) 10%　　　　　(B) 15%　　　　　(C) 20%　　　　　(D) 25%

答案：C

17.《售电公司管理办法》（发改体改规〔2021〕1595 号）中指出，拥有配电网运营权的售电公司的注册资本不低于其总资产的（　　）。

(A) 10%　　　　　(B) 15%　　　　　(C) 20%　　　　　(D) 25%

答案：C

18.《电力中长期交易基本规则》（发改能源规〔2020〕889 号）中，电力交易机构向各市场成员提供的结算依据不包括（　　）。

(A) 分摊的结算资金差额或者盈余　　　(B) 因偏差电量引起的电费资金

(C) 新机组调试电量、电价、电费　　　(D) 电网运行方式变化

答案：D

19.《电力中长期交易基本规则》（发改能源规〔2020〕889 号）中，社会公众信息不包括（　　）。

(A) 电力交易适用的法律、法规　　　(B) 国家批准的输配电价

(C) 发电机组的机组特性参数　　　(D) 电力交易总体成交电量

答案：C

20.《电力中长期交易基本规则》（发改能源规〔2020〕889 号）中，以下关于月度交易和月内交易说法错误的是（　　）。

(A) 月度交易的标的物为当月电量

(B) 月内交易的标的物为月内剩余天数或者特定天数的电量。

(C) 月内交易主要以集中交易方式开展

(D) 月内交易可定期开市或者连续开市

答案：A

21. 2020 年 6 月，国家发改委、国家能源局印发《电力中长期交易基本规则》（发改能源规〔2020〕889 号），规则中明确已经选择市场化交易的发电企业和电力用户，原则上不得自行退出市场。除了下列情形（　　）外，其他均可办理正常退市手续。

(A) 市场主体宣告破产，不再发电或者用电

(B) 因国家政策、电力市场规则发生重大调整，导致原有市场主体非自身原因无法继续参加市场的情况

(C) 因电网网架调整，导致发电企业、电力用户的发用电物理属性无法满足所在地区的市场准入条件

（D）企业连续 5 年净利润为负

答案：D

22．2021 年起，对新备案集中式光伏电站、工商业分布式光伏项目和新核准陆上风电项目，实行平价上网，上网电价按（　　）执行。

（A）风电、光伏指导价　　　　　　　　（B）当地燃煤发电基准价

（C）指导价+竞争性配置　　　　　　　　（D）当地市场交易平均价

答案：B

23．2024 年国家能源局印发《电力市场信息披露基本规则》（国能发监管〔2024〕9 号），办法指出（　　）总体负责电力现货市场信息披露的实施。

（A）电网企业　　　　　　　　　　　　　（B）电力交易机构

（C）政府部门　　　　　　　　　　　　　（D）第三方专业机构

答案：B

24．CFCA 数字证书绑定方式是（　　）。

（A）提交绑定申请等相关资料联系管理员进行绑定

（B）直接联系管理员进行绑定

（C）提交能证明证书即可的资料联系管理员进行绑定

（D）找别人代替自己进行绑定

答案：A

25．安全校核的主要内容不包括（　　）。

（A）通道输电能力限制　　　　　　　　　（B）机组发电能力限制

（C）机组报价限制　　　　　　　　　　　（D）机组辅助服务限制

答案：C

26．按照市场出清结果结算的是（　　）。

（A）电能量和辅助服务费用　　　　　　　（B）电网企业代理购电费用

（C）"两个细则"电费　　　　　　　　　　（D）市场运营费用

答案：A

27．不属于售电公司重大变更的是（　　）。

（A）企业名称变更　　　　　　　　　　　（B）股权变更

（C）从业人员变更　　　　　　　　　　　（D）法定代表人变更

答案：C

28．采集成功是指关口计量点电能表电能示值正常传输至电能计量采集管理信息系统，且（　　）。

（A）只要 96 点曲线数据　　　　　　　　　（B）只要日电量数据

（C）准确即可，无需完整 （D）数据完整、准确

答案：D

29. 参与批发市场的电力大用户可在合同期满的下一（ ）选择参与零售市场交易。

（A）日 （B）月 （C）年度 （D）小时

答案：C

30. 从业人员需提供能够证明售电公司全职在职员工近（ ）个月的社保缴费记录、职称证书。

（A）1 （B）3 （C）6 （D）12

答案：B

31. 电厂在月清算临时结算结果发布后，对结算数据进行确认，在规定时间内反馈意见，无反馈的视同（ ）。

（A）确认无异议 （B）对结果有异议 （C）退市 （D）关停

答案：A

32. 电力交易机构收到售电公司自愿退出市场的申请后，应通过省级政府指定网站和"信用中国"网站向社会公示（ ）个工作日。

（A）10 （B）15 （C）20 （D）30

答案：A

33. 电力交易机构要通过相关指定网站，将售电公司满足准入条件的信息、材料和信用承诺书向社会公示，公示期为（ ）。

（A）5天 （B）15天 （C）1个月 （D）2个月

答案：C

34. 电力市场中双边交易双方通过（ ）决定交易事项，依法依规签订电网企业参与的三方合同。

（A）自主协商 （B）调度中心 （C）集中竞价 （D）电网公司

答案：A

35. 电力调度机构在系统实际运行前（ ）min 开展实时电能量市场交易出清。

（A）15 （B）30 （C）45 （D）60

答案：A

36. 电力现货市场结算价格不包括（ ）。

（A）电能交易价格 （B）输配电价 （C）辅助服务价格 （D）阻塞管理价格

答案：D

37. 电力用户注册时从（ ）内获取用户用电信息。

（A）电网企业营销系统 （B）OMS 系统

（C）PMS 系统　　　　　　　　　　　　（D）配网可视化系统

答案：A

38．电力中长期交易组织方式分为双边协商、（　　）两种。

（A）场内交易　　　（B）多边协商　　　（C）单边交易　　　（D）集中交易

答案：D

39．电能交易结算流程的第一步是确定各市场成员的（　　）。

（A）电能生产量　　（B）净电能成交量　　（C）电能成交价格　　（D）电能消耗量

答案：B

40．对双边协商交易，交易日是指双边协商交易合同（　　）的日历日。

（A）签订　　　　　（B）提交　　　　　（C）生效　　　　　（D）交割

答案：C

41．对于定期开市和连续开市的交易，交易公告应当提前至少（　　）个工作日发布；对于不定期开市的交易，应当提前至少（　　）个工作日发布。

（A）1，5　　　　　（B）2，5　　　　　（C）3，4　　　　　（D）2，4

答案：A

42．对于新装的大工业电力用户，在计算其基本电费时，均（　　）。

（A）按日计收　　　（B）按月计收　　　（C）按 10 天一计　　（D）按 15 天一计

答案：A

43．对于月度交易，应当在月度电力电量预测平衡的基础上，结合检修计划和发电设备利用率，按照不低于关键通道可用输电容量的（　　）下达交易限额。

（A）70%　　　　　（B）80%　　　　　（C）90%　　　　　（D）95%

答案：C

44．对于中长期分时段交易组织，在现货市场运行的地区至少应具备按（　　）连续开市的条件。

（A）工作日　　　　（B）日　　　　　（C）月　　　　　（D）周

答案：D

45．发、用电侧每小时的节点电价等于该时段内每（　　）节点电价的算术平均值。

（A）5min　　　　　（B）15min　　　　（C）20min　　　　（D）25min

答案：B

46．发电侧日前现货按以下哪种类型进行申报（　　）。

（A）机组　　　　　（B）业务单元　　　（C）用电单元　　　（D）经济机组

答案：A

47．发电侧现货市场结算时，在中长期合约具有金融属性的市场中，日前市场根据（　　）

与中长期合约分解电量的偏差电量，按照日前市场出清电价进行结算。

（A）日前市场申报电量 　　　　　　（B）实际上网电量

（C）日前市场出清电量 　　　　　　（D）实际用电量

答案：C

48．发电企业参与电力现货市场交易的申报采用（　　）。

（A）报量报价　　（B）报量不报价　　（C）不报量报价　　（D）不报量不报价

答案：A

49．发电企业参与可再生能源电力交易准入条件不包括（　　）。

（A）满足并网相关标准

（B）签订并网协议，并网调度协议、购售电合同

（C）已按备案容量全部投产

（D）属于平价上网项目

答案：D

50．发电企业成本补偿类费用不包括（　　）。

（A）必开机组补偿费用 　　　　　　（B）必停机组补偿费用

（C）调频量价补偿费用 　　　　　　（D）机组启动补偿费用

答案：B

51．发电企业的基本信息变更，应向（　　）提交变更申请。

（A）用电单位　　（B）电力交易机构　　（C）交易系统　　（D）电力机构

答案：B

52．发电企业的日清分账中，不包括以下（　　）电费。

（A）中长期合约电费　（B）偏差电费　　（C）日前市场电费　　（D）实时市场电费

答案：B

53．凡实行功率因数调整电费的用户应装设带有放倒装置的或双向（　　）。

（A）单向电能表　　（B）三相电能表　　（C）有功电能表　　（D）无功电能表

答案：D

54．非市场化机组以（　　）作为结算价格。

（A）政府批复的上网电价 　　　　　　（B）政府批复的目录销售电价

（C）中长期交易合约价格 　　　　　　（D）现货市场节点电价

答案：A

55．各类不平衡资金的分摊和返还原则是（　　）。

（A）谁受益、谁承担 　　　　　　（B）谁受损、谁承担

（C）交易中心规定承受对象　　　（D）政府设定承受对象

答案：A

56．根据《电力市场信息披露基本规则》（国能发监管〔2024〕9号），按照信息公开范围，电力现货市场信息分为（　）类。

（A）三　　　　　　（B）五　　　　　　（C）四　　　　　　（D）六

答案：A

57．根据《电力市场信息披露基本规则》（国能发监管〔2024〕9号），市场预测类信息需要在（　）发布。

（A）日前市场申报结束前　　　　　（B）市场出清完成后

（C）实时发布　　　　　　　　　　（D）日前市场申报开始前

答案：D

58．根据《电力市场信息披露基本规则》（国能发监管〔2024〕9号），市场运营机构应当披露的信息中，不属于电力市场规则类信息的有（　）。

（A）对市场主体问询的答复　　　　（B）交易收费标准

（C）法律法规　　　　　　　　　　（D）政策文件

答案：A

59．根据《电力市场信息披露基本规则》（国能发监管〔2024〕9号），市场运营机构应当披露的信息中，属于交易公告信息的有（　）。

（A）交易操作说明　　　　　　　　（B）交易结果

（C）交易总申报电量　　　　　　　（D）成交均价

答案：A

60．根据《电力市场信息披露基本规则》（国能发监管〔2024〕9号），市场运营机构应当披露的信息中，属于市场边界信息的有（　）。

（A）市场出清模块算法及运行参数　（B）新能源发电曲线

（C）约束松弛惩罚因子　　　　　　（D）交易申报量价

答案：B

61．根据《电力市场信息披露基本规则》（国能发监管〔2024〕9号），市场运营机构应当披露的信息中，属于市场参数信息的有（　）。

（A）市场出清模块算法及运行参数　（B）关键输电断面及线路传输限额

（C）必开必停机组组合及原因　　　（D）参与市场新能源总出力预测

答案：A

62．根据《电力市场信息披露基本规则》（国能发监管〔2024〕9号），市场运营机构应当披露的信息中，属于市场出清类信息的有（   ）。

（A）调频容量价格和调频里程价格

（B）不平衡资金明细及每项不平衡资金的分摊方式

（C）每个交易时段的分类结算情况

（D）总上网电量

答案：A

63．根据《电力市场信息披露基本规则》（国能发监管〔2024〕9 号），市场运营机构应当披露的信息中，属于市场预测信息的有（   ）。

（A）参与市场新能源总出力预测　　　　（B）系统负荷预测

（C）系统备用信息　　　　（D）输变电设备检修计划执行情况

答案：B

64．根据《电力市场信息披露基本规则》（国能发监管〔2024〕9 号），市场运营机构应当披露的信息中，属于市场运行信息的有（   ）。

（A）水电发电计划预测　　　　（B）市场干预情况

（C）实际负荷　　　　（D）备用及调频等辅助服务需求

答案：C

65．根据《电力市场信息披露基本规则》（国能发监管〔2024〕9 号），下列信息中属于电力用户特定信息的有（   ）。

（A）用户类别　　　　（B）企业变更情况

（C）用电电压等级　　　　（D）用户电量信息

答案：D

66．根据《电力市场信息披露基本规则》（国能发监管〔2024〕9 号），下列信息中属于电网企业公开信息的有（   ）。

（A）电力业务许可证（输电类）编号

（B）输配电价

（C）各类政府性基金及其他市场相关收费标准

（D）电网主要网络通道示意图

答案：A

67．根据《电力市场信息披露基本规则》（国能发监管〔2024〕9 号），下列信息中属于电网企业公众信息的有（   ）。

（A）供电区域　　　　（B）市场主体欠费情况

（C）用户历史用电数据　　　　（D）各类型发电机组装机总体情况

答案：A

68．根据《电力市场信息披露基本规则》（国能发监管〔2024〕9 号），下列信息中属于发电企业公开信息的有（　　）。

（A）机组启停出力曲线　　　　　　　（B）机组出力受限的技术类型

（C）所属发电集团　　　　　　　　　（D）厂用电率

答案：B

69．根据《电力市场信息披露基本规则》（国能发监管〔2024〕9 号），下列信息中属于发电企业公众信息的有（　　）。

（A）机组启停出力曲线　　　　　　　（B）机组出力受限的技术类型

（C）所属发电集团　　　　　　　　　（D）机组启动费用

答案：C

70．根据《电力市场信息披露基本规则》（国能发监管〔2024〕9 号），下列信息中属于发电企业特定信息的有（　　）。

（A）机组启停出力曲线　　　　　　　（B）机组出力受限的技术类型

（C）所属发电集团　　　　　　　　　（D）机组出力受限情况

答案：A

71．根据《电力市场信息披露基本规则》（国能发监管〔2024〕9 号），下列信息中属于售电公司公开信息的有（　　）。

（A）拥有配电网运营权的售电公司的配电区域

（B）股权结构

（C）年最大售电量

（D）中长期交易结算曲线

答案：A

72．根据《电力市场信息披露基本规则》（国能发监管〔2024〕9 号），下列信息中属于售电公司公众信息的有（　　）。

（A）配电区域　　　　　　　　　　　（B）股权结构

（C）配电价格　　　　　　　　　　　（D）中长期交易结算曲线

答案：B

73．根据《电力市场信息披露基本规则》（国能发监管〔2024〕9 号），下列信息中属于售电公司特定信息的有（　　）。

（A）配电区域　　　　　　　　　　　（B）股权结构

（C）配电价格　　　　　　　　　　　（D）中长期交易结算曲线

答案：D

74．根据《电力市场信息披露基本规则》（国能发监管〔2024〕9 号），下面（　　）不属于市场预测信息。

（A）系统负荷预测　　　　　　　　　　（B）可再生能源出力预测

（C）系统备用信息　　　　　　　　　　（D）水电发电计划预测

答案：C

75. 根据《电力市场信息披露基本规则》（国能发监管〔2024〕9 号），下面（　）类信息需要实时发布并对市场披露。

（A）市场边界　　　（B）市场参数　　　（C）实时运行　　　（D）市场出清

答案：C

76. 根据《电力市场信息披露基本规则》（国能发监管〔2024〕9 号），下面（　）属于市场边界信息。

（A）约束松弛惩罚因子　　　　　　　　（B）价格限值

（C）备用及调频等辅助服务需求　　　　（D）外来（外送）电曲线

答案：D

77. 根据《电力市场信息披露基本规则》（国能发监管〔2024〕9 号），下面（　）需要实时运行结束后尽快发布。

（A）重要通道实际输电情况　　　　　　（B）出清电量

（C）各时段出清电价　　　　　　　　　（D）必开必停机组组合及原因

答案：A

78. 根据《电力市场信息披露基本规则》（国能发监管〔2024〕9 号）通知的规定，现货市场信息的封存期限为（　）年。

（A）2　　　　　　（B）3　　　　　　（C）4　　　　　　（D）5

答案：A

79. 根据《电力中长期交易基本规则》（发改能源规〔2020〕889 号），电力用户侧的偏差电量费用与发电侧的上下调费用、偏差电量费用等之间的差额，按照电量占比分摊或者返还给（　）。

（A）电网企业　　　　　　　　　　　　（B）所有市场主体

（C）所有发电机组　　　　　　　　　　（D）所有市场化用户

答案：B

80. 根据《电力中长期交易基本规则》（发改能源规〔2020〕889 号），以下（　）形式不属于集中交易范畴。

（A）集中竞价交易　　（B）双边协商交易　　（C）滚动撮合交易　　（D）挂牌交易

答案：B

81. 根据《电力中长期交易基本规则》（发改能源规〔2020〕889 号）规定，安全校核未通过时，由（　　）进行交易削减。

（A）电力调度机构　　（B）电力交易机构　　（C）售电公司　　　　（D）电网企业

答案：B

82．根据《电力中长期交易基本规则》（发改能源规〔2020〕889号）规定，电力调度机构应当在（　　）个工作日内返回月内集中交易安全校核结果，由电力交易机构发布。

（A）1　　　　　　　（B）3　　　　　　　（C）5　　　　　　　（D）7

答案：A

83．根据《电力中长期交易基本规则》（发改能源规〔2020〕889号）规定，电力用户或者售电公司关联的用户发生（　　）或者（　　）等信息变化时，市场主体应当在电网企业办理变更的同时，在电力交易机构办理注册信息变更手续。

（A）并户、销户、过户、改名；用电类别、电压等级

（B）并户、销户、市场主体类别、改名；用电类别、用电物理属性

（C）并户、销户、市场主体类别、法人；用电类别、用电物理属性

（D）并户、销户、市场主体类别、法人；用电类别、电压等级

答案：A

84．根据《电力中长期交易基本规则》（发改能源规〔2020〕889号）规定，对于不定期开市的交易，应当提前至少（　　）个工作日发布。

（A）2　　　　　　　（B）3　　　　　　　（C）4　　　　　　　（D）5

答案：D

85．根据《电力中长期交易基本规则》（发改能源规〔2020〕889号）规定，对于定期开市和连续开市的交易，交易公告应当提前至少（　　）个工作日发布。

（A）1　　　　　　　（B）2　　　　　　　（C）3　　　　　　　（D）5

答案：A

86．根据《电力中长期交易基本规则》（发改能源规〔2020〕889号）规定，发电侧上下调预挂牌机制采用（　　）。

（A）报量不报价　　　　　　　　　　（B）报价不报量

（C）报价又报量　　　　　　　　　　（D）三个选项都不对

答案：B

87．根据《电力中长期交易基本规则》（发改能源规〔2020〕889号）规定，滚动撮合交易是指在规定的交易起止时间内，市场主体可以随时提交购电或者售电信息，电力交易平台按照（　　）原则进行滚动撮合成交。

（A）时间优先，价格优先　　　　　　　　（B）电量优先、价格优先

（C）价格优先、电量优先　　　　　　　　（D）价格优先、时间优先

答案：A

88．根据《电力中长期交易基本规则》（发改能源规〔2020〕889号）规定，市场信息分为（　　）。

（A）社会公众信息　　　　　　　　　　　（B）市场公开信息

（C）私有信息　　　　　　　　　　　　　（D）三种方式都是

答案：D

89．根据《电力中长期交易基本规则》（发改能源规〔2020〕889号）规定，市场主体注册信息发生变更时，应当及时向（　　）提出变更申请。

（A）电力调度机构　　　　　　　　　　　（B）电力交易机构

（C）电力监管机构　　　　　　　　　　　（D）省能源局

答案：B

90．根据《电力中长期交易基本规则》（发改能源规〔2020〕889号）规定，完成市场注册且已开展交易的电力用户，合同期满后未签订新的交易合同但发生实际用电时，不再按照（　　）电价结算。

（A）政府目录　　　（B）集中竞价交易　　　（C）日前交易　　　　（D）中长期交易

答案：A

91．根据《电力中长期交易基本规则》（发改能源规〔2020〕889号）规定，以下（　　）不是市场注册业务。

（A）注册　　　　　　　　　　　　　　　（B）信息变更

（C）市场材料承诺、公示　　　　　　　　（D）市场注销

答案：C

92．根据《电力中长期交易基本规则》（发改能源规〔2020〕889号）规定，中长期电能量交易包括（　　）和双边协商交易两种方式。

（A）集中竞价交易　　　（B）滚动撮合交易　　　（C）集中交易　　　　（D）挂牌交易

答案：C

93．根据《关于<关于促进非水可再生能源发电健康发展的若干意见>有关事项的补充通知》（财建〔2020〕426号），全生命周期补贴电量内所发电量，按照上网电价给予补贴，含税补贴标准为可再生能源标杆上网电价（含通过招标等竞争方式确定的上网电价）与（　　）的差值。

（A）当地燃煤发电基准价　　　　　　　　（B）当地市场交易平均价

（C）风电、光伏指导价　　　　　　　　　（D）指导价+竞争性配置

答案：A

94．根据《关于核定部分跨省跨区专项工程输电价格有关问题的通知》（发改价格〔2018〕1227号），对跨省跨区专项输电工程超过设计利用小时的超收收入按照（　　）的比例分别由送端、电网和受端分享。

（A）2：2：1　　　　（B）2：1：1　　　　（C）2：1：2　　　　（D）1：2：2

答案：C

95．根据《关于核定部分跨省跨区专项工程输电价格有关问题的通知》（发改价格〔2018〕1227号），提出各项工程实际运行中输电线损率超过定价线损率带来的风险由电网企业承担，低于定价线损率带来的收益由电网企业和电力用户各分享（　　）。

（A）40%　　　　　（B）50%　　　　　（C）60%　　　　　（D）70%

答案：B

96．根据《关于推进售电侧改革的实施意见》，在交易的结算过程中，电力交易机构的职责是（　　）。

（A）提供结算依据　　　　　　　　　（B）负责收费、结算

（C）代收政府性基金　　　　　　　　（D）监管结算过程

答案：A

97．根据《关于组织开展电网企业代理购电工作有关事项的通知》（发改办价格〔2021〕809号），"代理购电产生的偏差电量，现货市场运行的地方按照现货市场价格结算"，请问，代理购电如果没有提前固化曲线，事后调整结算的影响不包括以下（　　）。

（A）发电主体在进行现货报价时，无准确的中长期持仓参考

（B）调减低谷时段代购电量，或增加发电机组在低价时段的现货偏差电量

（C）调增高峰时段代购电量，减少发电机组高价时段现货偏差电量，发电机组收益受损

（D）代购电量调整导致发电机组代购电价下滑

答案：D

98．根据《跨省跨区专项工程输电价格定价办法》（发改价格规〔2021〕1455号），专项工程实际输电量按落地端结算电量进行统计确认，结算电量应与落地端物理电量保持一致。实际线损率低于核价线损率产生的收益，由电网企业和电力用户按（　　）分享。

（A）2：1　　　　（B）1：2　　　　（C）1：1　　　　（D）3：1

答案：C

99．根据《售电公司管理办法》（发改体改规〔2021〕1595号），售电公司需满足资产总额不低于（　　）元人民币。

（A）1千万　　　　（B）2千万　　　　（C）3千万　　　　（D）1亿

答案：B

100．根据《售电公司管理办法》（发改体改规〔2021〕1595 号），售电公司资产总额在（ ）元人民币以上的，不限制其售电量。

（A）2 千万 （B）1 亿 （C）2 亿 （D）3 亿

答案：C

101．根据《售电公司管理办法》（发改体改规〔2021〕1595 号），售电公司资产总额在 1 亿～2 亿元（不含）人民币的，可以从事年售电量不超过（ ）亿 kWh 的售电业务。

（A）10 （B）20 （C）30 （D）60

答案：D

102．根据《售电公司管理办法》（发改体改规〔2021〕1595 号），售电公司资产总额在 2 千万～1 亿元（不含）人民币的，可以从事年售电量不超过（ ）亿 kWh 的售电业务。

（A）10 （B）20 （C）30 （D）60

答案：C

103．根据《售电公司管理办法》（发改体改规〔2021〕1595 号）规定，保底售电公司（ ）确定一次。

（A）一个月 （B）一个季度 （C）半年 （D）1 年

答案：D

104．根据《售电公司管理办法》（发改体改规〔2021〕1595 号）规定，电力交易机构在售电公司退出后保留其履约保函（ ）个月，期满退还。

（A）3 （B）5 （C）6 （D）12

答案：C

105．根据《售电公司管理办法》（发改体改规〔2021〕1595 号）规定，电力用户在同一合同周期内最多可与（ ）家售电公司确立零售服务关系。

（A）1 （B）2 （C）3 （D）不受限

答案：A

106．根据《售电公司管理办法》（发改体改规〔2021〕1595 号）规定，电力中长期交易指发电企业、售电公司等市场主体，通过（ ）等市场化方式开展的电力批发交易。

（A）集中竞价、滚动撮合 （B）集中竞价、双边协商
（C）集中交易、双边协商 （D）挂牌交易、双边协商

答案：C

107．根据《售电公司管理办法》（发改体改规〔2021〕1595 号）规定，对于在多个省（区、市）开展售电业务的售电公司，需提交履约保函或保险要求为（ ）。

（A）任选一个省（区、市）提交 （B）在标准最高省（区、市）提交

（C）在标准最低省（区、市）提交　　　　（D）在各省（区、市）分别提交

答案：D

108．根据《售电公司管理办法》（发改体改规〔2021〕1595号）规定，连续（　　）个月未进行实际交易的售电公司，将被暂停交易资格。

（A）6　　　　　　　（B）9　　　　　　　（C）12　　　　　　　（D）24

答案：C

109．根据《售电公司管理办法》（发改体改规〔2021〕1595号）规定，连续（　　）年未在任一行政区域开展售电业务的售电公司，将被强制退出。

（A）1　　　　　　　（B）2　　　　　　　（C）3　　　　　　　（D）4

答案：C

110．根据《售电公司管理办法》（发改体改规〔2021〕1595号）规定，若售电公司按过去12个月批发市场交易总电量计算履约保障凭证，最低标准为（　　）分/kWh。

（A）0.2　　　　　　（B）0.5　　　　　　（C）0.8　　　　　　（D）5

答案：C

111．根据《售电公司管理办法》（发改体改规〔2021〕1595号）规定，若售电公司按过去2个月内参与批发、零售两个市场交易电量的大值计算履约保障凭证，最低标准为（　　）分/kWh。

（A）0.8　　　　　　（B）1　　　　　　　（C）2　　　　　　　（D）5

答案：D

112．根据《售电公司管理办法》（发改体改规〔2021〕1595号）规定，售电公司（　　）变更需重新签署信用承诺书并予以公示。

（A）增加营业范围　　　　　　　　　　　（B）经营场所

（C）代理电量规模　　　　　　　　　　　（D）高级或中级职称专业人员

答案：D

113．根据《售电公司管理办法》（发改体改规〔2021〕1595号）规定，售电公司被强制退出，其所有已签订但尚未履行的购售电合同优先通过（　　）的方式处理。

（A）自主协商

（B）以转让、拍卖等方式转给其他售电公司

（C）零售用户与其他售电公司重新签订

（D）由保底售电公司代理

答案：A

114．根据《售电公司管理办法》（发改体改规〔2021〕1595号）规定，售电公司收到

电力交易机构履约保函、保险补缴通知（　　）个工作日内，提交足额履约保函、保险。

（A）1　　　　　　（B）2　　　　　　（C）3　　　　　　（D）5

答案：C

115．根据《售电公司管理办法》（发改体改规〔2021〕1595 号）规定，售电公司提交的履约保障凭证受益人为（　　）。

（A）政府主管部门　　（B）电网企业　　（C）电力交易机构　　（D）发电企业

答案：B

116．根据《售电公司管理办法》（发改体改规〔2021〕1595 号）规定，售电公司营业执照经营范围必须明确具备（　　）。

（A）电力销售、售电或电力供应等　　　　　（B）能源管理服务

（C）节能管理服务　　　　　　　　　　　　（D）配电网投资与运营

答案：A

117．根据《售电公司管理办法》（发改体改规〔2021〕1595 号）规定，售电公司应向（　　）提交履约保函或者履约保险等履约保障凭证。

（A）政府主管部门　　（B）电网企业　　（C）电力交易机构　　（D）发电企业

答案：C

118．根据《售电公司管理办法》（发改体改规〔2021〕1595 号）规定，售电公司应拥有（　　）名及以上具有劳动关系的全职专业人员。

（A）5　　　　　　（B）8　　　　　　（C）10　　　　　　（D）20

答案：C

119．根据《售电公司管理办法》（发改体改规〔2021〕1595 号）规定，售电公司与电力用户按照（　　）为最小单位签订合同。

（A）小时　　　　　（B）日　　　　　（C）月　　　　　（D）年

答案：C

120．根据《售电公司管理办法》（发改体改规〔2021〕1595 号）规定，售电公司在批发市场与零售市场应考虑电力辅助服务费用和阻塞费用等费用，相关盈亏由（　　）承担。

（A）售电公司　　　（B）电力用户　　　（C）发电企业　　　（D）电网企业

答案：A

121．根据《售电公司管理办法》（发改体改规〔2021〕1595 号）规定，售电公司至少拥有（　　）名高级职称和 3 名中级职称的专业管理人员。

（A）1　　　　　　（B）2　　　　　　（C）3　　　　　　（D）4

答案：A

122．根据《售电公司管理办法》（发改体改规〔2021〕1595 号）规定，售电公司至少

拥有 1 名高级职称和（　）名中级职称的专业管理人员。

（A）1　　　　　　（B）2　　　　　　（C）3　　　　　　（D）4

答案：C

123．根据《售电公司管理办法》（发改体改规〔2021〕1595 号）规定，售电公司专业人员应有电力、能源、经济、金融等行业（　）年及以上工作经验。

（A）1　　　　　　（B）2　　　　　　（C）3　　　　　　（D）4

答案：C

124．根据《售电公司管理办法》（发改体改规〔2021〕1595 号）规定，因触发保底服务对批发合同各方、电力用户造成的损失由（　）承担。

（A）电网企业　　　　　　　　　　（B）批发合同各方、电力用户

（C）保底售电公司　　　　　　　　（D）拟退出售电公司

答案：D

125．根据《售电公司管理办法》（发改体改规〔2021〕1595 号）规定，原则上，保底电价不得低于实际现货市场均价的（　）倍。

（A）1　　　　　　（B）1.2　　　　　（C）1.5　　　　　（D）2

答案：D

126．根据《售电公司管理办法》（发改体改规〔2021〕1595 号）规定，执行保底零售价格满（　）后，电力用户可自主选择与其他售电公司（包括保底售电公司）协商签订新的零售合同。

（A）一个月　　　　（B）一个季度　　（C）半年　　　　　（D）1 年

答案：A

127．根据《售电公司管理办法》（发改体改规〔2021〕1595 号）规定，自愿退出售电公司对继续履行购售电合同确实存在困难的，其批发合同及电力用户按照有关要求（　）。

（A）由保底售电公司承接　　　　　（B）自动解约

（C）以转让、拍卖等方式转给其他售电公司（D）由电网企业承接

答案：A

128．根据《售电公司市场注册及运营服务规范指引》（京电交市〔2022〕25 号），资产证明需满足《售电公司管理办法》（发改体改规〔2021〕1595 号）中资产要求，无不良信用记录的会计事务所出具的该售电公司的审计报告，审计报告审计截止日期及落款日期距离注册日期不得超过（　）。

（A）3 个月　　　　（B）6 个月　　　（C）1 年　　　　　（D）2 年

答案：C

129．根据《售电公司管理办法》（发改体改规〔2021〕1595 号），拥有配网运营权的

售电公司的从业人员包含至少（　　）名及以上高级职称和（　　）名及以上中级职称的专业管理人员。

（A）2，5　　　　　　（B）1，5　　　　　　（C）2，6　　　　　　（D）3，4

答案：A

130．根据《电力中长期交易基本规则》（发改能源规〔2020〕889号），发电侧超发电量惩罚系数K1、发电侧少发电量惩罚系数K2分别为（　　）。

（A）≥1，≤1　　　　（B）≥1，≥1　　　　（C）≤1，≤1　　　　（D）≤1，≥1

答案：D

131．根据国家能源局关于印发《电力市场信息披露基本规则》（国能发监管〔2024〕9号）通知的规定，（　　）组织电力交易机构对信息披露情况作出评价。

（A）国家发改委　　　　　　　　　　（B）国家能源局及其派出机构

（C）省能源局　　　　　　　　　　　（D）省政府

答案：B

132．根据国家能源局关于印发《电力市场信息披露基本规则》（国能发监管〔2024〕9号）通知的规定，（　　）组织专业机构对信息披露总体情况作出评价。

（A）国家发改委　　　　　　　　　　（B）国家能源局派出机构

（C）省能源局　　　　　　　　　　　（D）省政府

答案：B

133．根据售电公司准入条件，需拥有（　　）名及以上专业人员，掌握电力系统基本技术、经济专业知识，具备电能管理、节能管理、需求侧管理等能力，有（　　）及以上工作经验。

（A）10，三年　　　　（B）10，五年　　　　（C）15，三年　　　　（D）15，五年

答案：A

134．公开信息向（　　）提供。

（A）特定的市场成员　（B）政府部门　　　（C）有关市场成员　　（D）社会公众

答案：C

135．挂牌交易的成交价格根据（　　）确定。

（A）挂牌方价格　　　（B）摘牌方价格　　　（C）双方协商确定　　（D）系统自动撮合

答案：A

136．挂牌交易的主要挂牌信息不包括（　　）。

（A）合约周期　　　（B）挂牌主体信息　　　（C）交易电量　　　（D）分解曲线

答案：B

137. 关口电能量采集终端是安装在（　　）的电能量采集设备。

（A）关口电能计量点　　　　　　　（B）采集点

（C）计量点　　　　　　　　　　　（D）用户

答案：A

138. 机组参数申报没有（　　）参数。

（A）机组启动费用　　　　　　　　（B）机组冷启动时间

（C）空载费用　　　　　　　　　　（D）机组厂用电率

答案：D

139. 机组发生实际出力下限未达到并网调度协议中最小技术出力时，需承担（　　）。

（A）限高考核　　　　　　　　　　（B）限低考核

（C）非停考核　　　　　　　　　　（D）热电联产考核

答案：B

140. 机组铭牌容量为 1000MW，最大可调出力 1050MW，系统分配至其旋转备用容量 100MW，则其参与市场竞争，市场有约束出清后可能中标（　　）MW。

（A）900　　　　（B）950　　　　（C）1050　　　　（D）1000

答案：A

141. 集中竞争交易中，在集中竞价阶段，若统一出清价为 0.45 元/kWh，下列那些申报价格一定会全额成交的是（　　）。

（A）买方申报 0.45 元/kWh，卖方申报 0.449 元/kWh

（B）买方申报 0.451 元/kWh，卖方申报 0.449 元/kWh

（C）买方申报 0.449 元/kWh，卖方申报 0.451 元/kWh

（D）买方申报 0.449 元/kWh，卖方申报 0.45 元/kWh

答案：B

142. 假设系统中存在 A、B 两个节点，节点电价分别为 0.3 元/kWh、0.6 元/kWh，节点负荷分别为 100MWh 和 200MWh，G1 机组在 A 节点，G2 机组在 B 节点，G1、G2 机组均在电能量市场中标，用户侧综合节点电价为用户加权平均电价。则（　　）。

（A）用户的结算价格为 0.45 元/kWh

（B）G1 机组结算价格为 0.3 元/kWh

（C）B 节点用户结算价格为 0.6 元/kWh

（D）G2 机组结算价格为 0.5 元/kWh

答案：B

143. 交易出清与结算环节中，有关统一边际价格结算的描述，正确的是（　　）。

（A）理论上的最优价格

（B）供大于求时，由边际卖方报价决定市场统一计算价格

（C）供不应求时，由边际买方报价决定市场统一结算价格

（D）对于非边际主体来说，报价与结算价格无关，报价低（卖方）或高（买方）于边际价格的成交

答案：D

144．接受注册后，电力交易机构要通过"信用中国"等政府指定网站，将售电公司满足准入条件的信息、材料和信用承诺书向社会公示，公示期为（　　）。

（A）15 天　　　　　（B）28 天　　　　　（C）一个月　　　　　（D）两个月

答案：C

145．结算参考点是合约电量结算的唯一节点，该节点的（　　）作为中长期交易差价结算的依据。

（A）日前电能量市场价格　　　　　　（B）实时电能量市场价格

（C）批复电价　　　　　　　　　　　（D）上网电价

答案：A

146．客户使用的电力电量，以（　　）依法认可的用电计量装置的记录为准。

（A）计量检定机构　　　　　　　　　（B）电力管理部门

（C）产品质量监督部门　　　　　　　（D）价格管理部门

答案：A

147．零售市场的结算周期为下面哪一项（　　）。

（A）年　　　　　（B）月　　　　　（C）周　　　　　（D）日

答案：B

148．零售用户以月度参与市场（　　），作为其市场化结算电量。

（A）成交电量　　　（B）合约分解电量　　　（C）实际用电量　　　（D）合约电量

答案：C

149．绿电交易中绿证由（　　）划转至电力用户。

（A）电网企业　　　　　　　　　　　（B）电力交易中心

（C）国家可再生能源信息管理中心　　（D）发电企业

答案：B

150．绿色电力交易的交易方式不包括（　　）。

（A）替代交易　　　（B）双边协商　　　（C）集中撮合　　　（D）摘挂牌交易

答案：A

151．某机组在日前出力为 300MW，节点电价为 0.4 元/kWh；机组实际出力为 250MW，

实时节点电价为 0.5kWh。则（　　）

（A）实际出力按实时节点电价结算　　（B）实际出力按日前节点电价结算

（C）日前与实际出力偏差按日前价格结算　　（D）日前与实际出力偏差按实时价格结算

答案：D

152．某机组在日前中标 2h，时段 1 出力为 300MW，节点电价为 0.4 元/kWh；时段 2 出力为 400MW，节点电价为 0.6 元//kWh。实时市场机组在时段 1 出力为 350MW，实时节点电价为 0.5 元/kWh，时段 2 出力为 400MW，节点电价为 0.3 元/kWh。则机组在现货电能量市场的收益为（　　）。

（A）38 万元　　　（B）37 万元　　　（C）38.5 万元　　　（D）39.5 万元

答案：C

153．某新能源场站中长期合约电量 80MWh，合约电价 282 元/MWh，日前出清 95MWh，日前节点电价 200 元/MWh，实时计量 90MWh，实时节点电价 205 元/MWh，该场站电能量结算均价为（　　）。

（A）205 元/MWh　　　　　　　（B）226.45 元/MWh

（C）272.61 元/MWh　　　　　　（D）277.75 元/MWh

答案：C

154．某一发电厂商签订 2MWh 的中长期合约，合约价格 300 元/MWh，日前市场出清电量 3MWh，日前发电机组所在节点电价 400 元/MWh，日前用户统一结算点节点电价 500 元/MWh，若以用户统一结算点作为发电厂商中长期合约的结算参考点，则该发电厂商中长期合约加日前电能量市场收益为（　　）元。

（A）1000　　　（B）800　　　（C）1200　　　（D）1100

答案：B

155．目前在国内，（　　）依据电费计算结果生成电费结算单。

（A）电网企业　　（B）政府主管部门　　（C）电力交易机构　　（D）电力调度机构

答案：A

156．（　　）不属于电网需要披露的公开信息。

（A）电力业务许可证编号　　　　　（B）输配电线损率

（C）输变电设备建设情况　　　　　（D）全社会用电量

答案：B

157．年度交易中，市场主体对交易结果有异议的，应当在结果发布（　　）个工作日内向电力交易机构提出。

（A）1　　　（B）2　　　（C）3　　　（D）5

答案：A

158. 批发用户在电力市场交易系统中申报其运行日的（　　），即运行日每小时内的平均用电负荷（数值上等于该小时内的用电量）。

（A）发电曲线　　　　（B）电压曲线　　　（C）用电需求曲线　　（D）负荷曲线

答案：C

159. 企业全称、企业性质、所属发电集团、工商注册时间、营业执照、统一社会信用代码、法定代表人、联系方式、电源类型、装机容量、所在地区等是（　　）。

（A）公众信息　　　　　　　　　　（B）公开信息

（C）私有信息　　　　　　　　　　（D）依申请披露信息

答案：A

160. 日电量比例（M）是指根据上一年统调日电量历史数据确定（　　）几类常用日的电量比例。

（A）工作日、非工作日　　　　　　（B）节假日、非节假日

（C）工作日、周末、节假日　　　　（D）工作日、周六、周日、节假日

答案：D

161. 日前市场主要的定位在于发现（　　），依据日前市场出清结果确定发电计划。

（A）短期电力边际成本　　　　　　（B）长期电力边际成本

（C）短期边际阻塞成本　　　　　　（D）长期边际堵塞成本

答案：A

162. 容量电价等于容量电费除以（　　）。

（A）机组总容量　　　　　　　　　（B）机组实际可用容量

（C）机组有功功率　　　　　　　　（D）机组无功功率

答案：B

163. 若发电机组逾时未申报报价信息，（　　）。

（A）不参与市场出清　　　　　　　（B）以上一交易日报价信息参与市场出清

（C）以缺省信息参与市场出清　　　（D）以上都不对

答案：C

164. 若计量数据采集机构怀疑市场表计故障，则需支持重新读取市场表计每（　　）的计量数据和底码值、及时通知表计服务机构并提供疑似故障的支持材料。

（A）5min　　　　（B）10min　　　　（C）15min　　　　（D）30min

答案：D

165. 山东电力现货市场中，竞价日（D-1）一般情况下为运行日前一个（　　）。

（A）自然日　　　　（B）节假日　　　　（C）工作日　　　　（D）竞价日

答案：A

166. 省内电力直接交易由（　　）组织。

（A）能源局　　　　（B）能监办　　　　（C）电力交易机构　　（D）调度机构

答案：C

167. 省内电力直接交易在发电企业与（　　）之间开展。

（A）售电公司　　　　　　　　　　（B）售电公司、批发用户

（C）批发用户　　　　　　　　　　（D）电网企业

答案：B

168. 市场交易电费由（　　）负责结算，其中用户用电费由所在地区供电企业收取；发电企业上网电费由相关供电企业支付。

（A）供电企业　　（B）交易中心　　（C）行业协会　　（D）调度中心

答案：A

169. 市场竞争所需信息应当充分披露，信息披露主体对其提供信息的真实性、（　　）、完整性、及时性负责。

（A）安全性　　　　（B）科学性　　　　（C）准确性　　　　（D）合理性

答案：C

170. 市场运营费用结算主要包括成本补偿类费用、市场平衡类费用和市场调节类费用。其中，成本补偿类费用以（　　）为周期进行分摊。

（A）周　　　　　（B）月度　　　　　（C）日　　　　　（D）季度

答案：B

171. 市场注册是指获得市场准入资格的市场主体，到（　　）进行注册。

（A）电力交易机构　　（B）电力调度机构　　（C）营业厅　　　　（D）地市供电公司

答案：A

172. 售电公司参与现货交易的第一个门槛是（　　）。

（A）电力现货市场技术支持系统的使用　　（B）市场规则的掌握

（C）用电负荷预测能力　　　　　　　　　（D）交易策略的制定

答案：C

173. 售电公司无法履约时，由（　　）提供保底服务。

（A）电网企业　　　　　　　　　　（B）国家级调度中心

（C）省级调度中心　　　　　　　　（D）其他售电公司

答案：A

174. 售电公司信用承诺书中售电企业需拥有（　　）名及以上电力专业人员。

（A）5　　　　　（B）8　　　　　（C）10　　　　　（D）12

答案：C

175. 售电公司注册信息发生变化时，应在（　　）个工作日向相应的电力交易机构申请变更。

(A) 5　　　　　　(B) 15　　　　　　(C) 30　　　　　　(D) 60

答案：A

176. 售电公司资产总额不得低于（　　）元人民币。

(A) 2 千万　　　(B) 5 千万　　　(C) 1 亿　　　(D) 2 亿

答案：A

177. 双边协商交易、挂牌交易的交易标的为本年度（　　）开始的市场合约电量，以（　　）为基本合约周期，分解曲线采用自定义分解曲线。

(A) 次月，日历月　　　　　　　　(B) 次月，日历周

(C) 次周，日历周　　　　　　　　(D) 次周，日历日

答案：C

178. 双边协商交易申报的电量是以下（　　）口径。

(A) 购方电量　　　　　　　　　　(B) 售方电量

(C) 上网关口侧　　　　　　　　　(D) 落地关口侧

答案：A

179. 双方协商达成交易意向后，按交易中心提供的（　　）合约合同范本签订合同，由（　　）在交易系统上填报交易信息并上传合同，另一方确认。

(A) 物理，买方　　(B) 物理，卖方　　(C) 差价，买方　　(D) 差价，卖方

答案：D

180. 为保障系统的整体备用和调峰调频能力，在各类市场化交易开始前，电力调度机构可以根据机组可调出力、检修天数、系统负荷曲线及电网约束情况，折算得出各机组的电量上限，对参与市场化交易的机组发电利用小时数提出限制建议。对于月度交易，应当在月度电力电量预测平衡的基础上，结合检修计划，按照不低于关键通道可用容量的（　　）下达交易限额。

(A) 75%　　　　　(B) 80%　　　　　(C) 85%　　　　　(D) 90%

答案：D

181. 我国试点建设的电力现货市场中，电力日前市场以（　　）为一个交易时段，每天（　　）个时段。

(A) 15min，96　　(B) 30min，48　　(C) 5min，288　　(D) 60min，24

答案：A

182. 我国现阶段现货市场中，一般情况下发电侧结算采用的是（　　）。

(A) 统一结算点电价　　　　　　　(B) 节点电价

（C）上网电价   （D）批复电价

答案：B

183. 下列不属于披露的公众信息范围的是（   ）。

（A）市场交易适用的法律法规、政策性文件、市场规则、电力行业规程规范及有关规定等

（B）市场结构情况

（C）电网主要网络通道示意图

（D）市场暂停、中止、重新启动情况

答案：C

184. 下列关于实时电能量市场中处于开/停机过程中的机组，说法的错误的是（   ）。

（A）处于开机状态的发电机组，在机组并网后升功率至最小稳定技术出力期间，机组为价格接受者

（B）机组发电出力达到最小稳定技术出力之后，从下一个交易时段开始，按照其电能量报价参与实时电能量市场优化出清

（C）处于开机状态的发电机组，在机组并网后升功率至最小稳定技术出力期间，机组出力按其报价优化

（D）处于停机状态的发电机组，在机组从最小稳定技术出力降功率至与电网解列期间，发电出力为典型停机曲线

答案：C

185. 下列交易属于场外交易的有（   ）。

（A）双边协商交易，挂牌交易

（B）双边协商交易，基数合约协商交易

（C）挂牌交易，基数合约集中交易

（D）双边协商交易，挂牌交易，基数合约集中交易

答案：B

186. 下列有关集中撮合交易规则的描述，错误的是（   ）。

（A）集中竞价，买方和卖方均需申报电量和电价

（B）未单独核定输配电价地区，买卖双方按照价差（降价幅度）报价，若卖方幅度高于买方幅度，则成交

（C）卖方报价从低到高排列，买方报价从低到高排列

（D）按照排序依次进行买卖报价匹配，如有价差（买方报价高于卖方报价），则成交

答案：C

187. 下面关于电力中长期交易价格机制的描述，错误的是（   ）。

（A）电力中长期交易的成交价格只能由市场主体通过双边协商方式形成，第三方不得干预

（B）电能量市场化交易（含省内和跨区跨省）价格包括脱硫、脱硝、除尘和超低排放电价

（C）因电网安全约束必须开启的机组，约束上电量超出其合同电量（含优先发电合同、基数电量合同、市场交易合同）的部分，由各地根据实际情况在交易细则中明确，鼓励采用市场化机制确定价格

（D）新投产发电机组的调试电量按照调试电价政策进行结算

答案：A

188. 下面有关中长期电力交易的说法中错误的是（   ）。

（A）双边交易价格按照双方合同约定执行

（B）集中竞价交易按照统一出清价格或根据双方申报价格确定

（C）集中竞价采用统一出清的，根据各交易匹配对的申报价格形成成交价格（比如卖方报价和买方报价的平均值）

（D）挂牌交易以挂牌价格结算

答案：C

189. 现货电能量市场为每日均运行的市场，各市场主体需每日向市场运营机构提交（   ），迟报、漏报或不报者均默认采用缺省值作为申报信息。

（A）检修计划　　　（B）机组信息　　　（C）申报信息　　　（D）发电计划

答案：C

190. 现货日前市场结算电量为（   ）。

（A）中长期市场总电量

（B）日前市场出清电量

（C）日前市场出清电量与中长期市场总电量的差值

（D）实时市场总电量

答案：C

191. 现货实时市场用户侧价格以（   ）为单位计算发布。

（A）秒　　　　　（B）分钟　　　　　（C）小时　　　　　（D）日

答案：C

192. 相对于按照报价结算，按照边际价格结算的缺点是（   ）。

（A）不能激励参与者按照边际成本报价　　　（B）不能提供清晰的参考价格

（C）不利于市场力管控　　　　　　　　（D）不利于实现经济调度

答案：C

193．相关电力交易机构通过电力交易平台，将（　　）出具的结果作为结算边界，结合市场主体省内交易的结算结果，一并出具结算依据。

（A）省级电力交易中心　　　　　　　　（B）省级调控中心

（C）地方政府　　　　　　　　　　　　（D）北京电力交易中心

答案：D

194．一般用户参与零售市场交易，在同一时期内只可与（　　）家售电公司进行交易。

（A）4　　　　　　（B）3　　　　　　（C）2　　　　　　（D）1

答案：D

195．依据《电力辅助服务管理办法》（国能发监管规〔2021〕61号），电力调度机构应及时向电力交易机构按信息类型推送考核、补偿和分摊公示信息，由电力交易机构于次月（　　）之前向所有市场主体公示。

（A）3日　　　　　（B）7日　　　　　（C）10日　　　　　（D）15日

答案：C

196．依据《电力中长期交易基本规则》（发改能源规〔2020〕889号），对于年度交易，应当在年度电力电量预测平衡的基础上，结合检修计划，按照不低于关键通道可用输电容量的（　　）下达交易限额。

（A）80%　　　　　（B）85%　　　　　（C）90%　　　　　（D）95%

答案：A

197．依据《关于组织开展电网企业代理购电工作有关事项的通知》（发改办价格〔2021〕809号），执行代理购电价格机制后，电网企业为保障居民、农业用电价格稳定产生的新增损益（含偏差电费），按月由（　　）分摊或分享。

（A）电网代理购电用户　　　　　　　　（B）市场化交易用户

（C）全体工商业用户　　　　　　　　　（D）发电企业

答案：C

198．依据《售电公司管理办法》（发改体改规〔2021〕1595号），售电公司注册需拥有（　　）名以上专业人员。

（A）5　　　　　　（B）10　　　　　　（C）15　　　　　　（D）20

答案：B

199．以下关于市场中止说法错误的是（　　）。

（A）当出现台风、地震等重大自然灾害、突发事件影响电力供应或电网安全时，政府部门、能源监管机构可依照相关规定和程序暂停市场交易

（B）电力市场未按照规则运行和管理时，能源监管机构会同政府部门可以做出中止电力市场的决定

（C）电力市场交易发生恶意串通操纵市场的行为，并严重影响交易结果时，市场运营机构可以中止电力现货市场交易

（D）当市场长时间中止时，按照政府部门及能源监管机构指定方式进行结算

答案：C

200．以下哪类用电量不征收可再生能源电价附加（　　）。

（A）居民　　　　　（B）农业　　　　　（C）商业　　　　　（D）工业

答案：B

201．以下有关集中竞价交易策略的描述中，错误的是（　　）。

（A）理想的、完全竞争的电力市场中，社会福利得到最大化

（B）发电企业主要考虑的问题是如何实现更高的边际利润，因而应采用尽可能报高价的策略

（C）统一边际出清规则下，发电商应按机组边际成本报价

（D）统一边际出清规则下，除非自己是边际机组，否则出清价与机组报价关系不大

答案：B

202．影响电力现货市场电能量出清价格的因素可从（　　）方面考虑。

（A）发电侧　　　　（B）输配电　　　　（C）用户侧　　　　（D）以上均是

答案：D

203．拥有配电网运营权的售电公司的生产运行负责人、技术负责人、安全负责人应具有（　　）以上与配电业务相适应的经历，具有中级及以上专业技术任职资格或者岗位培训合格证书。

（A）两年　　　　　（B）三年　　　　　（C）五年　　　　　（D）六年

答案：C

204．用电侧清分计算电量口径是（　　）。

（A）发电量　　　　（B）上网电量　　　　（C）用电量　　　　（D）以上均有可能

答案：C

205．用户每个受电点作为用户（　　）个计费单位。

（A）1　　　　　　　（B）2　　　　　　　（C）3　　　　　　　（D）4

答案：A

206．由于电力现货市场主要处理（　　）或者次日的运行方式，时间尺度较短，运行方式的不确定性小，因此实际常用的方法是在电网实际运行方式的基础上叠加未来指定时段的检

修计划，而电网的实际运行方式主要来源于状态估计计算结果。

（A）日前　　　　　（B）日内　　　　　（C）实时　　　　　（D）

答案：B

207．与出清价格、出清出力一样，边际机组是优化出清的输出结果，并非（　　）或人为指定。

（A）事前　　　　　（B）事中　　　　　（C）事后　　　　　（D）

答案：A

208．运行日存在调试时段的机组运行日全天均视为（　　）状态。

（A）可用　　　　　（B）不可用　　　　　（C）调试　　　　　（D）运行

答案：C

209．运行日为执行日前电力市场交易计划的自然日，每个运行日含有（　　）交易出清时段。

（A）24　　　　　（B）48　　　　　（C）72　　　　　（D）96

答案：D

210．在地方主管部门确认售电公司符合强制退出条件后，应通过电力交易平台、"信用中国"网站等政府指定网站向社会公示（　　）个工作日。

（A）10　　　　　（B）15　　　　　（C）30　　　　　（D）60

答案：A

211．在电力中长期交易过程中，双边交易的成交价格由（　　）决定。

（A）交易双方独立　　　　　　　　（B）各市场主体协商定价

（C）市场运营商定价　　　　　　　（D）政府定价

答案：A

212．在目前国内现货试点省份中，售电公司在批发市场采用（　　）的结算模式。

（A）"月清月结"　　（B）"日清月结"　　（C）"日清日结"　　（D）"月清日结"

答案：B

213．在日前市场中，若发电机组逾时未申报报价信息，一般采取（　　）。

（A）不参与市场出清　　　　　　　（B）以上都不对

（C）以缺省信息参与市场出清　　　（D）同类型报价信息参与市场出清

答案：C

214．在日前市场中优化调度决定的时段是以（　　）计，市场运营机构可以将机组的启停指令纳入程序中。

（A）天　　　　　（B）小时　　　　　（C）分钟　　　　　（D）秒

答案：A

215. 在山东电力市场中，中长期交易最短允许交易（　）天后的标的。

（A）2 天后　　　　　（B）3 天后　　　　　（C）4 天后　　　　　（D）5 天后

答案：A

216. 在我国，发电侧和用电侧结算电量口径一般分别是（　）和（　）。

（A）上网电量，交易电量　　　　　　　　（B）发电量，上网电量

（C）交易电量，上网电量　　　　　　　　（D）发电量，交易电量

答案：A

217. 在现货市场中，必开机组由调度机构根据一定的原则进行设置，以下（　）不是必开机组设置原则。

（A）为满足电压支撑要求，需要增开或维持开机状态的机组

（B）为缓解阻塞情况，需要增开或维持开机状态的机组

（C）因保供电、保供热、保民生或政府要求，需要提高安全裕度而增开或维持开机状态的机组

（D）因系统安全约束，必须开出的机组，以及必须维持运行状态的机组

答案：B

218. 在用户侧参与市场结算的规则体系中，采用以下哪种电价（　）。

（A）节点电价　　　　　　　　　　　　　（B）系统统一电价

（C）统一结算电价　　　　　　　　　　　（D）市场出清电价

答案：C

219. 征得电力用户同意后，（　）和市场运营机构应当允许售电公司和发电企业获取电力用户历史分时用电数据、用电信息等有关信息，并约定信息开放内容、频率、时效性，以满足市场主体参与现货交易的要求。

（A）电网企业　　　　（B）能源监管机构　　　（C）地区主管部门　　　（D）能源局

答案：A

220. 中长期合约按照中长期合同约定价格结算，日前市场出清曲线与中长期合约偏差部分按照（　）价格结算，实际执行曲线与日前市场出清曲线偏差部分按照实时市场价格结算。

（A）中长期合约　　　　　　　　　　　　（B）实际执行曲线

（C）日前市场出清　　　　　　　　　　　（D）日前市场出清曲线

答案：C

221. 中长期交易对未来某一时期内交割电力产品或服务的交易，包含数年、年、月、周、多日等不同时间尺度。中长期交易合同包括（　）和（　）。

（A）物理合同，金融合同　　　　　　　　（B）差价合同，金融合同

（C）金融合同，计划合同　　　　　　（D）物理合同，计划合同

答案：A

222．中长期交易合约的起止时间，以（　　）为基本单位。

（A）日历月　　　　（B）日历周　　　　（C）日历日　　　　（D）小时

答案：C

223．自定义分解曲线由市场主体自主提出，将合约电量分解至分时电量，通过（　　）成交确定。

（A）双边协商或集中竞争交易　　　　（B）挂牌或集中竞争交易

（C）双边协商或挂牌交易　　　　　　（D）双边协商、挂牌或集中竞争交易

答案：C

二、多选题

1．（　　）负责本企业关口及所辖用户计量装置接入电能计量采集管理信息系统，并做好日常运行维护工作。

（A）发电企业　　　　　　　　　　　（B）个人

（C）第三方　　　　　　　　　　　　（D）拥有配电网运营权的售电公司

答案：ABCD

2．（　　）负责本企业所辖用户电能计量及采集装置的日常运维，按照电力市场结算要求，定期将电力用户关口电能计量点计量装置记录的电量数据，传送给电力交易机构，作为结算基础数据。

（A）电网企业　　　　　　　　　　　（B）电力用户

（C）发电企业　　　　　　　　　　　（D）拥有配电网运营权的售电公司

答案：AD

3．（　　）关口计量点，原则上应安装同型号、同规格、同精度的主副电能表各一套，主副表应有明确标志。

（A）发电企业　　　　　　　　　　　（B）Ⅰ类重要电力用户

（C）Ⅱ类重要电力用户　　　　　　　（D）Ⅲ类重要电力用户

答案：ABCD

4．《北京电力交易中心跨区跨省电力中长期交易实施细则》（京电交市〔2021〕50号）中电力用户准入要求符合国家和地方产业政策及节能环保要求，符合电网接入规范、满足电网安全技术要求；（　　）不得参与。

（A）落后产能　　　（B）违规建设　　　（C）环保不达标　　　（D）违法排污项目

答案：ABCD

5. 2020 年 6 月，国家发改委、国家能源局印发《电力中长期交易基本规则》（发改能源规〔2020〕889 号），规则中电力用户的市场准入条件包括（　　）。

（A）符合电网接入规范、满足电网安全技术要求，与电网企业签订正式供用电协议

（B）经营性电力用户的发用电计划原则上全部放开

（C）拥有燃煤自备电厂的用户应当按照国家规定承担政府性基金及附加、政策性交叉补贴

（D）具备相应的计量能力或者替代技术手段，满足市场计量和结算要求

答案：ABCD

6. 2020 年 6 月，国家发改委、国家能源局印发《电力中长期交易基本规则》（发改能源规〔2020〕889 号），规则中发电企业的市场准入条件包括（　　）。

（A）依法取得发电项目核准或者备案文件，依法取得或者豁免电力业务许可证（发电类）

（B）并网自备电厂公平承担发电企业社会责任、承担国家依法依规设立的政府性基金及附加，以及与产业政策相符合的政策性交叉补贴

（C）达到能效、环保要求

（D）分布式发电企业符合分布式发电市场化交易试点规则要求

答案：ABCD

7. 2020 年 6 月，国家发改委、国家能源局印发《电力中长期交易基本规则》（发改能源规〔2020〕889 号），规则中提到电力交易机构向各市场成员提供的结算依据包括（　　）。

（A）实际结算电量　　　　　　　　（B）各类交易合同电量、电价和电费

（C）偏差电量、电价和电费　　　　（D）分摊的结算资金差额或者盈余

答案：ABCD

8. SCUC/SCED 考虑的约束包括并不限于（　　）。

（A）负荷平衡约束　　　　　　　　（B）旋转备用约束

（C）调节（AGC）备用约束　　　　（D）机组加、减负荷速率约束

答案：ABCD

9. 按照《售电公司管理办法》（发改体改规〔2021〕1595 号）的要求，（　　）等信息发生变化，售电公司需重新签署信用承诺书并予以公示，公示期为 7 天。

（A）企业更名或法定代表人变更

（B）企业控制权转移，因公司股权转让导致公司控股股东或者实际控制人发生变化

（C）资产总额发生超出注册条件所规定范围的变更

（D）代理电量规模

答案：ABC

10. 按照《售电公司管理办法》（发改体改规〔2021〕1595 号）的要求，保底售电服务启动条件包括（　　）。

（A）存在售电公司未在截止期限前缴清结算费用

（B）存在售电公司不符合市场履约风险有关要求

（C）存在售电公司自愿或强制退出市场，其购售电合同经自主协商、整体转让未处理完成

（D）存在售电公司严重违反市场规则

答案：ABC

11. 按照《售电公司管理办法》（发改体改规〔2021〕1595 号）的要求，售电公司办理注册时，应向电力交易机构提交的资料包括（　　）。

（A）工商注册信息　　　　　　　　（B）法定代表人信息

（C）资产证明　　　　　　　　　　（D）经营场所

答案：ABCD

12. 按照《售电公司管理办法》（发改体改规〔2021〕1595 号）的要求，售电公司享有权利表述正确的是（　　）。

（A）可以采取多种方式通过电力市场购售电

（B）同一售电公司仅可在一个配电区域内售电

（C）可向用户提供包括但不限于合同能源管理、综合节能、合理用能咨询和用电设备运行维护等增值服务，并收取相应费用

（D）可根据用户授权掌握历史用电信息，在电力交易平台进行数据查询和下载

答案：ACD

13. 按照《售电公司管理办法》（发改体改规〔2021〕1595 号）的要求，售电公司与电力用户签订合同内容应包括（　　）。

（A）合同期限　　　　　　　　　　（B）电量及分月计划

（C）费用结算　　　　　　　　　　（D）用户偏差处理方式

答案：ABCD

14. 按照《售电公司管理办法》（发改体改规〔2021〕1595 号）的要求，售电公司与电力用户确立绑定关系表述正确的是（　　）。

（A）仅可由售电公司在电力交易平台中发起零售服务关系确立

（B）任何一方均可在电力交易平台中发起零售服务关系确立

（C）由双方法定代表人（授权代理人）在电力交易平台中确认

（D）由双方交易人员在电力交易平台中确认

答案：BC

15. 按照《售电公司管理办法》（发改体改规〔2021〕1595 号）的要求，售电公司专业管理人员需拥有的技术职称包括（　　）。

（A）电力　　　　　　（B）经济　　　　　　（C）会计　　　　　　（D）电子信息

答案：ABC

16. 按照《售电公司管理办法》（发改体改规〔2021〕1595 号）的要求，拥有配电网运营权的售电公司办理注册时，需提供（　　）。

（A）配电网电压等级　　　　　　　　　　（B）供电范围

（C）电力业务许可证（供电类）　　　　　（D）服务用户清单

答案：ABC

17. 按照信息公开范围，电力市场信息分为（　　）。

（A）公众信息　　　　　　　　　　　　　（B）公开信息

（C）特定信息　　　　　　　　　　　　　（D）依申请披露信息

答案：ABC

18. 本质上，机组开停和发电计划曲线取决于包含（　　）。

（A）机组装机容量　　（B）启动成本　　　（C）空载费用　　　　（D）电能量价格

答案：BCD

19. 边际机组与出清价格的关系以下说法正确的有（　　）。

（A）系统中至少存在一台边际机组

（B）当系统没有发生网络阻塞等约束受限时，系统有一台边际机组，该边际机组为系统电能定价

（C）一般情况下，边际机组的出清节点边际电价与其申报价格相等

（D）当系统发生网络阻塞等约束受限时，每多一个约束受限，则多增加一台边际机组，多台边际机组共同为系统电能定价

答案：ABCD

20. 不平衡费用由（　　）补偿费用这几类费用构成。

（A）阻塞费用　　　　　　　　　　　　　（B）非市场电量波动费用

（C）市场电量波动费用　　　　　　　　　（D）考核费用

答案：ABC

21. 采集异常是指关口计量点电能表电能示值采集正常，但（　　）。

（A）与现场电能表计量示值不一致　　　　（B）与现场用电情况不一致

（C）或者曲线不完整的　　　　　　　　　（D）日电量完整

答案：AC

22．参加市场交易的售电公司应具备日前负荷预测的能力，能够满足（　　）等要求。

（A）分时电力需求曲线报送　　　　　　（B）交易报价

（C）信息报送　　　　　　　　　　　　（D）合同签订

答案：ABCD

23．参与市场交易的用户购电价格由（　　）组成。

（A）市场交易价格　　　　　　　　　　（B）输配电价（含线损和交叉补贴）

（C）政府性基金　　　　　　　　　　　（D）标杆上网电价

答案：ABC

24．出现（　　）情况时，电力调度机构设置必开机组。

（A）系统安全约束　　　　　　　　　　（B）电压支撑要求

（C）保供电、保供热、保民生、　　　　（D）电网公司要求

答案：ABC

25．处于（　　）过程中的发电机组，相应时段内，该台机组不参与市场定价，作为市场价格接受者。

（A）开机　　　　　（B）停机　　　　　（C）ACE　　　　　（D）自由优化

答案：AB

26．从交易组织方式看，形成了（　　）的多品种交易格局，市场精细化程度日益提升。

（A）双边协商　　　　（B）转让交易　　　　（C）挂牌交易　　　　（D）集中竞价

答案：ACD

27．当电力调度机构需要对电网运行方式进行调整时，可以采取（　　）措施。

（A）调整电网运行方式，但不包括调整设备停复役计划

（B）采取错峰限电方式控制负荷

（C）调整省间联络线的送受电计划

（D）投入或退出机组调频模式

答案：BCD

28．当前试点地区开展的现货市场下，下列（　　）属于辅助服务市场。

（A）调频辅助服务市场　　　　　　　　（B）备用

（C）有偿无功调节　　　　　　　　　　（D）黑启动

答案：AB

29．当用电计量装置不安装在产权分界处，线路与变压器损耗的有功与无功电量均须由产权所有者负担，供电企业在计算下列（　　）电费时，应将上述损耗电量计算在内。

（A）按容量计收基本电费　　　　　　　　（B）按最大需量计收基本电费

（C）电度电费 （D）功率因数调整电费

答案：BCD

30. 电费违约金收取总额（　）累加计收，总额不足 1 元者（　）。

（A）按日 （B）按月 （C）按 1 元收取 （D）可不收取

答案：AC

31. 电力辅助服务计量以（　）的数据等为依据。

（A）电力调度指令 （B）调度自动化系统采集的实时数据

（C）电能量计量装置 （D）市场化交易

答案：ABC

32. 电力辅助披露内容应包括但不限于（　）等信息类型。

（A）考核 （B）具体品种 （C）调度单元 （D）补偿

答案：ABCD

33. 电力交易机构总体负责电力现货市场信息披露的实施，并（　）。

（A）创造良好的信息披露条件 （B）制定信息披露标准格式

（C）设立信息披露平台 （D）提供数据接口服务

答案：ABCD

34. 电力批发交易是指（　）之间通过市场化方式进行的电力交易活动的总称。

（A）发电企业 （B）售电公司 （C）电网公司 （D）电力大用户

答案：ABD

35. 电力批发市场中的电价能体现（　）信息。

（A）电力市场监管状况 （B）电价预测精度

（C）发电成本 （D）市场供需状况

答案：CD

36. 电力市场中的交易类型通常包括（　）。

（A）现货 （B）辅助服务 （C）中长期交易 （D）期货

答案：ABCD

37. 电力调度机构基于发电机组及输变电设备日前检修计划，综合考虑电网实时运行要求、（　）、现场操作准备等，执行发输变电设备停、送电操作，并做好相应记录。

（A）气象因素 （B）节假日影响

（C）现场设备状态 （D）不同检修设备停送电顺序衔接

答案：ABCD

38. 电力现货市场第三方检验通常分为（　）。

（A）典型算例校核 （B）历史算例校核

（C）标准算例校核 　　　　　　　　　（D）实际系统算例校核

答案：CD

39．电力现货市场运营需要对用户表计进行改造，下列说法正确的是（　　）。

（A）现货市场开启后，计量周期由月缩短至 15min，部分原有表计不能满足需求，需要改造

（B）现货市场对用户表计计量精度、采集完整率、上传时效性的要求更高

（C）计量数据采集机构应测量、记录和读取其负责的每个市场表计，记录每个交易日、交易时段的电量数据

（D）计量自动化系统应能够在规定时间内，远程自动采集读取计量数据，以满足结算要求

答案：ABCD

40．电力用户注册时从电网企业营销系统内获取的用户用电信息包括（　　）等信息。

（A）用户编号 　　　（B）户名 　　　（C）计量点 　　　（D）地理位置

答案：ABC

41．电能计量采集管理信息系统数据传输通道包括（　　）。

（A）电能表与采集终端之间

（B）关口计量装置与电能计量采集管理信息系统之间

（C）电能计量采集管理信息系统与外部系统传输接口之间

（D）电网企业与售电公司之间

答案：BC

42．电能计量装置技术管理必须遵守（　　）及相关法律、法规的有关规定，并接受国家（　　）行政主管等有关部门的监督。

（A）《中华人民共和国计量法》（中华人民共和国主席令第二十八号）

（B）《中华人民共和国电力法》（中华人民共和国主席令第二十三号）

（C）计量

（D）电力

答案：ABCD

43．电能与备用联合出清考虑的约束一般包括（　　）。

（A）机会成本约束 　　　　　　　　　（B）电网安全约束

（C）出力上限约束 　　　　　　　　　（D）备用爬坡约束

答案：BCD

44．电网安全约束边界条件包括但不限于（　　）。

（A）线路极限功率 　　　　　　　　　（B）断面极限功率

（C）发电机组（群）必开必停约束　　（D）发电机组（群）出力上下限约束

答案：ABCD

45．电网企业的权责包括（　　）。

（A）负责电力用户用电信息维护和变更　　（B）负责售电公司电费结算

（C）负责零售市场成员注册管理　　（D）向各市场主体出具结算依据

答案：AB

46．电网企业负责将（　　）的关口电能计量点计量装置记录的电量数据，传送给电力交易机构，作为结算基础数据。

（A）发电企业

（B）省级电网之间

（C）电网企业

（D）电网企业与拥有配电网运营权售电公司之间

答案：ABD

47．电网企业应按要求及时公开代理购电相关信息，原则上应按月发布（　　）等信息。

（A）代理用户分月总电量预测　　（B）代理购电量及构成

（C）代理购电价及构成　　（D）代理购电用户分电压等级电价及构成

答案：BCD

48．电网实时运行应按照电力系统运行有关规则规定，保留合理的（　　），以及各输变电断面合理的潮流波动空间，满足电网风险防控措施要求，保障系统安全稳定运行和电力电量平衡。

（A）调频　　　　（B）调峰　　　　（C）调压　　　　（D）备用容量

答案：ABCD

49．对于未来电力供应短缺的地方可以探索建立（　　）市场，对于燃煤机组利用小时严重偏低的省份，可以建立（　　）机制。

（A）金融市场　　（B）容量市场

（C）容量补偿机制　　（D）场外补贴机制

答案：BC

50．发电机组调试及试验计划应按照日前发电计划执行，电力调度机构可根据不同情况进行调整，包括（　　）要求调整调试及试验计划等情况。

（A）发电机组自身　　（B）电力电量平衡

（C）电网安全稳定约束　　（D）日前机组状态

答案：ABC

51．发电企业，Ⅰ、Ⅱ类电力用户和Ⅲ类重要电力用户的关口计量点，原则上应安装

（　）的主副电能表各一套，主副表应有明确标志。

（A）同型号　　　　（B）同规格　　　　（C）同精度　　　　（D）同厂家

答案：ABC

52．发电企业电能电费包括（　）。

（A）省间合约电能电费　　　　　　　　（B）省间日前电能电费

（C）省间日内电能电费　　　　　　　　（D）省内合约电能电费

答案：ABCD

53．发电企业需提供事前信息包括（　）。

（A）机组检修及设备改造情况　　　　　（B）发电厂厂用电率

（C）年度分月发电能力预测　　　　　　（D）次年机组检修及设备改造计划

答案：ABCD

54．发电企业应当披露的公开信息中，电厂机组信息包括（　）等。

（A）电厂调度名称、电力业务许可证（发电类）编号、机组调度管辖关系、投运机组台数

（B）单机容量及类型、投运日期、接入电压等级

（C）单机最大出力、核定最低技术出力、核定深调极限出力

（D）机组出力受限的技术类型，如流化床、高背压供热

答案：ABD

55．发电企业在交易平台网站注册时需要提供的注册资料包括但不限于（　）。

（A）营业执照　　　　　　　　　　　　（B）法人代表身份证

（C）建设核准文件　　　　　　　　　　（D）设备批准书

答案：ABCD

56．发生（　）等事故后，应立即调出系统备用，尽快恢复系统频率，控制联络线输送功率在规定范围内。事故发生后 30min 以内，系统备用应恢复正常。

（A）机组跳闸　　　（B）线路断流　　　（C）直流闭锁　　　（D）计划计算失败

答案：AC

57．非分时段交易模式下的挂牌滚动撮合交易，按照（　）的原则进行滚动撮合成交，成交价为（　）。

（A）时间优先/边际价格　　　　　　　　（B）时间优先/购售双方报价的均价

（C）价格优先/边际价格　　　　　　　　（D）价格优先/购售双方报价的均价

答案：BD

58．非现货模式下零售用户结算电价定价方式有（　）。

（A）固定价格　　　　　　　　　　　　（B）价差分成

（C）固定价格+价差分成　　　　　　　（D）成交均价+固定价差

答案：ABCD

59．分散式日前市场交易以（　　）等作为市场边界，考虑电网安全约束、机组运行约束等，生成次日发电计划，并形成机组与用户市场出清电价。

（A）日交易曲线　　　　　　　　　　　（B）中长期实物合同日分解曲线

（C）负荷预测　　　　　　　　　　　　（D）中长期金融合同

答案：ABC

60．分时电能量价格形成的关键是电力现货市场的出清价格，包括（　　）。

（A）系统边际电价　　（B）分区边际电价　　（C）节点边际电价　　（D）用户侧价格

答案：ABC

61．辅助服务费用是指为维护系统的安全稳定运行、保证电能质量，由（　　）等提供除正常电能生产、传输、使用之外，由并网发电厂提供辅助服务所得的费用，具体包括深度调峰、备用、调频等。

（A）发电企业　　　　（B）电网经营企业　　（C）电力用户　　　　（D）政府

答案：ABC

62．辅助服务市场信息从发布时间上可分为以下（　　）。

（A）事前信息　　　　（B）事中信息　　　　（C）事后信息　　　　（D）公众信息

答案：ABC

63．各电力交易机构按照一地注册，信息共享原则，统一售电公司注册服务流程、服务规范、要件清单、审验标准等，明确受理（　　）。

（A）期限　　　　　　（B）时间　　　　　　（C）接待日　　　　　（D）公示日

答案：ACD

64．各类（　　）均包含环保电价，各机组市场化电量对应的环保电价不再另行结算。

（A）输配电价　　　　　　　　　　　　（B）市场补偿费用

（C）中长期合约　　　　　　　　　　　（D）现货市场形成的电能量价格

答案：CD

65．根据《电力中长期交易基本规则（暂行）》（发改能源规〔2020〕889号），处理合同偏差的方式包括（　　）。

（A）预挂牌月平衡偏差方式　　　　　　（B）预挂牌日平衡偏差方式

（C）等比例调整偏差方式　　　　　　　（D）滚动调整偏差方式

答案：ABCD

66．根据《电力中长期交易基本规则》（发改能源规〔2020〕889号）规定，安全校核的主要内容包括（　　）。

（A）通道输电能力限制　　　　　　（B）机组爬坡速率限制

（C）机组辅助服务限制　　　　　　（D）机组发电能力限制

答案：ACD

67．根据《电力中长期交易基本规则》（发改能源规〔2020〕889号）规定，电力中长期交易市场电力用户准入需具备条件正确的是（　　）。

（A）符合电网接入规范、满足电网安全技术要求，与电网企业签订正式供用电协议（合同）

（B）建设、运行、维护和管理电网配套技术支持系统，服从电力调度机构的统一调度

（C）具备相应的计量能力或者替代技术手段，满足市场计量和结算的要求

（D）拥有燃煤自备电厂的用户应当按照国家规定承担政府性基金及附加、政策性交叉补贴

答案：ACD

68．根据《电力中长期交易基本规则》（发改能源规〔2020〕889号）规定，电力中长期交易市场发电企业准入需具备条件正确的是（　　）。

（A）依法取得发电项目核准或者备案文件，依法取得或者豁免电力业务许可证（发电类）

（B）并网自备电厂公平承担发电企业社会责任、承担国家依法依规设立的政府性基金及附加，以及与产业政策相符合的政策性交叉补贴，取得电力业务许可证（发电类），达到能效、环保要求，可作为市场主体参与市场化交易

（C）分布式发电企业符合分布式发电市场化交易试点规则要求

（D）具备相应的计量能力或者替代技术手段，满足市场计量和结算的要求

答案：ABCD

69．根据《电力中长期交易基本规则》（发改能源规〔2020〕889号）规定，发电侧上下调预挂牌机制可采用（　　）组织方式。

（A）月度交易结束后，发电机组申报上、下调报价

（B）电力交易机构按照上调报价由低到高排序形成上调机组调用排序列表

（C）机组提供的上调或者下调电量根据电力调度机构的实际调用量进行结算

（D）下调报价由高到低排序形成上调机组调用排序列表

答案：ABC

70．根据《电力中长期交易基本规则》（发改能源规〔2020〕889号）规定，集中竞价交易中，为避免市场操纵及恶性竞争可以设置（　　）。

（A）报价或者出清价格设置下限

（B）限制列入黑名单市场主体入市交易

（C）没有出清结果时可以按照上次出清价格出清

（D）报价或者出清价格设置上限

答案：AD

71．根据《电力中长期交易基本规则》（发改能源规〔2020〕889号）规定，中长期交易公告发布内容应当包括（   ）。

（A）交易标的（含电力、电量和交易周期）、申报起止时间

（B）交易出清方式

（C）价格形成机制

（D）关键输电通道可用输电容量情况

答案：ABCD

72．根据《电力中长期交易基本规则》（发改能源规〔2020〕889号）规定，中长期交易中系统月度实际用电需求与月度发电计划存在偏差时应（   ）。

（A）通过发电侧上下调预挂牌机制进行处理

（B）通过偏差电量交易进行处理

（C）根据各地实际采用偏差电量次月挂牌进行处理

（D）采用合同电量滚动调整

答案：ACD

73．根据《电能计量装置技术管理规程》（DL/T 448—2016）总则，电能计量装置技术管理以供电营业区划分范围，以（   ）管理为基础，分类、分工、监督、配合统一归口管理为原则。

（A）电网企业　　　（B）发电企业　　　（C）供电企业　　　（D）售电公司

答案：ABC

74．根据《关于推进电力交易机构规范化建设的通知》（发改经体〔2018〕1246号），电力交易机构要规范开展信息披露工作，重点对信息披露（   ）等进行规范，确保披露内容全面、准确、及时，以满足市场主体的交易需求。

（A）内容　　　（B）频次　　　（C）方式　　　（D）平台

答案：ABCD

75．根据《售电公司市场注册及运营服务规范指引》（京电交市〔2022〕25号），首注地电力交易中心收到拟注销省电力交易中心审核通过意见后，首注地电力交易中心及拟注销省电力交易中心同步将注销售电范围情况在（   ）向社会公示，公示期为10个工作日。

（A）电力交易App　　　　　　　　　　（B）政府指定网站

（C）"信用中国"网站　　　　　　　　（D）电力交易平台网站

答案：BCD

76. 根据《售电公司市场注册及运营服务规范指引》（京电交市〔2022〕25 号），售电公司申请注册，法人资格证明需要以下材料（　　）。

（A）营业执照

（B）法定代表人身份证

（C）产权

（D）银行开户许可证或基本存款账户信息证明

答案：ABD

77. 购电方或售电方通过交易平台，发布（　　）等交易要约，由认可该要约的售电方或购电方自主摘牌，经交易机构交易校核后形成交易结果。

（A）购电量或售电量　　　　　　　　（B）交易曲线

（C）交易价格　　　　　　　　　　　（D）交易执行时间

答案：ABCD

78. 挂牌交易用于直接交易时，只允许发、用侧进行相互摘牌；用于合约转让交易时，只允许（　　）摘牌。

（A）发-发　　　　（B）用-用　　　　（C）发-用　　　　（D）用-发

答案：AB

79. 关口计量装置管理目的是保证电能量值的（　　），保障电能计量装置安全可靠运行，为电力市场有序规范、公平公正开展，保障市场成员合法权益提供支撑。

（A）可靠性　　　　（B）准确性　　　　（C）权威性　　　　（D）溯源性

答案：CD

80. 关于关口计量点设置正确的有（　　）。

（A）火电、水电机组在主变压器高压侧增加设置关口计量点，单机上网电量按主变压器所计电量占总上网电量的比例计算

（B）电网企业根据申请，在产权分界点处设置关口电能计量点，不用与其他市场主体在相关合同、协议中明确

（C）风电、光伏电站仍沿用原关口计量点参与现货交易

（D）参与贸易结算的关口计量点应在相关合同、协议中给予明确

答案：ACD

81. 关于绿电交易，以下说法正确的是（　　）。

（A）是电力中长期交易的一部分

（B）由各地电力交易中心负责组织

（C）市场主体可在合同中约定绿电整体价格，也可分别约定电能价格和环境价格

（D）内蒙古的风电场可将其绿电销售至广东的用户

答案：ABC

82．关于绿证交易，以下说法不正确的是（　　）。

（A）是电力中长期交易的一部分

（B）由各地电力交易中心负责组织

（C）市场主体可在合同中约定绿电整体价格，也可分别约定电能价格和环境价格

（D）内蒙古的风电场可将其绿证销售至广东的用户

答案：ABC

83．滚动撮合交易是按照（　　）原则进行滚动撮合成交。

（A）时间优先 　　　　　　　　　　（B）电量优先

（C）价格优先 　　　　　　　　　　（D）清洁机组优先

答案：AC

84．国家能源局及其派出机构组织电力交易机构对信息披露总体情况作出评价，从（　　）等方面对信息披露情况进行分析。

（A）及时性 　　　　（B）完整性 　　　　（C）安全性 　　　　（D）准确性

答案：ABD

85．会导致市场出清不收敛的情况包括（　　）。

（A）算法自身缺陷 　　　　　　　　（B）数据质量问题

（C）初始点状态不一致 　　　　　　（D）边界条件设置有误

答案：ABCD

86．机组省间日内市场电能电费根据（　　）与（　　）计算电费。

（A）省间日内市场结算量 　　　　　（B）省间日前市场结算量

（C）省间日前市场分时电价 　　　　（D）省间日内市场分时电价

答案：AD

87．机组省间日前市场电能电费根据（　　）与（　　）计算电费。

（A）省间日内市场结算量 　　　　　（B）省间日前市场结算量

（C）省间日前市场分时电价 　　　　（D）省间日内市场分时电价

答案：BC

88．集中竞价交易可采用（　　）等价格形成机制。

（A）边际出清 　　　　　　　　　　（B）高低匹配

（C）滚动报价、撮合成交 　　　　　（D）一方挂牌、摘牌成交

答案：AB

89．集中式现货市场结算时，对于发电企业，采用（　　），日前市场根据日前市场（　　），按照日前市场节点电价进行结算；实时市场根据（　　），按照实时市场节点电价进行结算。

（A）机组所在节点电价

（B）实际上网电量

（C）出清电量与中长期合约分解电量的偏差电量

（D）实际上网电量与日前市场出清电量的偏差电量

答案：ACD

90．假设系统中仅有 2 台机组。A 机组报价为 400 元/MWh，B 机组报价为 600 元/MWh，A、B 机组发电容量均为 300MW，A 机组最小技术出力为 50MW，B 机组最小技术出力为 100MW，用电负荷为 350MWh，则（　　）。

（A）边际机组为 B 机组　　　　　　　　（B）B 机组运行在最小技术出力

（C）B 机组中标出力为 150MW　　　　　（D）A 机组中标出力为 250MW

答案：BD

91．建立健全市场主体信用体系中，有关部门要建立企业法人及其负责人、从业人员信用记录，使各类企业的信用状况（　　）、（　　）、（　　）。

（A）透明　　　　　（B）可追溯　　　　　（C）可核查　　　　　（D）可监审

答案：ABC

92．交易机构的权责包括（　　）。

（A）负责零售市场成员注册管理

（B）负责监测和分析零售市场运行情况

（C）配合开展售电公司信用管理和市场争议处理

（D）协调零售市场出现的其他问题

答案：ABCD

93．交易中心负责与市场交易密切相关的环节，电力交易平台作为国网公司对市场主体服务的窗口，在（　　）等环节为市场主体提供相关服务，并与包括电力现货技术支持系统在内的调度、营销、财务等系统实现对接。

（A）市场注册　　　　（B）交易申报　　　　（C）交易结算　　　　（D）信息发布

答案：ABCD

94．节点电价直接影响着市场主体的（　　）。

（A）结算费用　　　　（B）发电商上网电量　　（C）经济效益　　　　（D）市场出清结果

答案：AC

95．结算规则变化的触发条件包括（　　）。

（A）设计出新的市场交易规则　　　　　　（B）现有交易规则发生变化

（C）计量点变化　　　　　　　　　　　　（D）增加了新的市场成员

答案：ABC

96．进一步完善分时电价，合理拉大峰谷电价价差，将为（　）发展创造更大空间。

（A）抽水蓄能　　　（B）新型储能　　　（C）传统水电　　　（D）新型水电

答案：AB

97．开展中长期交易的作用包括（　）。

（A）提供电价信号，反映长期市场供需，有利于制定长期发用电计划

（B）平稳现货市场价格，与现货市场相辅相成，有效抑制市场力

（C）规避交易风险，为市场发用电及相关主体投资者提供长期信号和稳定的预期，促进投资和实现有效运营

（D）可真实反映电力商品在时间和空间上的供需关系，引导发用电资源响应市场价格波动，提升电网调峰能力、缓解阻塞

答案：ABC

98．可成为合格发电市场主体的拥有并网自备电厂的企业需满足的条件有（　）。

（A）符合国家产业政策，达到能效、环保要求

（B）公平承担发电企业社会责任

（C）满足自备电厂参与市场交易的其他相关规定

（D）进入各级政府公布的交易主体目录并在交易机构注册

答案：ABCD

99．两部制电价的用户，私自超过合同约定的容量用电的，则（　）。

（A）拆除私增容设备　　　　　　　　　　（B）补交电费

（C）承担违约使用电费　　　　　　　　　（D）停止供电

答案：ABC

100．临时用电的用户，对不具备安装条件的，可按其（　）计收电费。

（A）用电类别　　　（B）用电容量　　　（C）使用时间　　　（D）规定的电价

答案：BCD

101．零售绑定关系变更包括（　）情况。

（A）首次绑定售电公司　　　　　　　　　（B）由零售用户变更为批发用户

（C）绑定关系续约　　　　　　　　　　　（D）变更绑定售电公司

答案：BCD

102．零售用户变更代理售电公司时，须同时满足以下条件（　）。

（A）零售用户无欠费

（B）零售用户应提供与原售电公司解除购售电关系，并履行完合同义务的证明材料，或原售电公司主动/被强制退出市场

（C）零售用户拟转至的售电公司已在电力交易平台注册

（D）零售用户已与新售电公司签订购售电合作协议

答案：ABCD

103．零售用户的到户电费包括（　　）。

（A）电能电费 　　　　　　　　　　（B）偏差传导电费

（C）输配电费 　　　　　　　　　　（D）力调电费及政府性基金及附加

答案：ABCD

104．零售用户结算电价定价方式包括但不限于（　　）。

（A）固定价格 　　　　　　　　　　（B）价差分成

（C）成交均价+固定价差 　　　　　　（D）合约电价

答案：ABC

105．零售用户与售电公司绑定都有（　　）流程。

（A）售电公司向用户提出绑定申请 　　（B）交易平台审核

（C）零售用户确认绑定申请 　　　　　（D）有争议情况下，解决争议

答案：ABCD

106．零售用户与售电公司变更购售关系时应同时满足（　　）条件。

（A）零售用户无欠费、无窃电、违约用电在途流程

（B）零售用户拟转至的售电公司已在电力交易平台注册

（C）零售用户应提供与原售电公司解除相关合同（购售电合作协议、购售电合同），并履行完合同义务的证明材料，或原售电公司主动/被强制退出市场

（D）零售用户已与新售电公司签订购售电合作协议

答案：ABCD

107．绿色电力价格的构成有（　　）。

（A）市场均价 　　（B）电能量价格 　　（C）绿色增值价格 　　（D）环境溢价

答案：BD

108．绿色电力交易的交易方式有（　　）。

（A）替代交易 　　（B）双边协商 　　（C）集中撮合 　　（D）摘挂牌交易

答案：BCD

109．目前电力交易平台的（　　）用户必须要绑定CFCA密钥（　　）。

（A）发电企业 　　　　　　　　　　（B）售电公司

253

（C）批发用户　　　　　　　　　　　（D）由电网代理工商业用户

答案：ABC

110. 目前市场主体根据北京电力交易平台时间安排参与省间交易，主要有（　　）交易。

（A）年度　　　　　（B）月度　　　　　（C）月内　　　　　（D）多年

答案：ABC

111. 哪些属于信息披露主体应披露的特定信息（　　）。

（A）机组爬坡速率　　　　　　　　　　（B）电网代理购电平均购电价格

（C）企业用电户号等用电信息　　　　　（D）市场交易申报信息

答案：ACD

112. 哪些信息属于发电企业应披露的特定信息（　　）。

（A）机组出力受限情况　　　　　　　　（B）交易申报量价信息

（C）水电企业发电出力预测　　　　　　（D）中长期交易结算曲线

答案：BCD

113. 年度累计交易量是指单个市场主体在交易年度（　　）合约电量的绝对值之和。

（A）批发　　　　　（B）零售　　　　　（C）买入　　　　　（D）卖出

答案：CD

114. 批发用户电能量电费包含（　　）。

（A）用户合约电能量电费　　　　　　　（B）中长阻塞电费

（C）现货市场电能量电费　　　　　　　（D）输配电费

答案：AC

115. 启停调峰机组可获得的收益分为（　　）部分。

（A）停机维护补偿　　（B）停机影响补偿　　（C）启停补偿　　　　（D）停机时间补偿

答案：CD

116. 认定为一般风险、较大风险的售电公司满足（　　）时，自动变更为低风险。

（A）下一周期信用评级达到 BB 级及以上

（B）不存在风险认定的任一情况

（C）下一周期信用评级达到 C 级

（D）政府批准

答案：AB

117. 日前电能量市场出清 SCED 模型中的约束条件包括（　　）。

（A）系统负荷平衡约束　　　　　　　　（B）机组出力上下限约束

（C）机组爬坡约束　　　　　　　　　　（D）机组最小连续开停时间约束

答案：ABC

118．日前省内现货市场组织的边界条件包括（ ）。

（A）联络线外送电曲线 （B）必开、必停机组

（C）新能源机组申报次日发电预测曲线 （D）次日系统、母线负荷预测曲线

答案：ABCD

119．山东省电力中长期市场交易规则，中长期合约要素至少应包括（ ）。

（A）合约周期 （B）交易价格 （C）分解曲线 （D）合约电量

答案：ABCD

120．省间电力现货交易中，根据信息披露规则，交易信息分别在（ ）、（ ）环节披露。

（A）事前 （B）事后 （C）事中 （D）同步

答案：AB

121．省间外送合同序列执行偏差电量为（ ）与（ ）偏差部分，对应机组外送偏差电量按照机组合同电量占总合同电量比例分配。

（A）月度实际执行电量 （B）计量电量

（C）分时实际执行电量 （D）月度合同电量

答案：AD

122．市场交易价格可以通过以下（ ）方式确定。

（A）双方自主协商 （B）挂牌交易

（C）市场集中竞价 （D）政府定价

答案：ABC

123．市场竞争所需信息应当充分披露，信息披露主体对其提供信息的（ ）负责

（A）真实性 （B）准确性 （C）完整性 （D）规范性

答案：ABC

124．市场信息从受众范围上可分为以下（ ）。

（A）公众信息 （B）内幕信息 （C）公开信息 （D）私有信息

答案：ACD

125．市场运营机构应当披露的公开信息中，属于交易公告信息的有（ ）。

（A）交易品种 （B）交易主体 （C）交易参数 （D）交易计划

答案：ABC

126．市场运营机构应当披露的公开信息中，属于市场边界信息的有（ ）。

（A）电网安全运行的主要约束条件 （B）输电通道可用容量

（C）非市场机组出力曲线 （D）新能源发电曲线

答案：ABCD

127. 市场运营机构应当披露的公开信息中，属于预测信息的有（ ）。

（A）参与市场新能源总出力预测　　　（B）系统负荷预测

（C）非市场机组总出力预测　　　（D）水电出力预测

答案：BCD

128. 市场运营机构应当披露的公开信息中，属于运行信息的有（ ）。

（A）实际负荷　　　（B）机组状态

（C）联络线潮流　　　（D）发电机组检修计划执行情况

答案：ABCD

129. 市场运营机构应当向特定市场主体披露其特定信息包括（ ）。

（A）不平衡资金明细

（B）每项不平衡资金的分摊方式

（C）中长期结算曲线

（D）分时段中长期交易结算电量及结算电价

答案：CD

130. 市场运营机构应根据（ ）统筹安排电力设备检修计划。

（A）电力供需形势　　　（B）安全约束条件

（C）系统运行状况　　　（D）电力交易能力

答案：ABC

131. 市场主体信用风险的预防手段有（ ）。

（A）合理设置市场限价　　　（B）建立履约担保制度

（C）建立基于信用评价的市场准入制度　　　（D）加强市场价格监控分析

答案：BC

132. 市场主体之间自主协商（ ），在规定时间内提交交易平台，经电力交易机构交易校核后形成交易结果。

（A）交易电量

（B）交易曲线

（C）交易价格

（D）交易周期允许范围内的合约执行起止时间

答案：ABCD

133. 售电公司包括（ ）。

（A）电网企业的售电公司

（B）社会资本投资增量配电网，拥有配电网运营权的售电公司

（C）独立的售电公司，不拥有配电网运营权，不承担保底供电服务

（D）地方电力公司

答案：ABC

134．售电公司的（　　）等信息变更属于重大变更。

（A）名称　　　　　　（B）股东　　　　　　（C）股权结构　　　　　（D）资产总额

答案：ABCD

135．售电公司的权责包括（　　）。

（A）履行交易合同及零售合同

（B）按照市场规则和零售合同承担相关责任

（C）将零售合同上传至电力交易平台备案

（D）负责零售市场成员注册管理

答案：ABC

136．售电公司股东情况、股权结构变更的，须提交（　　）。

（A）变更后的股东身份信息　　　　　（B）股权转让协议

（C）公司章程及工商部门备案登记材料　　（D）从业人员社保证明

答案：ABC

137．售电公司可向用户提供（　　）等增值服务，并收取相应费用。

（A）合同能源管理　　　　　　　　（B）综合节能

（C）合理用能咨询　　　　　　　　（D）用电设备运行维护

答案：ABCD

138．售电公司企业名称变更的，须提交（　　）。

（A）工商核准变更通知书　　　　　（B）变更后营业执照

（C）公司章程　　　　　　　　　　（D）授权委托书

答案：ABCD

139．售电公司信用承诺的内容包含以下方面（　　）。

（A）严格遵守国家法律、法规、规章，遵守电力市场方案、规则，全面履行法定责任
　　　和义务

（B）依法开展生产经营活动

（C）在信用网站、人民银行征信系统中无严重失信记录

（D）同意将信用承诺信息纳入信用记录，并通过各级信用网站公示，接受监督

答案：ABCD

140．售电公司信用档案主要包含（　　）。

（A）售电公司基本信息　　　　　　（B）信用承诺书

（C）合同履约情况   （D）守信激励和失信惩戒记录

答案：ABCD

141．售电公司信用评级工作包含的流程有（   ）。

（A）初评   （B）异议受理   （C）结果复核   （D）正式发布

答案：ABCD

142．售电公司与零售用户签订的购售电合作协议，包括（   ）。

（A）售电方（售电公司）   （B）购电方（零售用户）

（C）生效时间（绑定开始时间）   （D）失效时间（绑定结束时间）

答案：ABCD

143．售电公司与零售用户签订的购售电合作协议包括（   ）。

（A）售电方   （B）购电方   （C）生效时间   （D）失效时间

答案：ABCD

144．售电公司准入条件资产要求正确的是（   ）。

（A）资产总额在 2 千万～1 亿元人民币的，可以从事年售电量不超过 6 亿～20 亿 kWh 的售电业务

（B）资产总额在 1 亿～2 亿元人民币的，可以从事年售电量不超过 20 亿～60 亿 kWh 的售电业务

（C）资产总额在 2 亿元人民币以上的，不限制其售电量

（D）拥有配电网经营权的售电公司其注册资本不低于其总资产的 20%

答案：CD

145．售电业务面临的风险包括（   ）。

（A）投资风险   （B）管理风险   （C）价格风险   （D）信用风险

答案：ABCD

146．输配电费核定包括（   ）。

（A）准许成本   （B）售电收入

（C）合理收益   （D）依法缴纳的税金

答案：ACD

147．双边交易协商电价中发电商应考虑（   ）因素。

（A）机组启动费用 （B）市场价格 （C）竞争对手策略 （D）发电成本

答案：BCD

148．调度机构根据实际情况对超短期负荷预测结果进行调整，调整需综合考虑但不仅限于以下因素：（   ）、气象因素、节假日或社会大事件影响、政府环保要求等情况。

（A）实时负荷走势   （B）历史相似日负荷

（C）工作日类型　　　　　　　　　　　　（D）机组状态

答案：ABCD

149．调度机构综合（　　）等因素，基于历史相似日预测母线负荷。

（A）气象因素　　　（B）节假日影响　　　（C）工作日类型　　　（D）机组状态

答案：ABCD

150．调峰市场中，火电机组在深度调峰参与基准值（　　）进行"阶梯式"分档申报，申报每档价格及机组深度调峰出力（　　）。

（A）以上　　　　　（B）以下　　　　　　（C）上限　　　　　　（D）下限

答案：BD

151．调频市场出清结果发布内容包括但不限于以下（　　）。

（A）调频服务供应商的中标结果

（B）调频辅助服务供应商调频结算时段的价格

（C）调频服务供应商的报价

（D）其他需要公布的市场信息

答案：ABD

152．调频市场的结算分为（　　）部分

（A）收益　　　　　（B）报价　　　　　　（C）出清价格　　　　（D）付费

答案：AD

153．调频市场开市信息包括但不限于以下（　　）。

（A）调频市场准入的市场主体　　　　　（B）调频市场的申报价格范围

（C）调频市场申报开始、截止时间　　　（D）当日每个时段的调频市场需求

答案：ABCD

154．调频市场日前出清结果进行审核包括以下（　　）。

（A）调频市场的总供给容量是否满足总需求容量

（B）各调频服务供应商的中标情况

（C）是否满足电网安全约束要求

（D）调频服务供应商的结算均价

答案：ABC

155．调频市场日前出清组织步骤包括以下（　　）。

（A）确定次日调频需求　　　　　　　　（B）确定调频市场边际调频资源

（C）计算机组历史调频性能指标　　　　（D）调整历史调频性能指标

答案：ABCD

156. 通常意义上，电力现货价格可以区分为（ ）。

（A）发电侧现货结算价格 （B）分区电价

（C）用户侧现货结算价格 （D）节点电价

答案：AC

157. 网损（也叫线损）指的电能从发电厂传输到客户过程中，在（ ）各环节中所产生的电能损耗和损失

（A）输电 （B）变电 （C）配电 （D）营销

答案：ABC

158. 为进一步活跃电力市场，提高市场主体合同履约率，积极开展（ ）。

（A）发电侧月内合同转让 （B）发电侧月度合同转让

（C）售电侧月度合同转让 （D）售电侧月内合同转让

答案：ABCD

159. 我国调频和备用辅助服务市场采用（ ）模式。

（A）双边协议 （B）与电能量统一出清联合市场

（C）独立出清 （D）挂牌

答案：BC

160. 无配网运营权的售电公司需要提供的注册资料包括但不限于（ ）。

（A）信用承诺书 （B）售电公司公示材料

（C）企业基本情况说明 （D）公司章程

答案：ABCD

161. 下列（ ）因素可以由电网企业依照有关电价政策文件开展电费追补。

（A）因电价政策调整、政府有关部门有新政策出台

（B）市场主体由于历史发用电量计量差错

（C）因市场交易结算规则、交易价格等政策性变化

（D）市场主体适用的电价类别变化

答案：ABCD

162. 下列省间电力现货交易信息中，属于公众信息的是（ ）。

（A）电网设备信息，包括线路、变电站等输变电设备投产、退出和检修情况等

（B）交易基本信息，包括交易品种、交易主体、交易方式、交易准入条件、交易其他准备信息等

（C）省间电力现货交易适用范围、交易机制及操作说明

（D）政府定价类信息，包括输配电价、各类政府性基金及其他市场相关收费标准等

答案：BCD

163. 下列省间电力现货交易信息中，属于私有信息的有（　　）。

（A）市场主体申报的分时"电力-价格"曲线

（B）市场违规行为通报

（C）市场主体日前、日内成交电力及成交价格

（D）市场主体交易执行结果及结算信息，包括各市场主体日清算单、月结算单、电费
结算依据

答案：ACD

164. 下列属于现货封存信息的有（　　）。

（A）运行日市场出清模型信息　　　　　（B）市场申报量价信息

（C）市场干预行为　　　　　　　　　　（D）实时运行数据

答案：ABCD

165. 下列信息中，属于电力用户公开信息的有（　　）。

（A）企业用电类别　　　　　　　　　　（B）年用电量

（C）变压器报装容量及最大需量　　　　（D）计量点信息

答案：AC

166. 下列信息中，属于电力用户特定信息的有（　　）。

（A）供电方式　　　　（B）用户电量信息　　　（C）用户用电曲线　　　（D）计量点信息

答案：BCD

167. 下列信息中，属于电网企业公开信息的有（　　）。

（A）供电区域　　　　　　　　　　　　（B）政府核定的输配电线损率

（C）电力业务许可证（供电类）编号　　（D）电网设备信息

答案：CD

168. 下列信息中，属于电网企业公众信息的有（　　）。

（A）供电区域　　　　　　　　　　　　（B）政府核定的输配电线损率

（C）电力业务许可证（供电类）编号　　（D）电网设备信息

答案：AB

169. 下列信息中，属于发电企业公开信息的有（　　）。

（A）单机容量　　　　　　　　　　　　（B）接入电压等级

（C）机组出力受限的技术类型　　　　　（D）机组空载费用

答案：ABC

170. 下列信息中，属于发电企业公众信息的有（　　）。

（A）股权关联关系　　　　　　　　　　（B）机组调度管辖关系

（C）企业变更情况 （D）接入电压等级

答案：AC

171．下列信息中，属于发电企业特定信息的有（ ）。

（A）中长期交易结算曲线 （B）电力市场申报电能量价曲线

（C）核定深调极限出力 （D）机组空载费用

答案：ABC

172．下列信息中，属于市场运营机构应当披露的公开信息的有（ ）。

（A）交易规则 （B）股权结构

（C）电力交易机构财务审计报告 （D）交易操作说明

答案：CD

173．下列信息中，属于售电公司特定信息的有（ ）。

（A）中长期交易结算曲线 （B）电力市场申报电能量价曲线

（C）与发电企业签订的交易合同信息 （D）燃料供应风险

答案：ABC

174．下列信息中属于售电公司公开信息的有（ ）。

（A）配电网电压等级 （B）配电区域

（C）配电价格 （D）履约保函缴纳信息（如有）

答案：ABCD

175．下列信息中属于售电公司公众信息的有（ ）。

（A）统一社会信用代码 （B）企业全称

（C）售电公司类型 （D）零售套餐产品

答案：ABCD

176．下列有关发电企业结算的权利与责任描述正确的是（ ）。

（A）按照市场规则参与市场交易，履行交易合约，服从电力调度管理，享受输配电服务

（B）在合约有效期内依据合约获取相关方履行合约的信息，在临时结果公示后审核确
认本企业结算结果并反馈意见

（C）按照市场规则，承担辅助服务、偏差考核、违约等相关责任

（D）向电网企业开具增值税专用发票并收取电费

答案：ABCD

177．现货出清结果中，下列（ ）为特定信息。

（A）单个机组的出清电力曲线 （B）机组实时优先曲线

（C）平均出清电价 （D）各时段出清电量

答案：AB

178．现货期间按周开展各类（　　）进一步提升中长期交易灵活性，实现中长期交易与现货交易有效衔接。

（A）直接交易　　　　（B）合同转让交易　　　（C）省内交易　　　（D）省外交易

答案：AB

179．现货市场不平衡费用有以下两个特点（　　）。

（A）每一项均需要发电和用户共同承担

（B）市场运行难以避免

（C）无法找到具体承担主体

（D）居民农业也需要承担

答案：BC

180．现货市场价格的关键是市场电能量出清价格，当前电力现货市场价格机制主要是边际电价机制，影响电力现货市场电能量出清（系统边际电价、分区边际电价或节点边际电价）的因素可分为（　　）三类.

（A）电源　　　　　　（B）电网　　　　　（C）负荷　　　　　　（D）电压

答案：ABC

181．现货市场交易标的物包括（　　）等。

（A）电力期货　　　　（B）电能　　　　　（C）调频服务　　　（D）备用服务

答案：BCD

182．现货市场竞报价方案中，火电机组报价时需要考虑（　　）。

（A）启动成本　　　　（B）空载成本　　　（C）边际成本　　　（D）变动成本

答案：ABC

183．现货市场中，发电侧存在（　　）必开机组结算电价低于成本等额外的运行成本，需要建立成本补偿机制，形成成本补偿价格向发电侧补偿，并向所有参与现货市场交易的电力用户收取。

（A）机组启动成本　　（B）空载成本　　　（C）传输成本　　　（D）上报成本

答案：AB

184．现阶段参与中长期交易的市场主体主要包括（　　）。

（A）发电企业

（B）电力用户

（C）售电公司（含拥有配电网运营权的售电公司）

（D）电网企业

答案：ABC

185．《电力中长期交易基本规则》（发改能源规〔2020〕889号）在集中交易方面，提出了除（　）和（　）方式之外的第三种交易方式——滚动撮合交易。

（A）集中竞价交易 （B）集中协商交易

（C）双边协商交易 （D）挂牌交易

答案：AD

186. 新装增容变更与终止用电当月的基本电费，可按（　）计算。

（A）用户申报天数计算 （B）实用天数

（C）日用电不足 24h 的，按一天计算 （D）每日按全月基本电费三十分之一计算

答案：BCD

187. 信息披露应当遵循真实、（　）的原则。

（A）准确 （B）完整 （C）及时 （D）易于使用

答案：ABCD

188. 信息中心负责发布绿证认购信息，并通过信息平台、认购平台或其他媒体予以公布，发布信息包括（　）。

（A）认购季报和年报 （B）异常认购公告

（C）违规认购公告 （D）其他公告

答案：ABCD

189. 需求侧响应能够参加的电力市场类型包括（　）。

（A）电能市场 （B）调频服务市场

（C）容量市场 （D）黑启动服务市场

答案：AB

190. 需求响应能参加的电力市场类型是（　）。

（A）黑启动服务 （B）电能市场 （C）调频服务 （D）备用市场

答案：BCD

191. 需求响应项目的实施需要的前提条件有（　）。

（A）需求响应的政策条件 （B）需求响应的关键技术

（C）社会多方参与 （D）完备的电力市场

答案：ABC

192. 严格售电公司准入标准和条件，引导社会资本有序参与售电业务，发挥好（　）和（　）重要作用，健全确保供电可靠性的保底供电制度。

（A）电网企业 （B）国有售电公司 （C）社会资本 （D）民营售电公司

答案：AB

193. 依据交易数量及时间跨度的不同，双边交易的形式可分为（　）。

（A）自定义长期合同 （B）"场外"交易

（C）电子交易　　　　　　　　　　（D）集中交易

答案：ABC

194．已经选择市场化交易的发电企业和电力用户，原则上不得自行退出市场。有下列
（　　）情形之一的，可办理正常退市手续。

（A）市场主体宣告破产，不再发电或者用电

（B）因国家政策、电力市场规则发生重大调整，导致原有市场主体非自身原因无法继
续参加市场的情况

（C）因电网网架调整，导致发电企业、电力用户的发用电物理属性无法满足所在地区
的市场准入条件

（D）因购电价格倒挂，企业经营困难，可结合自身情况退出市场

答案：ABC

195．以变压器容量计算基本电费的用户，下列（　　）情况计收基本电费。

（A）冷备用状态未经供电企业加封的变压器　　（B）热备用状态的变压器

（C）冷备用状态并经供电企业加封的变压器　　（D）调相机

答案：AB

196．以下电价与零售用户结算无关的是（　　）。

（A）节点电价　　　　　　　　　　　（B）日前市场统一结算点电价

（C）实时市场统一结算电价　　　　　（D）输配电价

答案：ABC

197．以下对部分电力市场改革试点省份的现货与辅助服务市场出清模式描述，正确的
是（　　）。

（A）以广东电力市场为代表，先进行调频辅助服务市场出清，再开展电能量市场出清，
机组在调频市场的出清结果作为电能量市场的边界条件

（B）以甘肃电力市场为代表，先进行电能量市场出清，再开展调频辅助服务市场出清，
电能量市场出清结果的机组组合作为调频市场的基础

（C）以浙江电力市场为代表，电能量市场与调频辅助服务市场联合出清，机组参与调
频市场的结果，作为机组参与实时市场的边界条件

（D）以山西电力市场为代表，电能量市场与调频辅助服务市场联合出清，机组参与调
频市场的结果，作为机组参与实时市场的边界条件

答案：ABC

198．以下关于必开机组的说法正确的是（　　）。

（A）必开机组在必开时段内的机组状态为开机，不参与优化

（B）必开最小出力优先出清

（C）若调度机构未指定必开机组的必开最小出力，则必开最小出力为该台机组的最小稳定技术出力

（D）必开最小出力之上的发电能力根据发电机组的电能量报价参与优化出清

答案：ABCD

199．以下哪些属于电力商品可以进行期货交易的主要特征（　　）。

（A）交易价格有波动　　　　　　　　　（B）传输、输送便利

（C）交易规模大　　　　　　　　　　　（D）交易者数量多

答案：ABCD

200．以下哪几项（　　）情况发生后，不扣减基本电费。

（A）事故停电　　　　　　　　　　　　（B）欠费停电完整自然月内的欠费停电

（C）检修停电　　　　　　　　　　　　（D）计划限电

答案：ACD

201．以下属于批发用户市场运营费用的是（　　）。

（A）用户侧超额获利回收费用及返还　　（B）用户侧中长期偏差费用及返还

（C）调频量价补偿分摊　　　　　　　　（D）必开机组补偿费用分摊

答案：ABCD

202．因（　　）等原因，导致电费需要调整的，由电网企业依照有关电价政策文件开展电费退补。

（A）电价政策调整　　　　　　　　　　（B）政府有关部门有新政策出台

（C）因市场主体适用的电价类别变化　　（D）市场化交易价格大幅波动

答案：ABC

203．拥有配网运营权的售电公司需要提供的注册资料包括但不限于（　　）。

（A）电力业务许可证（供电类）　　　　（B）公司安全生产制度

（C）地理平面图　　　　　　　　　　　（D）配电网络分布图

答案：ABCD

204．用电计量装置包括（　　）。

（A）电费电能表　　　　　　　　　　　（B）电压互感器

（C）电流互感器　　　　　　　　　　　（D）二次连接线导线

答案：ABCD

205．用户侧日前偏差电量为（　　）和（　　）的偏差部分。

（A）日前申报电量　　　　　　　　　　（B）中长期合约分解电量

（C）实际用电量　　　　　　　　　　　（D）实时市场出清电量

答案：AB

206. 用户侧实时偏差电量为（　）和（　）的偏差部分。

(A) 日前申报电量 　　　　　　　　(B) 中长期合约分解电量

(C) 实际用电量 　　　　　　　　　(D) 实时市场出清电量

答案：AC

207. 用户市场化电量到户电费包含（　）。

(A) 用户电能量电费支出 　　　　　(B) 输配电费

(C) 力调电费 　　　　　　　　　　(D) 政府性基金及附加

答案：ABCD

208. 用户应按供电企业规定的（　）交清电费，不得拖延或拒交电费。

(A) 范围 　　　　(B) 期限 　　　　(C) 地点 　　　　(D) 交费方式

答案：BD

209. 有偿辅助服务的提供者主要有（　）。

(A) 储能设备 　　　　　　　　　　(B) 并网发电企业

(C) 新能源发电企业 　　　　　　　(D) 需求侧

答案：ABD

210. 在电力市场中，电能与辅助服务的协调出清方式包括（　）。

(A) 电能与辅助服务单独出清 　　　(B) 电能与辅助服务联合出清

(C) 按边际价出清 　　　　　　　　(D) 按报价出清

答案：AB

211. 在电力市场中，考虑网络安全约束的机组组合的优化目标是（　）。

(A) 系统成本最小 　　　　　　　　(B) 社会福利最大

(C) 系统能耗最低 　　　　　　　　(D) 购电成本最小

答案：BD

212. 在电力中长期交易中，属于电能量交易的包括（　）。

(A) 年度（多年）电量交易 　　　　(B) 月度电量交易

(C) 月内（多日）电量交易 　　　　(D) 日前电量交易

答案：ABC

213. 在电子交易中，未成交的报价被清除出未报价序列的情形有（　）。

(A) 找到匹配的投标 　　　　　　　(B) 交割期限来临

(C) 报价撤销 　　　　　　　　　　(D) 对应的市场关闭而造成流标

答案：ACD

214. 在国内电力现货市场中，发电侧现货市场结算价格由（　）及各类费用分摊和返还等构成。

(A) 成本补偿价格 　　　　　　　(B) 分时电能价格

(C) 容量补偿价格 　　　　　　　(D) 辅助服务价格

答案：ABC

215. 在集中式现货市场中，实时现货市场定位为在日前电能量市场出清的基础上，依据日内（　　）申报等边界条件变化，按照规则形成实时发电计划与实时节点电价。

(A) 日内超短期负荷预测 　　　　(B) 超短期新能源功率预测

(C) 日前超短期负荷预测 　　　　(D) 日前母线负荷预测

答案：AB

216. 在年度交易的基础上要建立月度交易机制，主要原因是（　　）。

(A) 缩短交易周期 　　　　　　　(B) 增加交易频次

(C) 方便发电企业灵活调剂合同余缺　(D) 解决用电不均衡的问题

答案：ABCD

217. 直接交易用户准入条件包括（　　）。

(A) 符合国家产业政策，单位能耗、环保排放均应达到国家标准

(B) 拥有自备电源的用户应按规定承担国家依法合规设立的政府性基金，以及与产业政策相符合的政策性交叉补贴和系统备用费

(C) 微电网用户应满足微电网接入系统的条件

(D) 应向省级政府或由省级政府授权的部门申请，并提交相关资料

答案：ABC

218. 中长期合约市场与日前市场主要的区别有（　　）。

(A) 中长期合约市场以竞争电量为主，日前市场各发电厂直接竞争各个时段的出力

(B) 中长期合约市场中考虑的约束条件比较少

(C) 日前市场考虑的约束条件比较少

(D) 中长期合约市场提前较长时间进行交易

答案：ABD

219. 中长期合约要素主要包括（　　）等要素，以电子合同的方式签订。

(A) 合约起止时间　　(B) 合约电量　　　(C) 交易价格　　　(D) 交易曲线

答案：ABCD

220. 中长期市场根据（　　），按照（　　）价格进行结算。

(A) 中长期合约分解电量 　　　　(B) 实际电量

(C) 合约约定价格 　　　　　　　(D) 固定价格

答案：AC

221. 中长期市场交易方式主要包括双边协商、集中交易，其中集中交易包括（　　）。

（A）集中竞价　　　　（B）挂牌　　　　（C）滚动撮合交易　　（D）摘牌

答案：ABC

222. 组织年度交易时，在年底特定时间，电力交易机构应通过交易平台发布下一年度交易相关信息，包括（　　）。

（A）次年关键输电通道剩余可用输送能力　　（B）次年直接交易电量需求预测

（C）次年跨省跨区交易电量需求预测　　　　（D）次年发电机组可发电量上限

答案：ABCD

223. 发电企业应当披露的公众信息中，企业变更情况，包括企业（　　）、合并、分立、解散及申请破产的决定；或者依法进入破产程序、被责令关闭等重大经营信息。

（A）股权转让　　　（B）增资　　　　（C）减资　　　　　（D）更换法人

答案：BCD

224. 辅助服务固定补偿方式确定补偿标准时应综合考虑（　　）等因素。

（A）电力辅助服务成本　　　　　（B）合理确定价格区间

（C）性能表现　　　　　　　　　（D）合理收益

答案：ACD